프로페셔널을 위한 설득 커뮤니케이션

The Essential Guidc to Persuasive and Attractive Speech

이 서 영 저

"사람의 영향력은 말에서 나온다"

북 넷

| 프롤로그 |

부와 운, 성공은 현대인들의 최고의 관심사이다. 매력적인 언어자본이 당신의 부와 성공을 결정한다. 언어는 생각보다 더 강력한 힘을 지니고 있다. 사람마다의 향기가 다르듯이 말도 그 향기가 다르다. 세상을 설득하는 스피치, 말의 따스한 향기와 매력은 당신의 성공과 행복을 만들어준다. 사람의 영향력은 말에서 나오기 때문이나. 스피치로 당신의 삶을 원하는 대로 이끌어 갈 수 있다고 감히 말하고자 한다.

인간은 사회적 동물이기에 커뮤니케이션을 하지 않고 살 수 없기 때문에 '커뮤니케이션'은 우리 인간사회에서 빼놓고 이야기할 수 없는, 없어서는 안 되는 심장과 같은 말이다. 커뮤니케이션의 부재나 오해 등으로 우리는 불화와 갈등이 생기고 스트레스와 분노에 빠지기도 한다. 똑같은 일을 해도 말 잘하고 소통잘하는 사람이 더 우대받고 성공하는 시대이다.

이 책은 당신이 대화를 나눌 때, 대중연설과 프리젠테이션 가이드라인을 제시하고 사람들이 당신과 함께 대화하고 싶어 하며 지지와 신뢰를 보내고, 매력적 연사가 될 수 있게 차근차근 안내해준다. 영어를 배우거나 골프나 수영을 배우는 것처럼 대화와 연설, 설득 스피치도 배워야 한다. 하나하나 익히며 실전연습을 해야 한다. 스피치로 당신의 삶을 원하는 대로 이끌어 갈 수 있고 삶의 질을 향상시킬 수 있다.

노벨 문학상을 수상한 영국의 작가 조지 버나드 쇼는 청중앞에서 어떻게 그렇게 설득력 있게 연설할 수 있느냐는 질문에 "스케이트를 배우는 것과 같습니다. 넘어져 창피를 당하더라도 포기하지 않고 끈기 있게 연습하는 것입니다." 그렇다. 스케이트를 배우면서 한두 번 이상 넘어져본 경험이 있을 것이다. 누구든 연습만 하면 스케이트를 얼마든지 배울 수 있다. 말하는 것도 이와 같다.

필자의 대학강의 중 한 학생이 “말을 잘 하고 싶은 데 자신감이 없고 떨려요. 인간관계에서 매력적인 사람이 되려면 대화를 잘 해야 할 것 같은 데 어떻게 하면 될까요?” 라고 질문을 던져왔다. 필자는 이 학생의 질문이 반가워 미소를 띠고, “이 거대한 담론은 짧게 대답할 문제가 아니라 시간이 걸리더라도 매일 조금씩 수업시간에 다루는 내용을 귀담아 듣고 같이 실전 연습해 봅시다”라고 답을 했다.

현대 사회에서 스피치 능력을 갖추는 것은 필수적이다. 훌륭한 커뮤니케이션의 기술은 당신의 일을 성공적으로 이끌고 당신의 인간관계를 성공적으로 만들어 줄 것이다. 개인의 삶에 있어 커뮤니케이션이 잘 되고 훌륭히 일궈낸 성취를 통해 삶의 질을 크게 고양시킬 수 있다. 어떤 생각을 가지고 있는 지 분명히 전달할 수 있는 능력에 따라 일에서의 성취가 달라지기 때문이다. 당신이 훌륭한 지식을 가지고 있더라도 다른 사람과 원활히 커뮤니케이션을 할 수 없다면 당신이 획득한 지식도 무용지물에 불과해진다.

당신이 원하는 것을 얻는 말하기는 단순한 기술이 아니다.

대화와 연설을 통해 다른 사람의 마음을 얻고 진정으로 상대와 공감하고 이해한다면 당신을 더 능동적이고 매력적인 사람으로 기억할 것이다.

상대의 마음으로 들어가 상대의 욕구를 파악하고 경청하고 배려하는 마음가짐이 우선되어야 한다. 적도 내편으로 만들 수 있어야 하는 것이다. 대립을 협력으로 적군도 아군으로 만들 수 있는 것도 중요하다. 같은 편이라야 일도 인간관계도 쉽게 풀리기 때문이다. 서로 다른 두 사람 사이에 커뮤니케이션이 없다면 양자 간 간극의 차이는 해결할 수 없을 것이다. 비즈니스도 인간관계도 마찬가지이다.

현재보다 더 성공하고 싶은가? 현재보다 더 많은 부를 이루고 싶은가? 현재보다 더 운이 좋아지고 싶은가? 이런 욕구를 가지고 있다면 더욱 커뮤니케이션을 잘할 수 있어야 한다.

말에 진심을 담아야 한다. 베푸는 마음과 배려의 마음은 매력이다. 친절과 호의는 돈 한 푼도 들지 않지만 사람들이 당신을 좋아하게 만드는 매력이다. 따스한 관심의 말과 지지, 격려의 말은 매력적이다. 나만의 소중한 경험을 공유하고 나누는 솔직함도 매력이다. 칭찬을 잘 하는 사람도 매력적이다. 칭찬을 쏟아내면서 그 사람의 자존감을 올려주면 대부분의 사람들이 그 사람과의 대화를 반기고 좋아한다. 리액션이 좋고 경청을 하며 상대의 감성과 마음을 살펴 반응해주는 것 역시 매력적이다.

원하는 것을 얻는 대화의 기술은 '내가 당신에게 기분 좋은 에너지를 건네준다'는 생각으로 대화하는 것이다. 이런 긍정적 사람이 매력적이다.

매력적인 스피치는 거울뉴런을 활용한 백트래킹을 사용해 공감을 이끌어 낸다. 대화의 흐름을 가져가기 위해 먼저 질문을 던지고, 내가 원하는 방향으로 좋은 질문을 던질 수 있어야 하고 또 경청할 수 있어야 한다. 상대방이 편하게 이야기할 수 있게 대화를 이끌어가는 사람도 매력적이다.

이 책에서 제시하고 있는 실용적인 원칙과 조언들을 실천하여 커뮤니케이션 스킬을 향상시키고 매력적이고 훌륭한 커뮤니케이터로 거듭나 지금보다 더 많은 것들을 성취할 수 있게 될 것이다.

호감도와 신뢰도가 높은 매력적 연사가 되기 위해서 여러 가지 소통의 기술은 이 책 본문에서 제시하고 있다. 아름다운 표정과 미소 등의 이미지향상법, 매력적인 목소리를 만드는 법과 배려를 통한 호감형 연사가 되는 법, 경청하는 법, 사람을 내편으로 만드는 마음가짐, 매력적인 커뮤니케이터가 되기 위해 비언어메시지와 언어메시지 구현하는 법, 발성호흡 목소리 트레이닝 등 실전연습 팁에 관해 설득 커뮤니케이션 매뉴얼을 제공하였다.

우리 인생은 주식곡선처럼 위로 올라가기도 하고 바닥을 치기도 한다.

예기치 못한 일로 좌절할 수 있고, 사회생활이나 인간관계에 어려움을 겪을 수 있다. 그 때마다 자신을 지키는 방법은 자신과의 소통과 타인과의 소통을 잘 해야만 한다. 어려운 일을 극복할 수 있는 회복탄력성이 있어야 당신의 성공도 부도 따라올 것이다.

내 진심과 의중을 정확하고 효과적으로 전달할뿐 아니라 많은 사람들과 공감하고 협력하여 당신이 원하는 성공과 행복한 삶을 누리길 바라마지 않는다.

오랜 시간 고민과 땀, 노력으로 탄생한 이 책을 통해 독자의 성공적인 커뮤니케이션과 의사소통에 도움이 될 수 있다면, 이는 저자로서 최고의 기쁨이 될 것이다.

눈 내리는 추운 겨울날, 연구실에서

이서영

| 에필로그 |

세상을 설득하는 스피치, 말의 따스한 향기와 매력

대화는 우리 생명과도 연관이 되어 있다. 말할 수도 들을 수도 없는 진공상태에서 인간은 살아갈 수 없다. 진공상태의 머리에서는 뇌가 활동할 수 없어서 죽음에 이르게 됨을 베르베르의 소설 '뇌'에서 진술하기도 했다. 즉 우리 인간은 커뮤니케이션 하지 않을 수 없다.

말은 나란 사람의 정체성을 규명하는 가장 보편적 통로이다.

우리 인간은 사회적 존새라 늘 누군가와 소통하며 사는 데 보내는 시간이 70% 이상이다. 사회적 존재로서의 관계맺음은 다름이 아닌 대화를 통해 실현되고 말을 통해 이루어진다.

조직의 주요한 근본문제 역시 커뮤니케이션이 안 되는 데서 발생한다.

인간이 개인적으로나 사회적으로 대화를 상실하면 비인간화된다. 오늘날 '소통의 부재'라는 이슈도 큰 사회적 문제로 대두되고 있으리만큼 '말이 안 통한다'라는 말을 곧 잘한다. 그러나 잘 생각해보면 우리는 자기이야기만 하려 하기에 다른 사람이 하는 이야기를 깡그리 무시하고 자기주장만 펴는, 결국 대화의 상실이 우리 인간관계를 망치는 가장 큰 요인이 아닌가 싶다. 과거보다 경제적으로 풍요롭고 과학기술이 발전한 시대에 살고 있는 우리지만 사람들과의 마음의 교류는 점점 더 줄어들고 코로나가 겹쳐 더군다나 소통하지 못하고 마음 아파하는 경우가 많아지는 게 아닐까 하고 조심스레 생각해본다.

우리 현대인은 누구나 다 고독감을 안고 살아간다. 유일무이한 존재가 바로 나이기 때문에 어쩌면 고독으로부터 도망칠 수 없는 존재이기도 하다.

난 '이해받고 싶은 존재'인데 왜 날 이해해주지 않을까? 내 마음을 왜 모르는 걸까?'

누군가에게 내 이야기를 하고 싶다는 마음을 가진이라면 내 마음을 오해없이 전달하고 상대방이 이해해주길 바랄 것이다. 당당하게 하고 싶은 이야기를 하면서 사람의 마음을 움직일 수 있다면 천하를 얻는 것은 시간문제일 것이다. 그러나 실제로 사람들이 다른 사람에게 가장 호감을 느낄 때는 그 사람이 자신의 이야기를 들어줄 때라고 한다. 즉 이야기하고 싶은 욕구는 나의 감정과 상태를 누군가를 통해 인정받고 위로받고 공감을 느끼고 싶기 때문인 것이다.

성공을 원하는 당신이라면 설득적으로 말하기만큼 잘 들어주어야 한다.

"어떤 찬사에도 마음의 문을 열지 않는 사람도 자신의 이야기를 진지하게 들어주는 사람에게는 마음을 빼앗기게 된다."라는 데일 카네기의 말을 다시 한번 곱씹어 볼 필요가 있다. 잘 듣는 사람이 말도 잘 한다.

개인적으로는 물론이고 가족 간 친구 간에 기업 내에서 조직 내에서 나아가 한 국가 안에서 국가와 국가 간에도 결국 소통이 잘 되면 다른 모자라는 능력을 보완할 정도로 강력한 힘으로 작용한다.

그렇다면, 많은 사람들이 고민하는 주제, 어떻게 하면 말 잘할 수 있을까?

미국 빌 클린턴 전 대통령은 5분 스피치를 위해서 10시간 이상 준비하는 연습벌레로 유명하다.

프리젠테이션을 하나의 쇼로 만들었던 스티브잡스 역시 그의 스피치 성공비결은 'rehearsal, rehearsal, rehearsal' (연습)이라고 말한 바 있다.

말더듬이였던 '데모스테네스'는 처음 연설을 하고 청중들의 비웃음에 실망해 얼굴을 가리고 돌아가야만 했는 데, 그 이후 그는 끊임없이 자갈을 입에 물고 발음연습을 하고 뛰면서 걸으면서 발음발성훈련을 하고 거울앞에서 끊임없이 제스처를 연구하고 그릇된 말버릇을 교정했고 다양한 독서를 통해 그의 어휘력을 늘리고 많은 소재를 축적했고, 피나는 연습을 통해 고대 그리스의 가장 뛰어난 웅변가로 거듭나게 되었다. 알이 애벌레 고치를 뚫고 나비가 되는 것처럼 변화가 일어나기 위해서는 인고의 시간이 필요한 것을 보여준다. 일단 나비가 되면 몸도 마음도 자유로움을 느낄 수 있게 되듯 그의 웅변은 듣는 사람의 혼을 빼앗을 정도로 훌륭했다. 즉 말은 많이 준비하고 무대에 많이 서 본 사람이 잘 하게 되어 있는 정직한 능력 중 하나다.

즉, 스피치 능력을 업그레이드 시키면 사회적 성공을 보장받는다고 해도 과언이 아니다.

말을 늘 해야 하는 우리로서 그 말의 콘텐츠의 기본은 어때야 할까?

말에는 눈에 보이지 않는 에너지를 가지고 있어서 어차피 말을 하고 살아야 하는 우리 인간이라면 좋은 말, 긍정적인 말, 예쁘고 희망을 주는 말로 서로를 존중하고 지지해준다면 우리 사회가 더 살기 좋은 곳으로 변하지 않을까?

일본의 세계적 물 연구가 에마토 마사루 박사는 물이 사람의 말을 알아듣고 그에 맞게 반응한다는 것을 증명해 보인 적이 있다. 똑같은 용기에 같은 종류의 물을 같은 용량으로 넣어서 한 쪽에는 부정적인 말을 계속 쏟아 붓고 다른 한 쪽에는 긍정적인 말을 계속했더니 물의 결정체가 천양지차로 달라졌다.

즉 긍정적인 말을 들은 무생물체인 물이 '아름답고 완벽한 결정체'로 나타났고 부정적이고 욕설을 들은 물은 '파괴되고 흐트러진 모양'의 결정체로 나타났다는 실험결과를 보여준 적이 있다.

필자는 자신의 브랜드가치를 높이고 상대방의 마음을 얻으면서 자연적으로 설득에 이르는 스피치는 어떤 매력이 있을까에 대한 나름대로의 답을 방송현장경험과 강의경험을 통해 정리하였다.

즉 이 책은 이해받고자 하는 당신의 마음을 어떻게 전달하면 되는지 많은 사람들 속에서 다른 사람과 공감하며 그들의 협력을 이루게 하고 자신이 원하는 성공을 돕기 위해 만들어졌다. 당신이 정치연설을 하는 정치인이든 강의를 하는 교수이든, 프리젠테이션을 하든, 세일즈를 하든, 중요한 협상을 하든, 애인의 마음을 사로 잡든, 면접을 보든 간에 그 모든 중요한 상황에서 원하는 것을 얻기를 바란다.

역사가 보여주듯 우리 인간이 언어를 사용하기에 과거문명의 발전을 이루어왔고 현재 진행형이자 미래 진행형으로 발전해 나가듯이, 우리 개인의 역사는 우리의 말과 글로 성공과 실패를 거듭하며 진화해 나가는 것이다.

독자 여러분 모두의 성공을 기도합니다!

이서영

| 차 례 |

제1부 어디서든 주목받는 매력적인 사람의 대화법

제2부 매력적인 커뮤니케이터의 비밀

제3부 매력 스피치 10대 법칙

제4부 사람의 운명을 바꾸는 매력 스피치의 절대조건 1-聽

제5부

성공을 불러오는 스피치 -매력 스피치의 절대조건 2-心 가짐

제6부

매력적인 사람이 되기 위한 실전 말하기 레슨

제 1 부

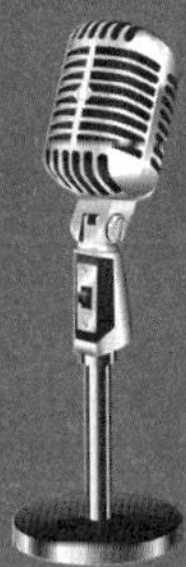

어디서든 주목받는 매력적인 사람의 대화법

1. 매력적인 사람이 세상을 이끈다
2. 우리의 인생이 달라지는 말의 힘: 각인력, 견인력, 성취력
3. 말하는 법이 사회생활의 99%를 좌우한다
4. 행복해지고 싶다면 말하는 스타일을 바꾸자
5. 왜 인기가 없을까 고민한다면 말하기를 바꿔라
6. 배려하고 복을 불러들이는 말
7. 차이와 공감대를 인정해야 하는 화성인, 금성인의 대화

01

매력적인 사람이 세상을 이끈다

매력적인 사람이 되자. 그렇다면 이미 성공을 손에 쥔 것이나 다름 없다.

긴자 마루칸의 창업자로 일본에서 고액 납세자 랭킹 2위에 오른 사이토 히토리 씨는 "매력이 있어야 돈도 따르고 행복한 삶을 살 수 있다" 라고 한다. 실제로 그는 도인(道人)과 같은 차림을 하고 다니고, 항상 큰 목소리를 내며 웃고, 밝고 긍정적인 언어만을 사용한다고 한다. 사람들을 끌어당기는 그의 능력, 즉 매력이 자신의 성공의 가장 큰 요인이라고 말하는 그는, 성공하고 싶은 사람들에게 "나는 행복해, 나는 운이 좋아"라는 말을 하루에 천 번씩 하라고 충고한다.

나는 매력적인 사람일까?

매력적인 사람이 된다는 것은 누구나 바라는 바일 것이다. '매력'이라는 것 자체가 경쟁력이기 때문이다. 남들에게 호감을 주는 그 매력은 과연 어디에서 생기는 것일까?

그렇다면, 매력魅力이란 무엇일까? 매력을 국어사전에서 찾아보면, '사람의 마음을 사로 잡아 끄는 힘, 또는 그런 것'이라 정의하고 있다. 여성들에게 보내는 찬사 중 '그녀는 매력적이다'는 칭찬은 단지 '예쁘다'라는 칭찬과는 격이 다른 칭찬이다.

예쁜 사람은 많지만 매력적인 사람은 마음속에 오래토록 기억에 남기 때문에, 감히 매력적인 여성이라는 것은 예쁘다는 개념보다 한 수 위라 할 수 있다.

긴자 마루칸의 창업자로 갑부의 반열에 오른 사이토 히토리 씨도 "매력이 있어야 돈도 따르고 행복한 삶을 살 수 있다"고 했다.

사람들은 흔히 '사람은 카리스마가 있어야 한다'고 생각하지만 오늘날의 카리스마는 강한 것에 휘둘리는 것이 아니라 '매력적인 것'에 휘둘린다. 역시 매력있는 사람은 그 만큼의 힘을 가지는 것이다. 매력이 있는 곳에 사람이 몰리고, 돈이 몰리는 것이다. 즉 매력있는 사람이 된다는 것은 현대 사회를 살아가는 데 있어 확실한 자신만의 무기를 가지는 셈인 것이다. 부드러운 카리스마가 히틀러형의 강압적 리더십을 능가하는 시대가 바로 요즘인 것이다.

물론 겉으로 보기엔 매력이 넘치는 외모를 소유하고 지적이며, 섹시하고, 돈도 많고, 성격도 좋다면 이는 두 말할 필요가 없을 것이다. 모두 다 갖춘다면 금상첨화겠지만 이 책에서는 매력적인 사람이 되기 위해, 가장 필수 불가결하게 갖추어야 할 요소인 스피치와 마음가짐에 대한 노하우 및 자신의 브랜드 가치를 높이는 남다른 대화법, 설득심리를 알려 주려한다. 타고난 외모야 어쩔 수 없지만 '말하기에 대한 나름대로의 전략'을 가지고 사람들을 대한다면 현대 사회에서 가장 중요한 인맥구축, 즉, 사람을 얻는 데 가장 유용하리라는 생각이다.

매력적인 사람이 된다는 것은 곧 성공을 내 손안에 쥘 수 있는 마력 같은 힘을 지니고 있는 것이다. 그렇지만 얼굴은 아름답고 매력적이지만 입만떼면 진상인 사람이라면 그 매력이 반감될 수밖에 없는 것이다. 매력적인 대화법으로 사람의 마음을 움직여 내 사람으로 만드는 능력이 있다면 어딜 가나 찾는 인기인이 될 것이고, 또 성공할 수 있기 때문이다.

나는 通하는 사람일까?

세계적인 경영 전문가인 피터 드러커는 "사람에게 있어서 성공을 위한 가장 중요한 능력은 바로 자기 표현능력이며, 21세기 글로벌 사회에서의 경영이나 관리는 상호간의 커뮤니케이션 능력에 의해서 완벽하게 결정될 수 있다"라며, 대중 스피치와 화술의 중요성에 대해 강조했다. 세계적인 경영 전문가의 말이 아니더라도,오늘날 21세기 지식정보 사회에서 대중 화술 및 스피치를 통해 자신의 생각을 알리고 상대방을 설득시키는 것이 아주 강력한 도구와 무기로서 체계적으로 활용되고 있음은 두 말 할 필요가 없다.

말 한마디를 잘 해서 '너와 나의 인간관계'가 좋아지기도 하고 끝이 나기도 한다. 말은 해야 맛이라고 하지만, 할말 안할 말을 가려서 해야 한다.

친구에서 연인으로, 연인에서 부부로, 또 다시 부부에서 남남으로 되는 과정을 지켜보더라도, 그 한가운데 가장 중요한 '말'이 매개체가 되고 있는 것이다. 전 세계적으로 1, 2위를 차지하는 높은 이혼률을 보이고 있는 우리 한국에서 역시 생각해 볼 문제인 것이다. 서로의 의사소통만 원활히 잘 이루어지더라도 분명 그런 오명으로 1, 2위를 달리지 않아도 될 것이다. 친구와의 관계도, 학교 선후배 사이에도, 직장에서 직장상사와 직원들의 관계에서도 마찬가지일 것이다. 의사소통의 방식이 상명하복上命下服식이라면 분명 '풍선효과'처럼 여기 저기서 불만이 터져 나올 것이다. 이는 곧 '소통 불통'이라는 말이다.

매력적 말투의 힘

미국 로욜라 대학교의 에드윈 그로스(E. J. Gross)가 한 실험이 있다.

시카고에 사는 시민들에게 마케팅조사라는 명목으로 볼펜과 연필을 보여주며 “이 제품들을 얼마나 좋아합니까?” 라고 질문했다. 그러자 시민들 중 36.1%가 좋아한다고 대답했다. 그는 같은 제품으로 다른 시카고 시민들에게 “이 제품들을 얼마나 ‘싫어 합니까?’” 라고 다시 질문했다. 그러자 이번에는 좋아한다는 대답이 15.6%로 감소했다고 한다.

위의 실험에서 달라진 것이 무엇이기에 결과가 다르게 나온 것일까?

바로 말투이다. 이처럼 말이 가진 힘은 사용하기 나름이다. 말하는 법도 기술이다.

어떻게 질문하느냐에 따라 답이 달라지는 걸 보면, 말을 매력적으로 사용하여 말의 힘을 극대화하는 것이 좋다.

사람과 사람 사이에 공유는 대부분 말로 이어지며 말로 끝나기 때문이다. 그 사람이 쓰는 말은 그 사람의 인격이며, 그 사람이 쓰는 말 자체의 신뢰도를 결정하게 된다. 말이 곧 사람이 되는 것이다. 내가 뱉는 말이 곧 다른 사람들에게 나를 나타내는 중요한 매개체가 되므로 우리는 항상 신중하고 조심스럽게 말을 해야 할 것이다. 우리는 우리의 말을 점검해 보는 시간을 가져야 한다. 하나하나 소중하게 말을 가꾸면 그 진심은 말에 고스란히 묻어나오게 되어 있다. 말의 힘을 믿고 애정 있고 사랑 넘치는 말들로 다른 사람들에게 나를 표현 할 수 있는 말의 힘은 실로 대단하다.

매력적인 스피치 구사는 자신의 브랜드 가치를 올리는 일이다

연인, 친구 간의 관계도 그렇고 회사나 조직체에서도 일방적이고 강압적인 분위기에서는 창의적 아이디어도 나올 수 없고, 원만한 관계가 이루어질 수 없다. 에너지가 시너지로 바뀌기 위해서는 서로 이해하고, 서로 마음이 통하고, 서로 존중하기 위해서는 반드시 의사소통이 필요한 것이다. 매력적인 사람이 된다는 것도 의사소통을 통해 '나는 합리적이고 부드러운 사람입니다. 당신과 대화할 준비가 되어 있습니다.'를 보여주는 것이다. 현대 사회에서 무엇보다도 말이 통하는 사람이라는 것은 '매력적인 사람'의 첫 번째 조건인 것이다.

많은 남성들이 원하는 여성상으로, 반대로 여성들이 원하는 남성상으로, '말이 통하는 친구'를 꼽는 데는 그 이유가 있는 것이다.

어떤 주제가 나와도 자연스럽게 얘기를 하며 분위기를 주도할 수 있는 사람은 분명 '사회의 리더'로서 우뚝 설 수 있는 '매력'이라는 비장의 무기를 가진 셈이다.

이런 사람들은 어딜가나 환영받고, 타인을 자신에게 끌어 모을 수 있는 자석같은 힘을 가진 '자석형 인간'인 것이다. 자석처럼 사람을 끌어당기는 힘을 우리는 '매력'이라 부르는 것이다. 우리는 '매력적인 사람'에게 온 마음을 뺏긴다. 매력이야말로 세상을 뒤흔들 수 있는 힘이다. 권력의 시대에서 매력의 시대로, 하드파워에서 소프트파워로 권력은 이동했다.

이제부터 '매력'을 주요 전략으로 삼아 당신의 매력을 성공으로 가는 밑거름으로 삼아라. 대화를 잘 하는 것만으로 친구를 얻을 수 있고, 일이 잘 성사될 수 있으며, 어제의 적을 오늘의 동지로 만들 수 있는 것이다. 일대일 대화뿐 아니라 많은 사람들을 상대로 하는 연설에서나, 프리젠테이션에서 훌륭한 스피치 능력을 갖추는 것은 다른 이들보다 더 빨리 성공할 수 있는 필수요인이라 할 수 있다. 대화는 그저 입과 귀로만 되는 것은 아니다. 분명, 얼굴 표정이나 눈빛, 제스처, 걸음걸이, 에티켓 등이 종합적으로 어우러져 커뮤니케이션 능력을 이루는 것이다.

그야말로 대화를 하는 '화자'의 인격과 지성이 반영되는 스피치 능력을 갖추는 것은 오늘날처럼 '개인 브랜드 가치'personal branding가 강조되는 시대에 남과 확실히 차별화되는 지름길인 것이다.

02

우리의 인생이 달라지는 말의 힘

각인력, 견인력, 성취력

마술이 내 마음 속에 있다. 마음은 천국을 지옥으로 만들 수도, 지옥을 천국으로 만들 수도 있다. - 에디슨

'말의 힘'을 알아볼 수 있는 50일간 실험을 동한 병속 밥알 상태를 살펴보면, 한 쪽 병에 '사랑해, 고마워'라는 말을 지속적으로 들려주었고, 다른 병에는 '짜증나, 미워, 화나"라는 말을 반복해서 들려준 후 밥알 상태를 확인하였다. 그랬더니 놀라운 결과가 나타났는데, 긍정과 감사, 사랑의 말을 들려준 밥알은 흰색 곰팡이 모양에 애플향의 냄새가 났지만, 부정과 짜증의 단어를 지속적으로 들려준 밥알에는 검정색의 썩은 악취를 풍겼다. 말은 생명이고 창조이다. 이렇게 사람도 아닌 생물과 식물도 우리가 내뱉는 말에 반응을 보이는 것이 실험을 통해 입증이 되었는데, 사람과 사람 사이에 주고 받는 말은 가슴과 머리에 새겨지고 스스로의 행동을 이끄는 힘이 있는 것이다.

네가 말하는 대로 될지어다

도대체 내 인생은 왜 이리 엉망이야','되는 것이 없네', '정말 짜증나' '아이 씨, 열받아','화 나', '그래, 니가 그렇지 뭐' 등등은 우리 귀에 굉장히 익숙한 말이다. 젊은 친구들이 자주 사용하는 말들이기 때문이다. 그런데

중요한 것은 이런 말들이 그 사람의 인생에 지대한 영향을 미친다는 것이다. 이런 말들을 버릇처럼 달고 다니는 사람은 그네들 인생이 그렇게 풀리는 경우가 많기 때문이다.

누구나 한번쯤 경험해 보았을 것이다.

'오늘 도대체 왜 이리 일이 꼬이는 거야?'라는 말을 되내이는 순간, 머피의 법칙이 척척 적용되기 시작하면서 하루종일 되는 일도 없으면서 기분도 우울하고 뭐든지 내 맘대로 되지 않는다.

일이 잘 안되더라도 '잘 될거야', '열심히 노력해보자' 라고 말한다면 더욱 마음을 다시 잡게 될 텐데 말이다. 이는 교육학에서도 많이 쓰이는 방법으로 자녀교육에 있어서도 마찬가지의 방법으로 적용된다. 칭찬을 많이 듣고 자란 아이의 경우에는 그 칭찬에 부응하기 위해 더더욱 노력을 하기 때문에 확률적으로 잘되는 경우가 훨씬 많은 것이다.

"싫을 때는 싫다고 말하고, 짜증나면 짜증난다 말하고, 힘들면 힘들다고 말해야지, 도대체 뭘 어쩌라구?"라고 반박하는 이들도 있을 것이다. 갑자기 생각을 전환시킨다는 것이 절대로 불가능하게 느껴지기도 하겠으나, 그렇기 때문에 더욱 생각의 전환이 필요한 것이다.

그래서 긍정적인 사고를 가지고 일부러라도 긍정적으로 말하는 것이 개인의 이미지 관리뿐 아니라 마음상태도 잡아줄 수 있기 때문이다. 똑같은 상황이 닥치더라도 어떤 이는 긍정적으로 말하고 어떤 이들은 부정적으로 말한다. 따라서 어떤 생각을 하는 가에 따라 그 사람의 인생이 달라지는 것은 어쩌면 당연한 결과라 하겠다.

여러분이 만약 "교통사고를 당하고 다리하나를 잃게 됐다면 당신은 어떤 생각이 들까요?"

아마 여러분 중 대부분은 그런 대답을 할 겁니다."살고 싶은 마음이 안 들죠. 울고불고 난리를 피우다 자살소동이 일어날 지도 모르는 일이죠!"

라며 체념해 버릴 줄 모르겠다. 그렇다. 분명히 절망감과 좌절감을 안겨주는 일이고 생각하고 싶지 않을 것이다. 하지만 '한국의 스티븐 호킹이라 불리는 서울대 이상묵 교수를 보면 이런 이야기를 하는 것이 얼마나 그에게 죄를 짓는 것인가 하는 생각이 절로 들 것이다. 이상묵 교수는 전신마비의 척수장애를 딛고 삶의 희망을 쏘아 올렸다. 이상묵 교수가 하는 말은 "나는 언제나 운이 좋았다. 지금도 예전과 마찬가지로 하늘이 내린 행운을 안고 살아가고 있다" 고 말했다. 사고를 통해 장애를 입었지만 재기를 하는 데, 필요한 최소한의 부분은 하늘이 가져가지 않았다고 즉, 목숨을 잃어 버리지 않고, 연구활동을 계속 할 수 있음에 오히려 감사하는 마음을 가지고 있었던 것이다. 힘들지만 어려운 상황을 받아들일 줄 아는 마음, 그런 마음을 가질 수 있도록 노력하는 것이 바로 강한 의지를 키워주는 훈련이고, 다시 일상으로 돌아올 수 있고, 성공할 수 있지 않은가?

생각이 말이 되어 나오는 순간 현상이 된다

일어나 버린 일 속에는 플러스 면과 마이너스 면이 항상 공존한다. 동전의 앞뒷면이 같이 존재하는 것처럼 말이다. 마이너스면은 멀리하고 플러스면만 보도록 노력하는 것이 바로 여린 마음을 단련하고 훈련하는 길이라고 생각한다. 지금 당장 내가 원하는 직장시험에 떨어졌다고, 내가 원하는 시험에서 떨어졌다고 해서 슬퍼하며 울고있지만 말자. 더 노력하면 더 좋은 기회를 만들 수 있는 상황으로 받아들인다면 지금의 실패는 훗날 달콤한 성공으로 다가 올 수 있다.

그래서 말을 할 때도 언제나 '나는 할 수 있어, 이 정도의 고통쯤이야,

내가 누군데, 당연히 잘 넘겨서 이겨내야지'로 방향전환을 하는 것이 '매력적인 당신'의 향기를 풍기는 것이다. 말이 가진 견인력, 각인력을 잘 활용해야 하는 것도 이 책을 보고 있는 '매력적 사람'이 꼭 기억해야 할 것이다. 인생은 동전의 양면과 같다. 좋은 일이 있으면 나쁜일이 있게 마련이듯, 어떻게 바라보느냐 하는 관점의 문제에서 생각해봐야 한다. 어떤 이는 늘 긍정적으로 보고 말하고, 또 어떤 이는 늘 부정적으로 보고 부정적으로 말한다.

문제는 여기에서 그치는 게 아니라, 그 생각이 말이 되어 나오는 순간, 실제 현상으로 나타난다는 것이다. 두 개의 실험군인 흰 쌀밥을 한 쪽에는 '고맙습니다. 사랑합니다' 라는 말을 반복해서 계속 들려주고, 다른 실험군에는 '짜증나, 열받아' 라는 말을 계속 들려줬더니 전자엔 '하얗고 이쁜 곰팡이 균'이 핀 반면, 후자는 '지독한 냄새에 시커먼 곰팡이 균'이 핀 것이었다. 이는 사람도 동물도 아닌 쌀밥이 말을 알아들을까 하는 게 많은 이들이 궁금했지만 결과는 놀라웠다. 모든 생명체는 물을 포함하고 있는 데, 물 역시 어떤 말을 들려주느냐에 따라 그 결정체가 달라지는 데, 사랑의 말을 들은 물의 결정체는 아름답고 또렷하고 영롱한 결정체가 형성된 반면, 미움과 증오의 말을 들은 물의 결정체는 형태가 불분명하고 아름답지 않았다. 즉 흰 쌀밥과 물도 말을 알아듣고 말하는 대로 변하건만 우리 인간은 더 많은 영향을 받게 되는 것이다. 말의 힘은 우리의 생각 및 사고체계를 좌우하는 것이다.

지금 내가 사용하는 말로 내 인생이 결정된다

부정적인 말을 남발하는 사람들의 인생을 잘 살펴보라. 뭔가 꼬여도 늘 꼬여있는 사람들이다. 그들을 만나면 같이 힘 빠진다. 무언가 하려는 의지를 꺾고, 성공은 멀게만 느껴지고, 해봐야 소용없다는 생각을 하게 만들기 때문이다. 설령, 불가능하게 느껴지기만 한 일조차도 긍정적인 사고를 가지고, 긍정적 말을 내뱉는 이들은 뭔가 남다를 수밖에 없다.

에디슨은 이상적인 필라멘트를 만들기 위해 수백 번 이상의 실패를 되풀이했고, 채플린 역시 완벽하게 연기 할 수 있을 때까지 수 백 번 이상 반복해서 같은 장면을 촬영했다고 한다. 채플린에게 최고의 작품은 언제나 "다음 작품 (next one)"이라고 대답했다는 일화는 유명하다. 어떤 일이 생각대로 되지 않으면 의기소침하기 보다는 "그래, 다시 시작하자"는 마음가짐으로 긍정적인 말을 되풀이 한다면 긍정적인 결과를 가져올 수 있는 것이다.

내 인생은 내가 말 한대로 되는 것이다. 이 얼마나 멋지지 아니한가? 인생이란 무대는 내가 생각한대로 만들어 가는 것이니 말이다. 큰 소리로 외쳐보자. '인생 뭐 있어. 실패는 두렵지 않아. 그냥해 보는 거야. 부딪혀 보는 거야.' "Just do it"

말에는 다음과 같은 세 가지 놀라운 힘이 있다

■ 각인력이 있다

어느 대뇌학자는 뇌세포의 98%가 말의 지배를 받는다고 발표한 적이 있다.

어떤 사람이 매일 5분씩 3번 다음과 같이 외쳤다. "나는 위대한 일을 할 수 있다. 나는 내부에 위대한 가능성을 간직하고 있다. 나는 아직도 발휘되지 않은 가능성을 간직하고 있다." 이렇게 계속해서 말을 하다 보니 그는 가슴속으로부터 끓어오르는 자신감, 열정을 느끼기 시작했다. 드디어 그는 할 수 있는 사람이 되었다. 프랑스의 유명한 약사이자 최면가인 에밀쿠에는 환자들에게 "나는 매일 모든 면에서 나아지고 있다"고 되뇌어 말하기를 주문했고 실제로 환자들은 차도를 보였다. 적극적이고 긍정적인 말은 우리 뇌에 새겨진다.

■ 견인력이 있다

말은 행동을 유발하는 힘이 있다. 말하면 뇌에 박히고, 뇌는 척추를 지배하고, 척추는 행동을 지배하기 때문에 내가 말하는 것이 뇌에 전달되어 내 행동을 이끌게 되는 것이다. '할 수 있다'고 말하면 할 수 있게 되고, '할 수 없다'고 말하면 할 수 없게 되는 것이다. 그래서 언행일치라고 한다. 그러므로 항상 적극적이고 긍정적인 말을 해야 한다.

■ 성취력이 있다

말은 견인력을 넘어 성취력이 있다. 젊은 청년이 노만 빈센트 필박사에게 찾아와서 물었다. "박사님, 어떻게 하면 세일즈를 잘할 수 있을까요?" 필박사는 조그만 카드를 꺼내어서 그 청년에게 주면서 적게 했다. "나는 훌륭한 세일즈맨이다. 나는 세일즈 전문가다. 나는 모든 준비가 되어 있다. 나는 프로다. 나는 내가 만나는 고객을 나의 친구로 만든다. 나는 즉시, 행동을 한다." 필 박사는 청년에게 그 카드를 갖고 다니면서 주문을 외우듯이 계속 반복해서 외우라고 했다. 청년은 되풀이하여 읽었다. 고객을 방문하기 전에는 몇 번씩 되풀이 해서 카드를 읽으면서 자기자신에게 다짐을 했다. 이렇게 반복해서 하는 동안에 청년에게 기적이 일어났다. 자신에 대한 긍정적인 말이 그 청년을 유능한 세일즈맨으로 바꾸어 버린 것이다.

03

말하는 법이 사회생활의 99%를 좌우한다

두려워 말자. 단지 겸손하고 당당하게 말하면 된다.
Don't Panic. It's Just a Converastion.

세계에서 가장 유명한 투자자인 워린 버핏 버크셔 헤서웨이 회장이 청년시절 데일 카네기의 대중 스피치 과정을 수료한 사실을 아는 사람은 그리 많지 않을 것이다. 주로 투자관련 보고서를 읽고 투자처를 결정하는 정적인 직업을 가진 그 역시 말하기의 중요성에 대해서 일찍 눈을 뜬 것이다. 어떤 일을 하든지 사회생활을 하는 사람에게 '잘 말하는 것'은 필수적인 요소라고 할 수 있다.

"학교에서 배울 수 없는 기술은 커뮤니케이션입니다. 저는 졸업후에 데일 카네기에서 연설수업도 들었죠. 커뮤니케이션 기술은 자신의 가치를 50% 올려줍니다. 이제 자산가치가 5십만 달러가 됐군요."

- 워린 버핏

사회에서 인정받고 싶다면 조리있게 말하라

직장인이라면 많은 사람들을 상대해야 하기에 꼭 기억해야 할 것이 있다. 바로 인간관계를 부드럽게 만들어 주는 핵심키인 '말하기 능력'이다. 어떤 일을 맡더라도 그 분야에 대한 설명을 잘 하는 능력은 매우 소중하다. '일을 잘 한다'는 말은 곧 '설명을 능숙하게 잘 한다'라는 것이기도 하다.

요즘 직장인들은 자신의 업무에 대한 설명 및 프리젠테이션을 해야 하는 경우가 많이 늘어나고 있다. 자신의 업무에 대해 설명해야 하는 일이 급격히 늘고 있고, 그에 대한 설명이 부족하면 그에 대한 책임을 지거나, 클레임의 원인이 되기도 하는 것이다. 그야말로 어떤 일에서든지 설명을 잘하는 능력이 요구되고 있으며 이를 잘하는 사람은 능력있는 사람으로 인정을 받고 신임을 받는 것이다.

자신의 업무에 대한 정확한 이해가 선행이 되어 있다면, 고객을 대하거나 클라이언트를 대할 때, 요령있게, 짧으면서 요점을 명확하게 짚어 설명할 수 있게 되는 것이다. 이런 사람을 대하면 역시 '과연!' 능력있는 사람이라는 소리를 듣게 되는 것이다. 남녀 모두 대체로 수다를 떠는 것을 좋아하기 때문에 두서없이 생각나는 대로 친구들끼리 잘 말하지만, 업무에 들어가 고객과의 대화내지, 사람들 앞에서 발표를 하거나 프리젠테이션을 해야 할 경우에는 그저 두려움에 쌓인다고 필자에게 고백하는 친구들이 있으니 그 마음 충분히 이해할 수 있다.

하지만 두려워한다 해서 달라질 것은 없지 않은가? 설명을 하거나 연설을 해야 하는 경우엔 머릿속에서 정리를 해두는 것이 필요하다. 하고 싶은 말의 아우트라인을 먼저 제시하고 지금 하고 있는 말과 앞으로 해야 할 말에 대한 정리를 빨리 해두면 그러한 두려움도 사라지게 된다. 말하기 전에 일단 정리하고, 순서를 정해두면 큰 맥락을 따라 말을 하기 때문에 옆으로 샐 염려도 없어지는 것이다. 즉 회사업무에 관한 이야기를 고객에게 설명을 하든, 많은 사람들 앞에서 연설을 하든, 친구를 앞에 두고 대화를 하든 간에 한 번에 한 가지씩 정확하고 조리있게 말해야 상대방이 기억하기 쉬운 것이다.

피터 드러커는 "인간에게 가장 중요한 능력은 자기표현이며, 현대의 경영이나 관리는 커뮤니케이션에 의해 좌우된다"고 말했다. 해야 할 말을 자신있게 당당히 말하는 사람은 진정 용기있는 사람이다.

가장 가깝다는 부부끼리도 말다툼을 한다. 말을 잘못하다 꼬투리를 잡혀 화를 입는 것이다. 때문에 말을 효과적으로 하기 위해서는 설득하는 스피치, 커뮤니케이션 노하우를 배워야 한다.

겸손하지만 당당하게 말하기

누구를 만나도 자신의 사람으로 만드는 능력이 탁월한 사람들은 뭔가 다른 무언가가 있다. 사람들은 누구나 '경계심'과 '친근함'의 양면을 가지고 있다. 말로 친근함을 가지게 되는 네는 돈이 인 든디. 편안함을 주는 '친근한 말'들을 먼저 건네는 것이다. 낯선 사람을 만나면 누구나 긴장하게 되지만, 그 긴장이 경계심으로 바뀔지, 친근함으로 바뀔지는 어떤 말을 건네느냐에 있는 것이다.

먼저 가장 쉬운 것은 인사를 먼저 건네는 것이다. "안녕하세요? 반갑습니다. 오늘 날씨 너무 좋지요?"라고 먼저 건네보라. 밝게 건네는 인사 하나만으로 상대방은 화자에 대한 경계심을 풀게 된다. 이때, 늘 눈빛은 밝고, 미소를 띠고있다면 상대방은 당신을 유쾌하고 친근한 사람으로 기억할 것이다.

말하는 자세에서나 듣는 자세에서도 그 사람에 대한 평가는 이루어진다. 듣는 사람이 주위를 두리번 두리번 거리거나, 눈을 아래로 깔고 정면으로 쳐다보지 못한다거나, 머리카락을 배배꼬거나, 휴대폰을 만지작거리는 등 부산한 태도를 보이면 이미 마이너스 점수를 받는다.

사회생활에서 그런 모습을 보여줄 필요 뭐있는가? 이왕이면 열심히 듣고 있다는 것을 표정으로, 눈빛으로, 고개를 끄덕이고, 제스처나 말의 추임새를 넣어줌으로써 성실한 이미지, 믿음을 주는 이미지를 심어 주는 것이다. 조리있고 당당하게 말을 잘하기도 하지만 잘 들어주는 사람에게는 마치 '오래된 친구'와 같은 편안함과 친근함을 느낄 수 있는 것이다.

사회생활에서 더 인정받고 성공하고 싶은 사람들이라면 당당하게 말하는 자신감을 보여주되, 교만하거나 잘난척을 하면 주위에서 절대 가만두지 않는다. 그 만큼의 적이 생기게 되는 법이다. 즉, 당당하게 말하되 겸손함을 보여주는 말하기라야 사회에서 성공하는 지름길인 것이다. '그 사람과의 대화는 언제나 즐거워'라는 말을 대다수에게서 듣게 된다면 분명 사회생활에서 성공할 것이다.

우리는 커뮤니케이션 한다. 고로 존재한다

'인간은 커뮤니케이션 한다, 고로 존재한다'는 말처럼 타인과의 원활한 소통은 행복한 인생을 설계하는 중요한 요소가 된다.

우리는 어려서부터 수학이나 영어에 관한 학문은 집중적인 교육을 받으며 자라지만, 인간관계의 필수덕목인 '커뮤니케이션'에 관해서는 글을 읽고 쓰는 것 외에 전문적인 교육을 받지 못한다. 커뮤니케이션에는 수학 공식이나 약처방처럼 정해진 법칙이 있는 것도 아니다. 꼭 필요하지만, 누구도 가르쳐 주지 않는 커뮤니케이션을 실생활에 적용해 커뮤니케이션-호감을 얻는 소통의 지혜를 배우는 것이 필요하다.

먼저 커뮤니케이션이란 서로의 행동에 영향을 미치는 과정 및 행동, 공유를 목적으로 하는 교류활동을 일컫는 것이다. 피터 드러커는 '인간에게 가장 중요한 능력은 자기 표현력이며, 현대의 경영이나 관리는 커뮤니케이션으로 좌우된다'라고 했다. 우리 인간은 커뮤니케이션 하지 않을 수 없는 데, 커뮤니케이션이 잘 되었을 때 얻는 효과는 크다. 상대로부터 신임이 두터워지고, 업무성과가 향상되고, 인간관계가 좋아진다. 가정에서는 화목한 가정을 이룰 수 있고, 궁극적으로 삶의 질이 높아지고 행복해진다. 커뮤니케이션은 본래 「정보의 전달」이란 의미이며, 포함하는 의미의 범위는 매우 넓다.

일반적으로 「커뮤니케이션communication」이라고 할 때는 「개인 및 집단 간의 정보의 전달」이다. 전달과정으로는 ① 근원(누가). ② 내용(무엇을). ③ 받는 쪽(누구에게 전달하는가). ④ 효과·영향·기능(그 결과는?)이란 단계로 나누어진다. 상징에 의해 정보·생각·감정 등을 타인에게 전달하는 것을 의미한다. 즉 인간과 인간, 인간과 컴퓨터 사이에서 정보·데이터·메시지·의견 등을 전달하고 교환하는 것을 의미한다. 조직 내 커뮤니케이션의 유형은 공식적 계층제를 통한 것이냐 아니냐에 따라 공식적 커뮤니케이션과 비공식적 커뮤니케이션으로 분류할 수 있으며, 정보흐름의 방향에 따라 상의 하달적 커뮤니케이션, 하의 상달적 커뮤니케이션, 횡적 커뮤니케이션으로 구분할 수 있다. 특히 인간과 인간 사이의 커뮤니케이션을 의사전달이라 한다.

커뮤니케이션은 일상생활에서 개인 간에 갖는 대화對話와 같은 단순한 의사교환뿐 아니라 전달자가 그의 의견이나 정보를 수신자에게 전달하여 그 내용을 정확히 이해시킴으로써 의도했던 성과를 얻는 것까지 포함된 개념이다.

라스웰의 SMCRE 모델, 커뮤니케이션의 구조를 알자

커뮤니케이션communication은 '누가전달자, 무엇을전달내용, 어떤 방법으로통로, 누구에게수신자, 무엇을 기대하고 의사意思를 전달하려는가 하는 5가지의 요소가 필요하다. 여기서 전달자transmitter, sender란 커뮤니케이션을 먼저 시작한 사람개인 또는 집단을 말하고, 전달내용message이란 전달자가 다른 사람에게 전달하고자 하는 사건 · 의견 · 지시 등을 말한다. 전달내용이 정확하게 그대로 피전달자수신자에게 전달될 때 비로소 성공적인 커뮤니케이션이라고 말할 수가 있다. 그리고 통로channel는 전달자발신자와 피전달자수신자 사이에 메시지가 오고 갈 수 있게 연결시켜주는 길이라 할 수 있다. 한편 의사소통의 길은 메시지를 전달시키는 중간역할의 매체media를 의미하는 것이므로 전달매체傳達媒體라고도 한다. 전달매체로는 의사소통의 방법에 따라 직접 전달하는 말언어를 비롯하여 문서文書 등의 활자매체가 있고, 전신 · 전화 · IPTV · 라디오 · 인터넷 등 전파에 의한전파를 수단으로 한 전달매체도 있다.

커뮤니케이션은 일방적 의사전달이 아니라 쌍방 간의 의사소통이므로 전달자가 있으면 그 메시지를 받는 수신자受信者가 있어야 한다. 이 경우 수신자는 개인일 수도 있고 집단일 수도 있다. '메시지' 즉 콘텐츠는 스피치의 목적을 어떻게 두냐에 따라 단순한 정보가 될 수도 있고 설득이 될 수도 있다. 메시지를 효과적으로 전달하기 위해서는 화자가 스피치의 목적이 무엇인지 잘 생각해야 할 것이다. 또 메시지를 잘 전달하기 위해 중요한 요소들로는 매체와 콘텍스트가 있다.

스피치에서 매체선택은 매우 중요하다. 예를 들어, 라디오에서 스피치를 할 때는 발음, 목소리의 크기 등에 더 신경을 써야할 것이다. 하지만 TV등 시각적으로도 영향을 주는 매체에서는 언어적 요소뿐만 아니라 손짓, 표정 등 비언어적 요소에도 신경을 써야 한다. 매체와 더불어 콘텍스트도 메시지의 전달에서 중요하다. 콘텍스트는 문법, 맥락, 상황이다. 스피치를 할 때 화자가 전하고자 하는 메시지를 핵심이 없이 중구난방으로 말만 나열한다면 청중들은 화자가 무슨 말을 하려하는지 이해하지 못할 것이다. 콘텍스트에 맞게 말을 한다면 내가 전하고자 하는 바를 조금 더 명확하고 효과적이게 전달할 수 있다. 콘텍스트와 매체를 잘 사용해 스피치를 한다고 해도 스피치에서 잡음이 발생하면 전달력은 떨어질 수밖에 없다. 스피치에서의 잡음은 다른 나라 언어를 구사하여 언어자체를 이해 못하는 것, 마음이 콩밭에 가있는 경우도 심리적 잡음도 포함되며, 매체에 따라 통신상태가 불안정한 것, 말 그대로 물리적 잡음이 심해 화자의 목소리가 잘 들리지 않는 것 등도 노이즈에 해당한다.

좋은 스피치를 완성하기 위해 피드백은 필수적이다. 화자가 청중에게 말을 하는 것이 발화라면 수신인의 반응이 피드백이다. 피드백은 긍정적인 피드백이 될 수도, 부정적인 피드백이 될 수도 있다. 스피치는 1 : 1 말하기가 아니라 1 : 다수를 포함하기에 신경써야 할 것들이 많다. SMCRE SENDER, MESSAGE, CHANNEL, RECEIVER, EFFECT의 커뮤니케이션 구조를 이해하면 다양한 형태의 커뮤니케이션 구조에 적용이 가능하다.

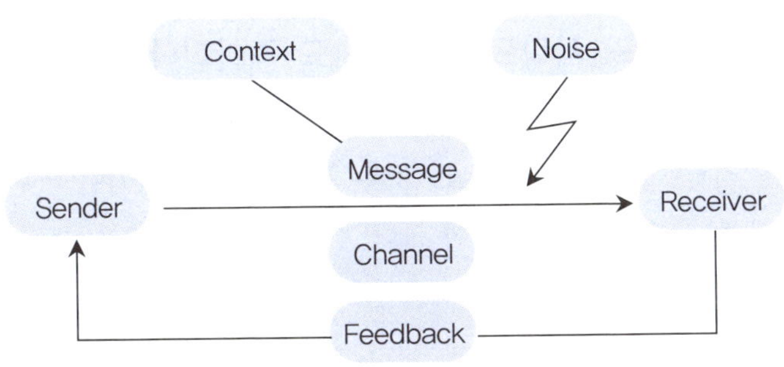

[라스웰의 SMCRE 모델]

04

행복해지고 싶다면 말하는 스타일을 바꾸자

다른 사람의 단점을 찾는 것은 바보라도 할 수 있지만 타인의 사소한 장점을 찾는 것은 현명한 사람만이 가능하다.

> 영화 '500일의 썸머(500 Days of Summer)'에서 남자 주인공인 톰은 사랑에 빠진 한 여인에게 "나는 당신의 미소를 사랑해. 목에 있는 하트 모양 점도 좋아하고, 말하기 전에 입술을 핥는 버릇도 사랑해"라고 고백하지만, 그녀와 헤어지고 애정이 식어진 후에는 "나는 당신의 삐뚤어진 치아가 보이는 미소도 싫고, 목에 있는 바퀴벌레 모양의 점도 싫고, 말하기 전에 혀를 차는 것도 꼴 보기 싫어"라고 얘기한다. 변한 건 없지만 상대에게 칭찬을 하는 것도 비난을 하는 것도 결국 자기 자신의 마음에 달린 것이다.

말을 바꾸면 일도 사랑도 인간관계도 좋아진다

우리는 지금 이 시대의 화두로 '소통'을 내걸었다. 하지만 극단적으로 대화를 안 하려고 하는 사람들이 많다. 아니 그 중요성을 간과하고 있는 것 같다. 오래된 부부사이에서 대화가 무슨 필요가 있느냐며 남편은 밖에서 일어난 일을 집안의 아내에게 말하지 않고, 아내는 집안에서 일어난 일을 남편에게 말하지 않는 것이 좋다고 생각해서인지 서로 시시콜콜 털어놓지 않으려하는 것이다. 그러나 항상 문제는 여기에서 출발하는 것이다.

남편은 집안 일을 모르고, 아내는 밖에서 남편이 무슨 일이 있었고 무슨 고민이 있는지 모르면 문제가 생기게 된다. 아무리 사랑해서 결혼한 사이일지라도 시간이 지나면서 자신도 모르게 찾아드는 권태기와도 같은 무미건조한 상태를 지속시키느냐 중단하느냐는 바로 대화를 잘 나누는 부부인가 그렇지 않은 부부인가에 따라 결과는 너무도 큰 차이를 보인다. 상대방이 무슨 생각을 하는지, 또 무슨 일들이 벌어지고 있는지 모르는데, 어찌 원만한 관계가 유지될 수 있겠는가? 마음은 안에 있지만 말하지 않고 상대방이 알아주기만을 바라는 것은 잘못이다.

사소한 말이라도 다정하게 말을 건네는 사람과 그렇지 않은 사람은 먼 훗날 인간관계에 엄청난 차이를 가져올 수 있을 것이다. 친구 사이에, 부부 사이에서도 마찬가지인 것이다. 매일매일 부딪히는 가족관계에서 뭐 그리 많은 대화가 필요하냐고 생각하는 사람들이 있는 것 같다. 하지만 반대다. 부부사이라 해도 헤어지면 엄연히 남남이다. 그런데 대화를 할 때 이같이 당연한 사실을 잊어버리는 경향이 있는 것 같다. 커뮤니케이션은 서로 상대를 '인식', '이해', '존중'함으로써 성립한다. 상대를 인정하면 더 깊이 이해할 수 있게 되고, 상대방과의 관계가 월등히 좋아진다.

누구나 상대에게 인정받고 싶어 한다. 그러나 이러한 마음을 일방적으로 강요하게 되면 역으로 아무도 나를 알아주지 않는다. 상대에 대해 알려고 하지 않으면서 자기만 알아주기를 바라는 것은 염치없는 일이다. 또한 자기중심의 제멋대로인 행동인 것이다.

사소한 말이지만 직장에서 잠깐 자리를 비울 때, 아무 말 없이 사라지기보다는 인사처럼 "저 잠시 나갔다 올께요"라고 말하는 이에게 더 다정함과 신뢰를 느끼는 법이다.

또한 매력적인 사람들은 상대방을 무시하는 스피치는 지양해야 한다. 상대방을 인정하고 시작하는 대화는 나중에 '충고'의 말이 나올지언정, 그 사람의 말을 듣게 되는 것이다.

남자는 결론 지향적, 여자는 과정 지향적 대화를 한다

매일 얼굴을 마주 대하는 친한 사람이라 할지라도, 혹은 아무리 부부 사이라 할지라도 엄연히 남남이다. 그런데 대화를 할 때, 이 같은 당연한 사실을 잊어버리는 경향이 있다.

40대 중년남성들 사이의 대화 중 "우리 와이프는 내가 매일 저녁식사를 같이 안 먹어준다며 서운해 하네. 나도 물론 그러고 싶지만 사회생활을 하는 나로서 힘든 일이지." 했더니 그 말을 듣고 있던 그의 친구 왈, "일주일에 세 번이나 같이 밥을 먹어? 너 대단하다. 우리 부부는 대화를 안 해. 아니 할 필요가 뭐 있어?" 하는 40대 중년남자의 당당한 말에 할 말을 잃고 말았다.

물론 결혼생활 10년이 넘어 권태기도 지난지라 이해할 법도 하지만 여성의 입장에서는 남편이 다정하게 말을 걸어주고, 고민들어 주고 이해해 주는 남자가 무조건 좋은 법이다.

아무리 사소한 일이라도 한 마디 따뜻하게 건네줄 수 있는 남자가 여자들의 사랑을 받을 수 있다. 결혼전에는 헤어스타일을 조금만 바꿔도, 립스틱 색깔이 바뀌어도 "와 잘 어울리는데? 전보다 훨씬 분위기 있네" 하고 칭찬하더니, 결혼후에는 긴 머리를 잘랐는지, 파마를 했는지 달라진 모습에 한마디 말도 없다. 이에 아내는 그런 사소한 서운함이 쌓여 불만을 토로하며, 이 사람은 도대체 어디에 관심을 두고 사는 걸까? 내게 관심이나 있는 걸까? 하는 생각을 하게 되는 것이다. 이런 대화의 단절이 두 사람과의 관계를 '무늬만 부부지 남남과 같다'라는 말이 나오게 되는 것이다.

실제로 이혼을 하는 많은 부부들의 문제시작은 바로 대화가 끊겼기 때문인 것이다. 부부간의 차이는 어쩔 수 없다. 몇 십년을 다른 문화와 생활방식으로 산 남녀가 만났건만 어찌 다 이해할 수 있으랴?

하지만 똑똑한 여성들이라면 이 대목에서 기억해야 할 것이 있다. 남사들은 여자들보다 말하는 데 서투른 편이다. 여자들과는 달리 말하는 것이 즐겁지 않고 부담스러운 경우가 많다. 하지만 남자들과의 대화에서 꼭 기억할 것은 그들의 자존심을 깎아 내리지는 말아야 한다. 남자들은 그들의 자존심이 상하고 자신의 존재에 대한 인정을 받지 못한다는 생각이 들 때는 상대여성과 대화를 하고 싶어 하지 않는다. 나아가 아마 당신과 싸우기 위해 '으르렁' 거릴지도 모른다.

둘 사이를 더욱 가깝게 만드는 칭찬의 힘

반대로 여자의 경우에도 마찬가지이다. 남자들은 의외로 단순한 구석이 있어서 칭찬해주고 자존심을 세워주면 그 여성에게 더 잘해주려고 한다. 재밌는 이야기지만 남성은 처음엔 자기가 좋아하는 여성을 쫓아다니지만 시간이 지나면 자신을 좋아해주는 여성을 좋아하게 마련이다. 어차피 부부의 인연을 맺은 사람들이라면, 생각의 틀을 바꿔서 '하루에 한 번이라도 칭찬하겠다'는 목표를 세워보는 것은 어떨까?

상대를 칭찬할 게 있어야지 칭찬을 하지라고 반박하는 사람도 있을 것이다. 하지만 생각을 바꾸면 의외로 장점이 눈에 들어온다. 단점을 다른 시각에서 바라보면 장점이 될 수 있다. 장점을 찾아서 진심어린 마음으로 말을 건네기 시작하면, 상대에 대한 관심도 생기기 시작할 것이다. 또한 결점도 자연스럽게 받아들일 수 있는 것이다. 칭찬은 상대방이 인정해주는 말이기 때문에 상대방과의 관계개선에도 상당히 효과적이다. 이는 모든 인간관계에 적용되는 보편적인 룰인 것이다.

운명이 달라지는 말하기의 힘

우리는 때로는 "그런 걸 말로 해야 아나?" 라는 생각에 말을 하지 않거나, 무관심으로 상대의 마음을 아프게 하기도 한다. 사랑의 반대말은 증오가 아니라 무관심이다. 관심은 애정의 표현이지만, 관심이 없다는 것은 사랑하는 마음이 없다는 것과 동일하다.

대화가 단절되었다는 것은 두 사람의 관계도 끝났다는 말이다. 두 사람이 같은 공간에서 살고있다는 것이 중요한 것이 아니라 '대화를 나눌 수 있는 존재'가 되어야 하는 것이다. 부부 간의 갈등은 서로의 차이에서 기인하는 것이 아니다. 그 차이를 어떻게 대처해 나가는 가가 중요한 것이다. 해답은 내가 먼저 따뜻하게 말을 거는 것이다.

05

왜 인기가 없을까 고민한다면 말하기를 바꿔라

겉만 아름다운 사람이 되기보다는 향기 있는 사람이 되도록 노력하자. 인기란 곧 상대방의 말을 잘 듣고 의중을 파악해 상대방의 마음을 얻는 것이다.

상대방을 배려하지 않는 태도에 평소 거침없는 언어 습관을 가진 33세 백성향 씨는 늘 고민이었다. 결혼을 전제로 선을 보러 다닌지만 98번째이다. 두 번만 더 자면 100번이라는 기록을 갱신하게 된다. 중요한 것은 백씨가 상대방을 맘에 들어하는 경우도 꽤 많았지만 상대방의 반응이 영 시원찮다. 그 때마다 '남자들은 왜 내게 관심을 보이지 않는 거지?' 하며 늘 불만이었다. 그녀는 처음 만나는 자리에서 "연봉이 얼마예요?", "지금 몇 평에 살아요?", "어머나! 그러면 나중에 결혼하면 살 집은 마련해놨어요?", "저는 절 먹여 살려주는 남자가 좋은데요" 라며 거침없이 묻기도 하고, 아무 생각 없이 대답하다가 중간중간 전화를 받으며, 수다를 떨기도 하며 대화에 집중하지 못하며 다른 테이블의 몸매 좋은 여성을 부러워하듯 힐긋힐긋 쳐다보기도 한다.

정작 본인의 문제점은 전혀 알지 못한 채, 왜 인기가 없을까를 고민한다.

백씨는 내 얼굴, 몸매가 다른 여성들에 비해 떨어지는 것인가 하는 생각에 큰 맘 먹고 성형외과로 찾아가 "송혜교처럼 수술해 주세요" 라고 한다. 페이스오프를 하고 다시 나타난 그녀. 이번에 선을 보면 99번째이다. 처음엔 혹하던 남성들도 그녀의 막무가내 매너와 말하는 스타일을 접하고 나서는 연락을 끊어버린다.

예쁘기만 하면 되는 거 아닌가요?

얼굴을 예쁘게 가꾸고 다이어트로 날씬한 몸매를 만드는데 성공했는데, 이제 사랑할 수 있을까. 많은 사람들의 관심과 인기를 얻을 수 있을까? 외모가 조금 못났다 하더라도 많은 사람들의 인기를 얻고 주목을 받고있는 사람들도 많다. 예쁘고 아름다운 외모만이 경쟁력이 될 수 없다. 이제는 그 사람의 대화기술이 주목받는 시대라고 할 수 있다. 성공한 사람과 그렇지 못한 사람의 말하기 습관에는 큰 차이가 있다.

성공한 사람들의 말하기에는 말을 청산유수처럼 잘 하는 것도 있지만, 말하기보다 중요한, 듣는 상대방을 배려하는 마음이 있다. 평소 자기중심적으로 이끄는 대화, 상황을 고려하지 않고 내뱉는 언어습관은 사랑이나 인간관계에 있어서 큰 장애물로 자리잡게 된다.

몇 십 년 동안 길들여져 온 말하기 습관은 그 문제점을 본인도 알기 어려울 뿐더러 그것을 바꾸기도 무척 어려운 일이다. 말하기 습관을 바꾼다는 것은 외모를 바꾸는 것과는 다른, 오랜 노력과 정성이 있어야 가능한 일이다. 자기자신의 현재 모습과 문제점을 깨닫고 그것을 고치려 노력하면서 발전해 나가는 사람이야말로 아름다운 사람이다. 그 동안 상대방에게 어떤 식으로 말을 했는지 돌이켜 보자.

벌은 예쁜 꽃이 아니라 향기가 좋은 꽃에 내려앉는다. 조금씩 마음의 여유를 가지고 말하는 습관을 고쳐보도록 하자. 어느새 아름다운 향기로 가득 찬 자신을 발견하게 될 것이다. 아름다움이 벤 말이란 상대방을 배려하고 잘 들어주는 것이 먼저 선행되어야 하는 것이다.

그러면 난 어떤 식으로 말하는 걸까?

말은 그 사람을 드러내는 중요한 요소다. 사람은 말을 통해 자기자신을 알리며 생각을 표현한다. 그리고 말을 주고받으며 다른 사람과의 관계를 맺는다. 우리 주변에는 유난히 사람들을 몰고 다니는 이들이 있다. 생김새에 끌리는 것에는 각자의 취향이 다르고 물질적인 능력으로 다른 사람의 환심을 사는 데에도 분명 한계가 있다. 그렇다면 인기인의 특징은 무엇일까? 가만히 살펴보면 그들이 매력을 발산하는 데에는 다름 아닌 '말하기'에 있다는 것을 알게 된다.

우리 옛 속담에 발없는 말이 천리를 가고 말 한마디로 천냥빚을 갚는다고 했다. 이처럼 예나 지금이나 말하기는 매우 중요한 소통방법이다. 똑같은 말을 해도 어떤 사람이 하면 맥이 빠지고 어떤 사람이 하면 힘이 나기도 한다. 예를 들어 보겠다.

A : 넌 왜 이것밖에 못해? 이 정도밖에 안되니?
B : 수고했어요. 힘들었지요? 그렇지만 난 당신이 더 많은 능력이 있다고 생각해요. 조금 더 능력을 보여줄 수 있죠?

분명 똑같은 야단이고 질책일 수 있다. 하지만 어떻게 말하느냐에 따라 있던 능력을 없앨 수도 있고, 없던 능력을 끌어낼 수도 있다. 당신은 어느 쪽인가?

말하기는 소통의 기본이다. 더군다나 현대 사회에서의 소통, 커뮤니케이션은 마케팅의 중요수단이 되기도 한다. 상대방의 지갑을 열기 위해서는 마음을 먼저 열어야 한다는 감성 마케팅은 바로 이것, 마음을 움직이는 커뮤니케이션에서 나왔다고 해도 과언이 아니다. 그래서 최근에는 말

한마디로 천냥빚을 갚는 것이 아니라 말 한마디로 천억을 번다고 하지도 않는가.

우리 주변에는 입만 열면 사람들의 환호를 받는 사람이 있는가 하면 입만 열면 폭탄이라는 소리를 듣는 사람도 있다. 남들 앞에서 말하기가 두렵거나 내 말을 사람들이 잘 알아들을까 고민하는 사람이라면, 한 번쯤 상대방의 이야기에 귀 기울여 보자.

결국 인기란 상대방의 말을 잘 듣고 의중을 파악해 상대방의 마음을 얻는 것 아니겠는가. 어려운 말로 나의 지식을 알리려 하지 말고, 자기가 하고 싶은 말만 하지 말고, 한번쯤 상대방의 눈을 보며 대화를 해보자. 단점보다는 장점을, 야단치기 보다는 격려를 하자. 그러는 동안에 많은 남성들뿐 아니라 여성 친구들 사이에서도 당신은 인기만점의 매력적인 사람으로 기억될 것이다.

06

배려하고 복을 불러들이는 말

공감하고 경청하며 한 발자국만 더 상대를 배려하는 언어를 사용할 때 우리가 살아가는 세상은 더욱 평화로워 질 것이다.
과연 우리는 사람을 얻고 있는가 아니면 잃고 있을까?

"넌 도대체 왜 그 모양이니?, 생각을 하고 사는 애야?, 옆집에 동환이 좀 봐봐라. 걔는 항상 반에서 1등, 전교에서 1등인데 엄마는 네가 부끄러워 죽겠다. 동네 아줌마들이 모여서 아들 자랑을 하는 데 맨 날 넌 친구들 만나서 놀러나 다니고, 그래서 뭐가 되겠다는 거니? 하는 짓하고는 지 애비를 꼭 빼닮았어요. 부전자전이라더니. 하여간 둘 다 왜 이리 속만 썩히는 거야? "이 말을 듣고 있던 아들 재환과 남편은 둘다 기분이 나빠져, 큰 소리를 친다." 엄마는 그러면 뭐 잘난 거 있어요? "아들에 이어 남편은 "이 애편네가 정신이 나갔나?" 하며 되받아친다. 저녁식사를 위해 모인 세 사람은 저녁을 먹지도 못하고 기분이 상해 고성이 오가며 서로를 원망하기 시작한다.

할 말 다하고 사는 것은 미덕일까요?

일하는 여성 천만명 시대를 맞이한 한국에서 여성들이 사회에서 일터에서 더 큰 성공을 거두기 위해 갖추어야 할 전제조건이 있다. 필자 역시 일하는 여성이기에 실제 겪어온 문제이기도 하다. 여성은 남성에 비해 같은 일을 하더라도 월급이 적고, 진급에 한계가 있는 경우가 많다. '여성은 가사 및 육아를 책임져야 할 사람'이라는 고정관념을 우리 사회에서 지우고 있기 때문에 운전에 서툰 여성들이 차를 가지고 나오면 곧잘 하는 소리가 "집에서 밥이나 할 것이지, 저 여자 왜 저래?" 하며 여성 비하발언을 하기 일쑤이다.

하지만 그런 시대는 이미 지나갔다. 여성 스스로 그런 생각에 젖어 '결혼하면 일을 그만둬야지' 생각한다면, 필자는 이에 반대다. 결혼을 하면 왜 여자만 일을 그만두고, 가사를 책임져야 하는가? 물론 육아에 있어 '여성'이 담당해야 할 부분이 분명 크지만 그렇다고 그동안 쌓아온 자신의 능력을 발휘하지 못하고 일을 할 수 있음에도 불구하고, '결혼'이라는 이유하나만으로 능력을 사장시키기엔 국가에서도, 경제적으로도 손실이 크다는 것을 알아야 한다. 무조건 집을 나와 일을 하라는 말은 아니다. 본인의 의지가 일을 하고 싶음에도 불구하고 단지 '육아나 가사'업무 때문에 직장을 포기하지 말았으면 좋겠다.

그런 와중에 착한 여자 콤플렉스에 빠져 "NO"라는 말을 하지 못하는 여자, 새로운 남자를 만나는 것이 두려워 지금 맘에 들지 않는 남자친구에게 단호히 이별선언을 못하는 여자, 직장에서 당당히 인금인상이나 진급요구를 못하는 여자들이 많다.

하지만 현명한 여성의 남다른 말하기가 주는 성공은 분명 그에 대처하지 못하는 여성과는 다르다. 연애나 인간 관계, 나아가 직장에서 그들이 요구하는 간결하고 명료한 표현과 사전적 의미로 의표를 찌르는 정확한 전달 방법을 알고 있는 사람은 분명 남다른 성공을 거둘 수 있는 것이다.

"암탉이 울면 집안이 망한다", "여자는 하고 싶은 말을 다하면 손해본다", "여자가 어디 말대꾸야?" 라는 말들이 있지만, 이 말은 이제 통하지 않는다. 이제 여성도 논리적이고 더불어 여성만의 섬세한 장점을 살린 감성적 스피치를 조화시켜 체계적으로 말한다면 사회생활에서 억울함을 당하는 일들이 훨씬 줄어들게 되는 것이다. 즉 원만한 사회생활 및 인간관계를 유지하기 위한 첫 번째 조건이 바로 대화법을 터득하는 것이다.

우리 사회에서 여성들에게 욱하는 마음을 누르며 화를 참게만 하는지, 입을 다물고 마음고생을 하는 것이 옳은 것이 아닌 시대이다. 그러다가 감정이 폭발하면 이를 주체 못하고 분노하는 바람에 가까이 있는 사람들에게 화풀이를 하며 가정 불화를 초래하고, 직장생활을 방해한다면 분명 잘 못 가고 있는 것이다. 뭐든 지나치게 오래 묵히면 썩게 마련이다. 오랜 시간 묵히고 묵힌 감정의 표현이 좋을 리 없는 것이다. 오히려 감정이 폭발할 때 나오는 말을 주워 담기가 더 힘든 법이다. 화가 날 때 많은 말을 하게 되면 실수하기 마련이다.

화(禍)를 부르는 말, 복(福)을 부르는 말

매 상황마다 가장 적절한 말 한마디로 상대방을 기분 나쁘게 하지 않으면서 할 말을 하고 사는 것이 정신건강에도 좋을 뿐 아니라 '재치 있고 똑 부러지는 사람'이라는 소리를 듣게 될 것이다.

사람은 세상에 태어날 때 입 안에 무서운 도끼를 물고 태어난다고 한다. 누구나 입속의 도끼를 가지고 산다. 그리고 입안의 그 무서운 도끼로 스스로의 몸을 찍어댈 뿐만 아니라 세상을 더럽힌다. 그것은 다름 아닌 오로지 입 안에서 뿜어져 나오는 나쁜 말 때문이다.

도끼는 늘 시퍼렇게 날이 서 있어야 제격이다. 그러나 그 시퍼런 도끼를 정말 잘 써야 한다. 잘 쓰면 예술이지만 잘못 쓰면 흉기가 된다. 입속의 혀는 도끼보다 더 무섭다. 잘 쓰면 복福이 되고 잘못 쓰면 화禍와 독毒이 된다. 아름다운 용모의 여성이 아름다운 말을 쓰면 그 매력이 배가 된다. 하지만 그렇지 못한 경우라면 그 외모까지 깎아먹게 된다.

말하는 데 세금내는 것도 아닌데, 다른 이의 가슴에 도끼질을 해서 본인 마음은 편한가? 가는 말이 고와야 오는 말도 곱다고 했다. 이는 인지상정인 것이다. 내가 먼저 따뜻한 말을 건넨다면 그들도 받아들일 준비를 할 것이다.

여성의 역할이나 사회적 지위 역시 커져가는 추세이다. 그 가운데 우뚝 서기위해 상황에 맞는 똑똑한 말하기는 꼭 필요하다는 것은 두 말 할 필요가 없는 것이다. 이 책에서 전하는 스피치 노하우를 기억하고 실행한다면 어느 샌가 주목받는 매력적인 사람으로 우뚝 서있는 당신을 발견하게 될 것이다.

07

차이와 공감대를 인정해야 하는 화성인, 금성인의 대화

서로 다른 언어를 쓰는 남녀, 남성 여성은 화성인 금성인으로 분류하며 그 차이점을 인정하지 않고 상대를 인정하려 하지 않을 때 문제는 발생한다.

백 일째 만남 데이트를 마치고 집에 돌아온 남녀, 남자는 오늘 하루 즐거웠다고 생각하고 여자에게 전화를 걸지만 여자는 전화를 받지 않는다. '씻고 있나?' 라고 생각한 남자는 또 전화를 걸어보지만 안 받기는 마찬가지다. 대신 5 분후 한통의 문자 메시지가 날아온다. "오늘 나 오빠 때문에 맘 상했는데, 오빠는 모르는 척 하는구나..." 사실 여자는 화가 나 있었다. 남자가 백 일째 만남이라고 장미 백송이를 가져온 것까지는 좋았지만, 그 외에는 평소와 다름없이 보냈기 때문이다. 여자가 원한 것은 장미백송이가 아니라 만난 지 백 일째 되는 날에 대한 따뜻한 감정교환이었는데...

남자는 만날 때부터 헤어질 때까지 모든 상황을 머리 속에 떠올려보지만 아무리 생각해도 잘못된 건 없다. 도대체 무엇이 그녀를 화나게 만든 것일까? 답답하기만 하다.

꼭 말로 해야 아나요?

예로부터 인간은 파라다이스를 꿈꾸며 살아왔다. 이런 파라다이스는 가정을 중심으로 행복한 삶을 영위해 가고 싶은 인간의 욕망을 반영한다.

가정은 단지 물리적 휴식과 안정을 제공하는 곳만이 아닌 사랑과 교제를 나누는 심리적 정서적 공간이다. 이런 사회의 근간을 이루는 가정을 파괴하는 이혼이 급속도로 증가하고 있다. 성격, 성, 의사소통, 배우자 부정, 경제문제 등 이혼의 사유도 여러 가지이다. 그 중 필자가 논하고 싶은 것은 대화방식의 문제점이다.

남자는 남자들의 방식으로 커뮤니케이션을 하고, 여자는 여자들만의 방식으로 커뮤니케이션을 한다. 남자는 화성인의 말을 하고 여자는 금성인의 말을 하는 것이다.

남성은 목표 지향적이고, 여성은 관계 지향적이다. 연애를 할 때 남성은 여성을 자신의 사람으로 만들기 위해 최선을 다한다. 남자는 동굴에 들어가 혼자만의 시간을 가지며 문제를 해결하는 반면, 여자는 이야기를 나누며 문제를 해결하려 한다.

여성은 수동적 직관적 정서적 방향으로 길들여져 감정적 지지와 구체적 경험으로 사적인 분위기 대화를 좋아하고, 남성은 능동적이고 이성적이고 비정서적 방법으로 훈련 요약된 직접 화법을 사용한다. 서로의 대화법을 존중하지 않으면 남녀 간의 의사소통에는 문제가 생기게 된다.

의사소통에는 몇 가지 특징이 있는데, 이전에도 언급한 바가 있는 언어로 전달되는 메시지 외에 비언어적 메시지가 있는데 어떨 땐 후자가 더 정확하거나 강렬한 효과를 주기도 한다. 말로는 동의하지만 표정이나 몸짓으로는 거부감이 전달되는 경우가 그런 케이스이다.

아내는 감성적으로 대화를 풀어내고 남편은 비정서적인 방법으로 의사소통을 하는 데, 예를 들면 "여보, 우리 드라이브나 하며 얘기 좀할까?"하며 말을 건네는 아내의 말을 남편은 "이 시간에 무슨 드라이브야? 잠이나 자. 피곤해"라고 받아치는 남편이 있다. 라고 가정하면 아내는 남편의 이야기에 못내 속상해한다.

남편의 말만 들어보면 틀린 얘기도 아니다. 피곤한 스케줄을 소화하기 위해서는 잠을 자두어야 한다는 이야기는 분명히 일리가 있지만 아내가 원한 것은 감성적인 접근이었고 남편이 자신의 마음을 몰라줘 속상하다.

그러면서 자신의 속 마음을 털어 놓고도 싶고 힘든 고민도 말하고 싶으나 남편은 말의 일차적 의미만 해석하기에 커뮤니케이션의 벽이 생기게 된다.

누구나 자신이 원하는 것을 정확하게 말하거나, 상대가 바라는 것을 정확하게 파악하기란 쉬운 일이 아니다. 문제는 이런 의사소통의 장애가 있는 부부에게는 사이가 나쁜 경우가 더 많고, 결과적으로 더 많은 갈등을 겪게 되고 결국엔 이혼에 이를 확률도 높아진다.

차이를 인정하고 대화를 시작하자

이런 의사소통의 부재가 한두 번 쌓이는 게 부부지간 당연한 일이 아니냐고 반문하는 사람들도 있겠지만 이것이 반복되다보면 자신도 모르게 쌓여가는 불만이 종국에는 해결할 수 없을 지경에 이르기도 한다. 남성 여성은 화성인, 금성인으로 분류하며 그 차이점을 인정하지 않고 상대를 인정하려 하지 않을 때 문제는 발생한다.

"당신은 모르면 가만히 있어", "네가 뭘 안다고 그래?", "뭘 모르면서 얘기 하네" 이런 식으로 상대방에게 던지는 말은 서로에게 상처를 줄 뿐이다. 상대방의 차이점을 인정하고 자존심을 지켜주면서 상대방의 얘기를 들어준다면 대화의 부재로 인한 마음의 벽은 허물어지지 않을까?

또한 인생의 가장 중대한 법칙 가운데 하나가 '무슨 일이든 남들은 나와 다른 생각을 한다'는 것이다. 우리가 이와 같은 생각을 염두에 두고 있다면 대인 관계의 실패, 부부관계의 실패를 절반 이상 줄일 수 있을 것이다.

전 세계 이혼률 1, 2위를 달린다는 한국의 부부간 의사소통 문제를 분명 짚고 넘어가 봐야 할 문제가 아닐까 생각해본다. 가부장적인 전통사회에서의 한국의 남성들이 부부관계를 상하관계로 인지하고 있다면 필자는 단번에 "꿈 깨라"라는 말을 던지고 싶다.

생리학적 관점에서 보면 여성은 남성의 능력보다 우월하다. 그런 여성들의 커뮤니케이션 방식을 무시하기보다는 받아들이고 같이 이해하기 위해 노력해 본다면 대한민국의 커플들, 부부들은 지금보다 훨씬 행복해지지 않을까?

스티브 잡스의 스피치

애플 창업자. 아이폰이란 스마트폰으로 IT 역사에 길이 남을 혁명을 일으킨 천재. 애플 Ⅱ 이후 IBM PC의 등장으로 어려움을 겪게 되자, 자신이 데려온 존 스컬리에 의해 애플에서 쫓겨난다. 하지만 픽사와 넥스트를 거치면서 창의적인 리더십으로 재무장하고 돌아온 뒤 애플의 전성기를 열었다.

니모를 찾아서, 토이 스토리, 벅스 라이프, 업…….

픽사에서 탄생시킨 이 영화들은 누구나 한 번쯤 그 이름을 들어보았을, 업계 최고의 신화를 이룩한 애니메이션 걸작들이다. 아이 팟은 어떠한가? 'MP3 플레이어 = 아이 팟'이라는 무조건적인 공식이 생겨날 만큼, 세계 MP3플레이어 업계를 폭풍처럼 휩쓸어 지금은 누구나 한 사람쯤 그것을 가지고 있을 정도이다. 이 모든 신화를 창조한 애플의 CEO 스티브 잡스는 그 외의 또 하나의 신화를 사람들의 가슴속에 깊게 남긴 바 있다. 바로 감동적인 그만의 프레젠테이션이다. 사람들은 애플사에서 신제품이 개발될 때 마다 그의 프레젠테이션을 들을 수 있다는 사실에 흥분하고, 그의 열혈 팬들은 그의 프레젠테이션이 끝나자마자 세세 각지에 그 영상을 옮겨 나른다. 스탠포드 대학에서의 졸업연설 역시 최고의 명연설로 지금까지 회자되고 있다. 그는 기업의 CEO일 뿐 아니라, 이미 연설계의 인기스타이며, 거장인 것이다. 이러한 신화의 밑바탕이 된 그의 스피치를 전격 해부해 보자.

그의 프레젠테이션의 가장 큰 특징은 거대 퍼포먼스라는 점이다. 보통, 신제품을 발표할 때는 그 제품의 기능과 가치를 청중들에게 설득하는 데만 초점을 맞추게 된다. 그러나 이런 프레젠테이션이라면 편하고 재미있게 느껴지진 않을 것이다. 게다가 청중의 대부분이 딜러인 만큼, 그 어느 때보다 냉정한 눈을 하고 발표내용을 요목조목 머릿속으로 따진다. 그러므로 분위기는 더욱 딱딱해지기 마련이다. 하지만 콘서트라면 다르다. 청중들은 흥분된 마음으로 공연이 시작되길 기다리고, 그 주인공이 무대 위에 나타나면 열화와 같은 환호로 답한다. 이런 분위기라면 어떤 말을 하든 웬만해서는 긍정적인 반응을 불러일으킬 것이다.

많은 이들에게 감동을 주었던 2007년 애플 맥 월드 프레젠테이션은 마치 콘서트처럼, 대기시간 동안 청중들에게 날스 바클리, 콜드 플레이 등의 노래를 틀어 주었다. 무대디자인 또한 일반적인 프레젠테이션 장 연단의 모습이 아니라, 흡사 극장의 공연 무대를 연상케 한다.

등장 또한 파격적이었다. 그는 제임스 브라운의 「I feel good」이라는 신나는 록큰롤을 배경으로 하여, 마치 록스타처럼 무대에 등장했다. 기존의 고정관념을 깬 이런 프레젠테이션이라면 하나의 '빅 쇼'라 해도 과언이 아닐 것이다.

또한 그의 프레젠테이션은 PPT 자료부터 남다르다. 우선 생생한 시각 자료들로 볼거리를 제공한다. 이번 해, 큰 관심을 불러 모았던 아이패드의 PPT 화면에서는 쿵, 하는 소리와 함께 먼지구름을 일으키며 아이포드라는 문구가 육중한 물체 떨어지듯 무게감 있게 안착했다. 청중들은 묘한 감동을 느끼며 박수를 쳤고, 필자 역시 그 장면에 강하게 매료될 수밖에 없었다. 그러나 스티브잡스는 온갖 현란한 방식들을 다 동원하여 화면을 가득 매우는 것이 아니다. 그의 화면에는 한 줄의 핵심문구, 하나의 도형, 하나의 제품 이미지 정도밖에는 들어가지 않는다. 다만 그 하나를 해도 기발하고 인상 깊게 화면을 구성하는 것뿐이다. 그리고 그 내용 또한 스피치의 핵심이 무엇인지 가장 정확하게 보여주고 있다.

I phone을 발표하는 자리에서 그의 화면에는 '2000000000'이라는 숫자만이 떠올랐다. 그리고 그는 말한다. "지구상의 20억명의 사람들이 매일 밤 무언가를 충전하기 위해 플러그에 콘센트를 꼽습니다." 일반적인 사람들이라면 이러한 멘트를 전부 화면에 넣는 것도 모자라, 적어도 10줄 이상은 되는 문구를 써넣은 뒤 최대한 간결하게 만들었다고 생각할 것이다. 그러나 그는 단 한 줄의 숫자만으로, 어떻게 PPT화면을 효과적으로 구성할 수 있는 지를 보여주고 있다. KISS의 법칙을 가장 모범적으로 따르고 있는 프레젠테이션인 것이다.

또한 그는 PPT화면을 철저하게 자신의 보조 자료로써만 활용한다. 아무리 보조 자료가 화려할지라도 그것이 발표자를 능가해서는 안 된다는 것을 잘 알고 있는 것이다. 스티브 잡스는 자신이 이야기를 할 때는 화면을 꺼놓기도 하며, 중요한 움직임을 하고 있는 현재 자신의 모습을 화면에 비추기도 한다. 그가 프레젠테이션 화면을 가장 효과적으로 활용할 때는 개인적인 볼일을 볼 때뿐이다. 청중들이 화면에 집중하는 그 짧은 순간 재빨리 물을 마시거나, 옷매무새를 다듬은 뒤, 아무 일도 없었다는 듯 시치미를 떼며 다시 청중들의 관심을 화면에서 자신에게로 돌리는 것이다. 이런 동작들은 여유로움을 보여주는 것이다.

또한 그의 말에는 쓸모없는 말이 없다. 50분의 발표를 준비한다면, 발표자는 50분 이상의 시간과 공을 들여 그 프레젠테이션을 준비한다. 그렇기 때문에 일반적인 사람들은 최대한 많은 것을 발표에 담고 싶은 욕심이 생기기 마련이다. 그래서 이미 말 많은 PPT화면 앞에서도 많은 말들을 또 늘어놓는다. 왜 이 발표를 하려하는지를 이야기하고, 발표를 준비하면서의 에피소드를 여담으로 집어넣기도 하고, 유명인의 문구까지 인용하는 것이다.

이렇게 되면 청중들은 추리력을 발휘해야 한다. 대체 무슨 말을 하기 위해 저 사람이 이런 저런 말을 하는 거지? 그러나 스티브 잡스는 쓸데없는 군더더기 말을 하지 않는다.

IMac의 새로운 버전의 제품을 소개하는 자리에서 그는 단지 다음과 같은 이야기를 했다.

“지금으로부터 약 1 년 전, 우리는 제 3세대 IMac을 출시했습니다. 그리고 발매 첫 해에 100만대 이상의 IMac을 판매했다는 기쁜 소식을 여러분께 알려드립니다.” 그리고 바로 새로운 제품에 대한 설명을 넘어갔다. 앞선 이야기는 기존의 아이맥도 이만큼 훌륭했으니, 새 버전은 얼마나 더 훌륭할까라는 청중들의 기대감을 높이기 위한 양념 같은 역할이다. 짧고도 효과적이었다. 그러나 대부분의 사람들은 제 1세대 IMac에서부터 거슬러 올라가, 길고도 지루하게 그 역사를 발표했을 것이다. 그리고 청중들이 지칠 때쯤 돼서야, 새로운IMac 출시에 대한 본론을 이야기했을 것이다.

이렇게 필요한 것만 깔끔하게 이야기할 수 있는 것은 발표에 대한 이해도가 정확하기 때문이다. 실제로 그는 프레젠테이션에서 미리 준비한 연설문을 참고로 하는 모습을 보여 준 적이 없다. 언제나 맨손이며, 대신 그 손을 자유롭게 활용하여 사람들 앞에서 제품을 직접 시연하고, 풍부한 바디 랭귀지를 표현한다. 이런 모습은 더욱 청중들에게 자신감 있는 모습으로 다가오고, 그것은 곧 신뢰로 이어지게 된다.

그의 프레젠테이션에는 드라마틱함이 있다. ‘프레젠테이션이 아니라 하나의 완벽한 드라마’를 보는 느낌이 든다. 그의 이야기에는 드라마틱한 감동과 함께 알차게 짜여진 스토리구조가 들어 있다.

실제로 WWDC(Apple Developer Conference) 프레젠테이션에서 그의 연설구조는 다음과 같다.

첫째, 애플 초창기에 히트시킨 유명한 제품들을 보여주고, 이것보다 더 놀라운 제품을 보여주겠다는 것으로 운을 뗀다. 그리고 기존 스마트 폰의 단점을 없앤 아이폰을 소개함으로써 승에 접어든다. 그리고 아이폰의 주요기능을 이야기 한 뒤, 마지막으로 아이폰의 가장 강력한 장점을 내세우면서 대미를 장식한다. 여기서 중요한 것은 가장 구미가 당길만한 내용을 뒤에 배치했다는 것이다. 마무리에 강력하게 남은 기억은 끝나고 나서도 여운으로 뇌리에 남게 된다. 영화에서 중요한 반전은 언제나 끝에 밝혀지듯, 그는 언제나 최고의 히든카드를 마지막 즐거움으로 남겨두는 것이다. 그래서 이제 그가 화면에 One more thing 이라는 문구를 띄우면, 사람들은 얼굴 가득 미소를 띄우고, 기대감에 부풀게 된다.

마지막으로 청중을 압도하는 그의 어투와 태도를 살펴보도록 하자. 그는 파워풀한 목소리와 강한 태도로 청중을 압도하는 것이 아니다. 오히려 한없는 여유로움과 편안함으로 청중들을 대한다. 청중들은 자연스럽게 긴장과 경계가 풀리며 그의 이야기에 빨려들게 되고, 어느새 안방에 앉아있는 기분으로 그의 작은 유머에 따라 웃는다. 스티브 잡스는 무대 위에 서면서 CEO 라는 자신의 권위를 내세운 적이 없다. 그의 트레이드마크인 캐주얼 차림으로 여유 있는 웃음을 얼굴가득 머금으며 무대에 오른다. 그리고 옆집 아저씨처럼 자상하고 친근감 있는 목소리로 말문을 연다. 그런 태도에 사람들은 무례하거나 약해보인다고 생각하지 않는다. 오히려 그 자신감과 여유에 감탄하며 압도될 뿐이다. 그 여유의 근원은 끊임없는 리허설에 있다고 한다.

많은 청중들 앞에 서면 대부분 떨린다. 그 모든 것을 극복할 수 있는 힘은 완전히 몸에 벤 철저한 준비뿐이 없다는 것을 그는 가르쳐준다.

프리젠테이션이 끝난 후, 기자들이 "프리젠테이션이 훌륭했다. 어떻게 준비했느냐?"는 질문에 "Rehearsal, Rehearsal, Rehearsal!" 이라고 그는 답했다. 이렇게 훈련을 통해 자연스럽고 간결한 스피치를 보여준 스티브잡스는 IT 역사에 길이 남을 'IT 황제' 임에 틀림없지만 그는 프리젠테이션의 귀재이기도 하다.

제2부

매력적인 커뮤니케이터의 비밀

08

몸으로 말하기

비언어적 커뮤니케이션을 활용하라

대화를 나눌 때 말의 내용을 더욱 풍부하게 하고, 진실하고 효과적으로 전달하기 위해서 얼굴표정이나 몸짓을 적절히 활용해야 하는 것이다. 몸은 나보다 먼저 말하고 거짓말하지 않는다.

이른바 '무대 울렁증'이라는 것은 소심한 사람들만의 문제가 아니다. 실제로 유명 연예인 중에서도 항상 울렁증을 겪는 사람들이 많으며, 정신과에서 '교감신경 흥분억제제'를 처방받아 복용하는 경우도 많다. 리허설 때는 끝내주게 노래를 잘 부르다가도 정작 생방송에서 고음 불가의 목소리를 내는 가수들은 또 얼마나 많은가. 하지만 사람들은 리허설 때의 모습으로 그를 보기보다는 생방송에서의 모습으로 가수의 실력을 평가하는 것이 현실이다. 몇몇 실력 있는 가수들은 가족이나 연인을 객석으로 초대하고, 객석에 있는 수많은 사람들 보다는 초대한 단 한 사람에게 노래하는 느낌으로 울렁증을 극복한다고 한다.

대중 스피치 역시 자연스러움이 관건

현대인은 언어의 홍수 속에 살고 있다고 해도 과언이 아니다. 하루의 시작을 대화로 시작해서 대화로 끝낸다. 우리 현대인들은 많은 사람들을 만나 수많은 대화를 나누며 많은 청중앞이나 소수집단앞에 나설 기회가 점점 많아지고 있다. 그런데 대중앞에서 말하는 것에 대한 일반인들의 두려움은 예상외로 참 크다.

많은 사람들이 평소엔 말을 잘 하다가도 사람들 앞에만 서면 말이 막히고 가슴이 답답하다고 얘기한다. 대학교수나 특정 분야의 전문가로 인정을 받고 있는 사람들조차 대중 앞에 서거나, 카메라 앞에 서서 이야기를 풀어야 할 경우 상당수가 너무도 어려워하고 힘들어 한다. 하지만 그럴 필요가 없다.

대중앞에서 연설을 하거나 스피치를 할 경우 역시 일대일로 스피치 한다는 기분을 가지고 얘기를 풀어가면 된다. 무엇보다도 딱딱하지 않고 자연스러움이 묻어 나오는 스피치가 듣기에도 편하다. 그리고 대중 스피치는 시선을 5초 단위로 옮겨주는 것이 좋다.

사실 나도 처음 200만 관중들이 모인 자리에서 사회를 볼 때 많은 사람들의 눈을 보면서 어찌나 가슴이 뛰었는지 모른다. 하지만 지금은 200만이 아니라 오천만 대한민국 국민이 청중이다. 이제는 어떤 자리일지라도 전혀 떨리지 않고 사람들의 움직임을 살필 수 있는 여유가 생겼다.

대중 스피치나 방송 스피치나 기능면에서 분명히 일반 스피치와 차이가 있지만 그 연장선상이라 생각하면 된다. 대중 스피치 뿐만 아니라 일상적인 대화에서도 나름대로의 기술이 필요하다. 대중 스피치, 방송 스피치, 일상 스피치를 통틀어 공통점을 찾아볼 수 있다. 어떤 장르의 말하기든 호감가고 긍정적인 인상을 줄 수 있어야 하고 언어적, 비언어적 요소를 내포하고 있다는 점이다.

인간은 사회적 동물이다. 혼자서는 살 수 없는 존재이고 사람들 속에서 살아야만 하는 존재이다. 대화란 모든 인간관계를 형성하는 기본이다. 대화가 없다면 인간관계형성이 어려울 뿐만이 아니라 조직의 성립과 운영도 어렵다. 대화란 인간관계의 생명원이라 해도 과언이 아니다.

언어적 메시지와 비언어적 메시지 활용하기

홀로 살아갈 수 없는 우리들이기에, 그 사회에서 요구하는 삶의 방식과 기능을 습득해야 살아 갈 수 있다. 그러한 속성 중 가장 강력한 것이 대화, 즉 스피치 커뮤니케이션인 것이다.

대화가 이루어지는 기본요소를 살펴보면 메시지를 전달하는 송신자와 그 내용을 전달받는 수신자, 그리고 메시지, 전달매체, 피드백이 있다. 이 관계에서 어떤 장애요소라도 발생하면 호감가는 대화가 이루어지기 힘들다. 대화가 원활하게 이루어지기 위해서는 언어적 요소와 비언어적 요소 등을 잘 파악해야 한다.

대화하려는 상대를 이해하고 자신의 의도를 잘 이해시키기 위해서는 정확한 발음 및 올바른 표현 등의 언어적 요소와 눈짓, 몸짓 등 비언어적 표현방식을 적절하고 명확하게 전달해야 한다.

앨버트 매러비안이란 미국의 사회 심리학자는 대화에 있어서 '비언어적인 요소가 55%를 차지' 한다고 했다. 사람들의 의사소통은 순전히 언어로만 이루어지는 것이 아니며 비언어적 요소가 더 크게 작용한다는 이야기다. 간혹 주변에도 말을 할 때 무표정이어서 소위 '포커페이스'로 말하는 사람들이 있다. 이런 사람들을 보면 감정이 메마른 사람들처럼 느껴져 다가서기 힘들다.

대화를 나눌 때 말의 내용을 더욱 풍부하게 하고, 진실하고 효과적으로 전달하기 위해서 얼굴표정이나 몸짓을 적절히 활용해야 하는 것이다. 몸은 나보다 먼저 말하고 거짓말하지 않는다고 한다.

이처럼 비언어적 커뮤니케이션은 언어적 커뮤니케이션 만큼이나 비중이 크다. 어떤 스피치를 하든, 감정을 풍부하게 실어서 얼굴 표정에 나타내보자. 말하는 내용에 맞추어 제스처든 표정이든 함께 맞춰보자. 메시지

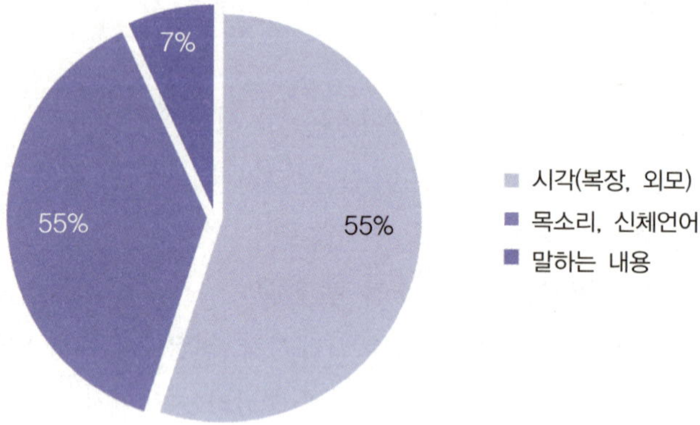

[Mehrabian's Law]

전달력이 평소의 2배 이상은 높아질 것이다. 그리고 내 얘기를 재밌게 듣는 이들이 더 많아질 것이다.

영국의 대문호 세익스피어는 사람들이 말을 할 때 두 가지 말을 동시에 한다고 설명했다. '들리는 말과 보이는 말'이 그것이다. '들리는 말'은 언어이며, '보이는 말'은 비언어적인 부분이다. 여기서 언어적인 부분이 비언어인 목소리나 자세, 제스처, 표정 등과 조화를 이루지 못할 때는 사람들은 비언어인 몸짓언어를 먼저 믿어버린다고 강조했다. 이는 감정적인 비언어적인 표현에 사람들은 더 집중하고 신뢰를 한다는 것이다.

'들리는 말'보다 '보이는 말'이 더 중요함을 강조한 연구결과 중 '메라비언의 법칙'이 있다. 메라비언은 의사소통에 대한 연구결과 전달수단이 미치는 영향력 중 말이 7%, 목소리 38%, 바디랭귀지가 55%라고 주장했다. 여기서 말은 언어적인 요소로서 이성적 판단이며, 목소리와 바디 랭귀지는 비언어적 요소로서 감성적인 판단이라고 볼 수 있다.

여기서 주목할 만한 것은 상대를 설득시키는데 있어서는 언어적인요소7%보다는 비언어적인 요소93%가 훨씬 크게 영향을 미친다는 것이다. 아무리 말을 조리있게 해도 감정이 베어 나오는 목소리나 몸짓, 눈빛, 표정 등 바디 랭귀지가 수반되지 않으면 소통은 제대로 이루어지지 않는 것이다. 결국 대화의 내용보다 더 중요한 것은 상대를 배려하는 태도와 그 마음가짐에서 우러나오는 목소리, 표정, 제스처 등에 따라 상대를 감동시키기도 하고 실망시키기도 하는 것이다.

말보다 몸이 더 많은 걸 말해준다

폴랜킨이란 학자의 연구에 따르면 인간은 깨어있는 시간의 70%를 의사소통에 할애한다고 한다. 그렇다. 우리는 모두 소통하고 싶어한다. 사람의 가장 기본적인 욕구 가운데 하나는 '이해받고 싶음'이다. 내가 사랑하는 사람에게 내 자신의 마음을 전하고 싶고, 내면에 있는 고민거리, 아픔, 분노, 외로움같은 감정들을 이해받고 싶다.

내 마음에 응어리를 이해해주고 받아주고 또 감싸주는 그 누군가가 있다면 그 사람에게 전폭적으로 마음을 열 수 있게 되는 것이다. 즉 마음으로 기대고 싶은 사람일 것이다.

정말 사랑하는 사람들 사이에서의 대화에서는 많은 말이 필요 없을 수도 있다. 서로의 눈빛교환만으로도 상대방이 무슨 말을 하고 있는 지 무슨 마음을 전하고 있는지를 알 수 있기 때문이다.

애정도가 높은 연인 사이라면 말할 필요가 없을 정도로 상대방을 눈빛으로 압도하는 경우가 많다. 필자도 상대방의 눈을 많이 보는 편인데, 그 눈빛만 봐도 상대방이 내게 가지는 감정이나 하고픈 말을 읽을 수 있는 경우가 참 많다. 그래서 몸은 말보다 더 정직하게 말하는 것이다. 말로는 어떤 말이든 할 수 있지만 감정을 드러내는 표정이나 눈빛은 거짓말하기 힘들다.

그렇다. 말로는 아니라고 부정할 수 있지만 말을 하면서 느끼는 맥박, 혈압, 호흡, 땀같은 신체기능의 변화를 측정해 그래프를 나타내는 거짓말 탐지기는 90% 이상의 정확도를 띄는 것이다. 상대가 거짓말을 하고 있는지를 판단할 수 있는 잣대가 되는 신호는 여러 가지가 있지만 대표적으로 눈을 깜빡이는 동작도 거짓말 여부를 알 수 있는 훌륭한 신호이다. 사람들이 초조할 때 눈을 깜빡이는 횟수도 급속도로 늘어난다. 호흡이나 안색도 마찬가지이다.

"당신은 도대체 그 여자와 무슨 관계이기에 이런 문자를 주고받아요?" 라는 말을 아내가 건네자마자 남자는 당황해하며 자신의 눈을 피하고 과장된 행동을 하며 오히려 큰 소리를 치며 욕설을 퍼부으려 들 태세이다. 이는 남자의 행동이 뭔가 숨겨야만 하고 감춰야만 하는 상황이기 때문에 그 행동을 은폐하기 위해 더 큰 과장행동을 하게 되는 것이다. 특히 눈빛이 더 불안해질 것이다.

거짓말을 하려면 좀 더 똑똑해져야 할 것이다. 하지만 거짓말의 시작은 계속 거짓말로 이어지게 마련이어서 언젠가 꼬리를 밟히게 마련이다. 그래서 상대방이 거짓말을 하고 있다는 의심이 들 때는 더욱 더 상세하게 파고들면 그 문답과정에 사실여부를 확인할 수 있다. 그리고 그들의 눈빛을 주시해보라!

맹자가 말하길, "사람을 판단하는 데 눈동자보다 좋은 건 없다"고 했다. 좋아하는 사람과는 눈빛만 마주쳐도 알 수 있고, 말하지 않고도 눈으로 다 이야기할 수 있는 법이다. 침울한 표정은 쳐다보기만 해도 기분이 처진다. 하지만 환하게 웃는 표정은 보고만 있어도 기분이 고조된다. 사람들의 감정이 전염병처럼 옮는 '정서적 전염'이 일어나기 때문이다.

웃음에 더해 대화의 내용에 맞게 눈빛표정에 변화를 주는 것도 중요하다. 자연스럽게 미소를 짓다가도 중요한 내용에서는 다소 냉정한 표정을 하고, 긍정적인 대목에서는 한층 큰 미소를 지어 대비를 보이면 효과적이다.

눈은 많은 것을 말해준다

흔히 눈을 '마음의 창'이라고 한다. 이 말을 생각하면 눈으로 마음상태를 고스란히 내비치는 것이어서 그만큼 부담스럽다는 뜻이기도 하다. 영국 뉴캐슬 대학연구팀 교직원용 구내식당 자율계산대 이용에 있어 얼마나 정직하게 비용을 지불하는지에 관한 관찰실험에 따르면 사람의 눈 사진을 일주일 동안 붙이고, 그 다음 일주일은 꽃그림으로 붙이고 비교했다.

사람의 눈 사진을 붙여놨을 때가 꽃 그림을 걸어놨을 때 보다 걷힌 돈이 2.8배에 달했다고 한다. 실험을 주도한 멜리사 베티 느슨박사는 실제 사람이 아니라 단순히 눈 그림이나 사진만으로도 사람들의 행동에 큰 영향을 미친다는 사실을 확인했다고 말한다. 인간의 뇌가 그림으로 된 다른 사람의 시선이나 얼굴을 보고도 무의식적으로 반응한다는 것이다. 즉 사람의 눈을 바로 바라보고 말을 한다는 것은 정직과 신뢰를 주는 첫 번째 방법인 것이다.

이처럼 사람의 눈은 인간의 오감 가운데 가장 예민한 감각기관으로, 감각영역의 약 70%를 차지한다고 한다. "옛 말에 말은 속일 수 있어도 눈빛은 속일 수 없다"라고 했다.

어떤 사람을 대할 때, 그 사람의 눈을 본다는 것은 자신감과 신뢰감을 주는 것이다. 상대방에게 시선을 고정하고 있다는 것은 그 사람의 말을 잘 들어주는 것이기도 하다. 말을 할 때, 당신의 눈빛에 말하고자 하는 내용에 맞는 온 에너지를 쏟아야만 감성 커뮤니케이션이 가능해지는 것이다.

비언어적 요소정복하기

미국 캘리포니아 대학의 심리학자 앨버트 메러비언 법칙이 우리가 상대방의 말을 듣는데 중요한 요소는 언어가 7%, 청각적 요소가 38%, 시각적 요소가 55%라는 것이다. 그만큼 스피치에 있어서 비언어적인 요소가 중요하다는 뜻이다. 스피치 발표자의 올바른 태도와 인사 등이 청중에게는 굉장히 중요하다. 그리고 청중을 바라보는 시선 또한 한 사람만 오래 바라보지 않고 많은 사람들을 부드럽게 Z자 시선처리를 해야 한다. 그리고 청중에게 보여지는 제스추어는 스피치를 자연스럽고 설득력 있게 만들어 준다. 스피치의 내용을 형상화 시켜주며 강조역할과 흥미, 어감들을 더해준다.

전 헤비급 챔피언 무하마드 알리는 이렇게 말했다. “챔피언은 경기장에서 만들어지는 것이 아니다. 챔피언은 자신의 내면 깊숙이 있는 소망, 꿈, 이상 그리고 피를 토하는 철저한 연습에 의해 만들어진다.” 우리는 훌륭한 스피치를 만드는 방법들을 배웠다. 하지만 이를 효과적으로 사용하기 위해서는 연습이 절대적으로 필요하다. 노력을 바탕으로 프로스피커가 될 수 있도록 당신의 스피치에 날개를 달 수 있도록 행동으로 실천해보자!

09

당당한 말하기

생동감 넘치게 말하라

같은 말을 하더라도 생동감의 유무에 따라 '매력적이고 생생한 말'이 되기도 하고, '무미건조하고 멋없는 말'이 되기도 한다.

2004년 민주당 전당대회 이후 바쁜 나날을 보내고 있었던 오바마를 오프라 윈프리가 만나 진행한 인터뷰를 보면 두 달변가의 생동감 넘치는 스피치를 엿볼 수 있다. "오늘 밤 우리는 우리의 조국이 위대한 이유가 세계 최고 높이의 빌딩이나 최강의 군사력, 최대 규모의 경제 때문만은 아니라는 것을 확인하기 위해 이 자리 모였습니다. 우리의 자긍심은 200년 전에 선언하고 지금까지 지켜오고 있는 아주 기본적이고 간단한 진리에서 비롯되었습니다. 그것은 '모든 사람이 평범하다'는 것입니다."

이렇게 시작하는 연설을 듣고 오프라는 오바마를 "바로 이 사람이다."라고 말하며, 생동감 있고 자신있게 오바마에게 신변 잡기적인 것뿐 아니라, 사안에 따라 민감하기도 한 정치적 사회적 질문들을 시청자를 대변해 생동감 있는 질문들을 던질 때마다 '시원하고 통쾌하다' 는 느낌을 절로 받게 된다.

아울러, 버락오바마는 자신의 정치적 견해나 인간미를 유감없이 생동감 넘치게 전한다. 이 인터뷰 이후, 오바마는 일리노이주를 대표하는 미국 상원의원에 선출되고, 몇 년 후에 민주당 대통령 후보로 선출되고, 2008년 당당히 미국 최초 흑인 대통령이 되었다.

맛있게 말하기

오바마의 말은 생동감이 넘치고 듣기 편했다. 오프라는 그의 이야기를 잘 들어주었고, 시청자를 대변해 궁금한 점들을 꼽아 간결하게 인터뷰를 진행했다. 그녀에게서 배울 점은 자신감있는 태도로 자기화한 메시지를 자신의 입맛에 맞춰서 솔직하게 또 여유롭게 말하는 태도에서 신뢰감을 주는 것이다.

"아, 참 맛있게 말한다"라는 생각이 드는 사람들의 특징 중 하나는 생생하게 말을 한다는 점인 데, 마치 자신의 이야기를 동생이나 친한 친구에게 재미있는 이야기를 들려주듯 말하는 것이다.

연설에서도 그렇지만 TV 진행자도 마찬가지로 가장 중요한 포인트는 생생하게 자신의 이야기처럼 전달하는 것의 내면에는 '자신감'이 있어야 한다. 중요한 것은 태도의 문제인데, 첫째도 '자신감', 둘째도 '자신감'이다. 이러한 자신감이 지나쳐 교만해 보이거나 버릇이 없다는 인상을 주면 절대 안 된다. 그래서 여기엔 당당한 자신감과 더불어 겸손함이 배어 있는 스피치라야만 진정매력이 있는 스피치가 되는 것이다.

그리고 상대방의 말을 잘 들어주고 공감해 주는 것도 매우 중요한 요소 중 하나이다. 다른 사람이 말하는 동안 늘 딴 생각을 하거나 듣지 않고 있다가 무슨 질문이라도 던지면 "뭐라구요?, 뭐라고 말씀하셨어요?"라고 남발하는 이들을 보면 자신의 말하기에만 집중한 나머지 상대방이 말하는 것을 듣는 것은 중요하지 않다고 생각하기도 하는데, 이는 절대 오산이다. 매력적인 스피치는 상대방의 말을 잘 들어주고 그들의 말에 맞장구쳐주는 것이다.

로버트 프로스트는 "교육이란 열정과 자신감을 잃지 않고, 모든 것에 귀기울이는 능력" 이라고 말했다. 효과적으로 듣는다는 것은 다른 사람이 한 말을 당신이 잘 이해하고 있다는 것을 증명해 보이는 것이며 진정 말을 잘 하는 비결이기도 하다.

그리고 상투적인 표현으로 상대방의 말에 대응하는 것 역시 건조한 스피치가 된다. 마치 공무원들이 쓰는 단어와 표현은 정해져 있는 듯이 소심하고 추상적이며, 상황에 어울리지 않는 진심이 묻어나지 않는 깍듯한 예의를 갖춘 말들은 오히려 구태의연하다는 뉘앙스를 풍기기도 한다.

상투적인 표현에서 벗어나서 진정 상대방의 마음을 울리는 스피치가 필요하다. 애정고백을 하는 남성이 여성에게 "난, 당신이 좋아요. 저랑 결혼해 줄래요?"보다 "나 당신생각을 하면 늘 가슴설레고, 기분이 좋아요. 당신은 날 행복하게 해줄 수 있는 유일한 사람이예요. 늘 곁에서 보고 싶어요. 당신을 사랑해요. 저랑 결혼해 줄래요?"라는 말을 듣는 여성은 전자의 여성보다 더 행복해지는 것이다. 같은 말을 하더라도 '매력적이고 생생한 말'이 되기도 하고, '무미건조하고 멋없는 말'이 되기도 한다.

필자 역시 방송이나 행사를 진행을 할 때 꼭 염두에 두는 부분이 '자신감에 찬 당당함과 여유'를 시청자에게 보여주자는 것이다. 혹자는 내게 '너무 카리스마가 강해 접근하기 힘들다'라고 말하기도 하지만 이는 자신감 넘치는 태도에서 나오는 것이리라 생각한다. 하지만 자신감과 교만은 분명히 다르기에 오해해서는 곤란하다.

일상생활에서의 대화도 마찬가지이다. 생생한 표현으로 생동감 넘치는 스피치가 더 좋은 기억을 남긴다.

커뮤니케이션은 쌍방향이어야 소통이 된다. 우리시대의 화두로 등장한 '소통의 부재' 역시 일방적이기 때문에 일어나는 현상이다. 상대방의 마음에 무언가를 심어줄 수 없다면 커뮤니케이션에 실패한 것이다. 자신감 있는 태도로 여유를 가지면 보는 이에게 신뢰감을 줄 수 있다. 매력있는 사람들의 생동감 넘치는 스피치는 듣기에도, 보기에도 좋다.

10

날씬한 말하기

군더더기 말은 이제 그만

날씬한 몸매를 모두가 원하듯 우리는 날씬한 스피치를 원한다. 그래야 메시지가 두드러지고 간결하고 명확해지는 것이다. 불필요한 언어습관이 당신을 인간 수면제로 만든다.

성공한 CEO들과 친분이 두터운 한 유명 경영 컨설턴트는 CEO들 중에서 60%가 말을 잘하는 사람, 30%는 말을 잘 못하는 사람, 10%는 말귀를 못 알아 듣는 사람이라고 농담 섞인 분석을 내놓았다. 그러나 그들의 공통점은 무엇일까?

모두 목소리가 평균이상 크고, 정확하게 내용을 전달하는 것이라고 한다. 달변(達辯)일 필요는 없지만, 말하고자 하는 바를 정확하고 올바르게 전달하는 것은 성공인이 되기 위한 필수요소라고 할 수 있다. 필자의 지인 중 한 사람도 회사를 운영하는 사업가가 있다. 그는 매우 똑똑하고 현명한 사람이지만 말하는 데 있어서 "에~그게 말이지.",로 시작한 군더더기의 말에서 목소리에서 조차 힘이 없다. 주변사람들 역시 그 분의 스피치를 듣고 있노라면 무슨 말을 하려는 지 잘 모르겠다고 한다.

자신감 있는 태도의 역동적 목소리로

소위 말 잘 하는 사람이라고 불리는 사람들의 목소리에는 에너지와 열정이 묻어나고 듣는 사람을 흥미있게 한다. 스피치 파워는 보이스 파워라 할 만큼 목소리와 말씨를 통해 상대방의 많은 부분을 파악할 수 있다. 목소리를 통해 그 사람의 배움의 정도나 성격, 열정, 에너지 등이 묻어난다.

약간은 성의 없고 껄렁한 태도로 전라도, 충청도 사투리로 "아따, 마 그래뿌갔고 내가 환장하겄구만", "우째 그란당깽? 등의 구수한 사투리가 정겨울 수는 있겠지만 격이 없고 전문성이 전혀 없어 보인다. 표현에서 나타나는 사람의 격格이 낮아 보이는 경우이다. 꼭 고쳐야 할 필요성이 없는 사람이라면 문제가 없겠지만 자신의 커리어에 더 큰 야망을 가진 이들이라면 꼭 고쳐야 할 것이다.

또 자신이 있는 말을 할 때는 큰 소리로 반대의 경우에는 목소리가 작아진다. 친구들과 큰 소리로 깔깔대고 잘 웃기도 하던 친구가 앞에 나와서 발표를 하기만 하면 목소리가 작아진다. 자신감이 부족한 탓이다. 그리고 평소 조용조용 이야기하는 사람 역시 큰 소리를 낸다는 것 역시 커다란 도전과제이다.

모기소리만한 목소리는 자신을 의기소침하게 하고 사람들에게 나약한 사람으로 평가받기 쉽다. 하지만 이런 이들은 가장 먼저 자신감을 충전하고 숨을 크게 들이마신 후에 말을 하면 더 큰 소리를 낼 수 있고,힘을 덜 들이고도 청중에게 도달할 수 있을 것이다. 큰 목소리는 자신감을 갖게 할 뿐 만이 아니라 많은 사람을 움직이게 하는 데 탁월한 효과를 낸다.

인간이 사용하는 목소리는 7음 7색으로 이루어져 있다. 7음은 도레미파솔라시도 등 7가지의 음 높이를 말하고, 7색은 희노 애락과 같이 인간의 감정을 나타내는 각 목소리의 색깔을 말한다. 말을 잘하는 사람은 7음 7색을 자유자재로 구사하는 사람이다. 목소리는 변하지 않는다고 생각하지만 그렇지 않다. 본인의 노력에 따라 더 좋은 목소리를 만들 수 있다. 또한 본인의 의지에 따라 말하는 발화속도 역시 자유자재로 구사할 수 있다.

군더더기 말은 휴지(Pause)로 대체하기

또한 목소리를 낼 때 중요한 것은 단조로운 모노톤으로 말하는 것이 아닌 역동적인 변화를 만들어주는 것이다. 누구나 학창시절, 그리고 대학 수업을 듣는 동안, 선생님 또는 교수님의 목소리가 자장가로 들렸던 경험을 한 두 번은 겪어보았을 것이다. 이는 점심이나 저녁을 먹고 난 뒤 피곤함에 물리적으로 쏟아지는 졸음을 제외하고 하는 말이다.

어떤 과목의 나이 지긋한 교수님의 모노톤강의가 시작되면 시작 후 30분이 지나면 학생들의 절반은 고개를 꾸벅꾸벅 떨구고 있다. 목소리 표현의 크기, 강약, 고저, 완급 등의 변화가 거의 없기 때문이다. 게다가 말의 서두마다 들어가는 군더더기 표현이 너무 많다.

그~, 에~, 저~,자~, 음~ 뭐지? 그 뭐냐? 등의 '군더더기 말'을 filler, graffiti, trash 등으로 부른다. 분명히 말해서 음~에~ 등의 군더더기 말은 전혀 도움이 되지 않는다. 사실 이런 말들을 자주 쓰는 부모님 밑에서 자란 아이들은 전염되기 쉬운 말들 중 하나로 가장 멀리해야 할 표현들이다.

이런 필러들은 준비가 되어 있지 않고 생각이 안 나는 말을 이어갈 때 나오는 표현이지만 전문가답지 않은 이미지를 만들어 내는 표현이다. 필러는 몸에 밴 스피치 습관이라 쉽게 바뀌지 않는다. 하지만 필러를 사용하는 대신 침묵을 사용하면서 여유를 가져보는 것은 어떨까? 그러면서 이어갈 다음 말을 머릿속으로 정리하는 것이 좋다.

확인사살 문구는 조심스럽게 사용해야 한다

그리고 문장끝에 이어지는 "~, 알겠습니까?", "~, 그렇죠?", "~, 안 그렇습니까?", "~, 됐습니까?"라는 표현은 지양하는 것이 좋다. 상대방을 무시하는 표현처럼 들리기 때문이다. 그런 확인사살 표현을 붙이려면 얼굴에 미소를 방긋방긋 띄우고, 경쾌하고 겸손한 말투라야 상대방의 오해를 피할 수 있다. 필자는 이런 확인사살 표현을 남발하는 사람과 한 시간가량 얘기할 기회가 있었는데, 대화내내 마음이 불편했고 상대방이 날 무시하나 하는 생각에 기분이 나빠졌다. 불필요한 말은 할 필요가 없는 것이다.

날씬한 몸매를 모두가 원하듯 우리는 날씬한 스피치를 원한다. 그래야 메시지가 두드러지고 간결하고 명확해지는 것이다. 스피치를 하는 화자도 듣는 청자도 모두 편해지는 것이다.

날씬한 스피치를 지향해야 한다. 목소리에 힘을 싣고 짧고 굵게 표현하자. 그렇다고 할 말을 하지 말라는 것이 아니다. 쓸데없는 지방이 몸매를 망치듯 군더더기 표현을 없애서 날씬한 스피치로 좋은 인상을 남기자.

11

긍정적인 말하기

부정적인 말을 좋아하는 사람은 없다

'나는 긍정적인 사람이다'라고 다짐하면 긍정적으로 말하게 되고 모든 일이 술술 잘 풀린다. 이는 '끌어당김의 법칙'으로 설명가능하다.

> 남은 시간 5초. 1997년 NBA 파이널 유타재즈와의 경기에서 시카고 불스는 마지막 작전타임을 부르고, 마이클 조던에게 슛을 쏘라는 작전지시가 떨어진다. 카메라에 클로즈업 된 조던은 무언가 스스로에게 주문을 외우듯 쉴틈 없이 혼잣말을 계속한다. 경기재개를 알리는 휘슬이 울리고, 그는 수비수를 멋지게 제치고 2점 짜리 슛을 성공시킨다. 관중의 함성소리 때문에 들리지는 않았지만, 분명 "나는 슛을 성공시킬 수 있다. 나는 성공시킬 수 있다"라는 내용이었다.
>
> 또한 소아마비를 극복하고 올림픽 3관왕에 오른 미국의 육상선수 윌마 루돌프는 이렇게 말했다. "어머니는 나에게 아주 일찍부터 이렇게 가르치셨다. 내가 원하는 건 무엇이든 이룰 수 있다고. 그 첫 번째는 목발없이도 걸을 수 있다는 것이었다."

긍정적 스피치의 힘

같은 상황에 처하더라도 어떤 이는 부정적으로만 보는 이가 있고 또 어떤 이는 긍정적 시각으로 적극적으로 문제해결을 하려는 사람이 있다. 이는 화자의 성격과 가치관을 반영하는 것으로 잘 알지 못하는 사람이라도 단 한 시간 정도만 얘기를 해보면 그 사람이 긍정적인 사람인지 아닌지를 금방 파악할 수 있다. 우리 삶의 목적이 행복한 삶이라면 긍정적 사고를 하는 사람은 기본적으로 행복하게 살 수 있는 바탕을 갖추었다고 할 수 있다.

긍정적인 사람은 항상 적극적이고 발전적인 사고로 '매사에 가능하다' '할 수 있다'는 긍정의 관점이 말에서도 그대로 드러난다.

예를 들어, "그 일은 예산을 확보할 수 없어서 무리입니다", "인력이 부족해서 불가능 합니다", "그건 안 돼", "너무 힘들어서 죽겠다, 짜증난다." 등의 언어는 그들의 언어가 아니다. 대신 그들은 "지금 투자액의 20퍼센트 정도를 더 확보하면 가능할 것 같습니다", "세 사람만 더 충원하면 이 프로젝트는 가능하겠어요", "지금 힘들지만 고지가 보인다. 당연히 겪어야 할 과정이지"라고 말하는 이는 완전 다른 삶을 살 것이다. 왜냐하면 매 상황마다 같은 일을 겪더라도 어떤 사고를 하느냐에 따라 다른 길을 갈 것이기 때문이다.

긍정적으로 생각하고, 가능성에 대해 말하고 행동해 나가는 것이 필요하다. 이는 오래전부터 성공하는 사람들의 공통적인 행동방식이기 때문이다.

긍정적 스피치는 긍정적 사고에서 나온다

노먼 빈센트 박사는 긍정적인 마음가짐은 실패를 성공으로 전환할 수 있는 조건이라고 말하고 적극적 사고방식의 중요성을 <긍정적 사고의 힘>이란 책에서 밝혔다.

오바마의 대선 슬로건이었던 "Yes, we can" 연설을 들어보면 경제적

위기에 처한 미국민들에게 '안 된다'거나 '어렵다'거나 하는 말을 전혀 입 밖으로 내지 않았고 국민들에게 용기와 힘을 주는 긍정의 메시지가 사람들의 마음을 움직였고, 이는 생각보다 큰 힘을 발휘했다. 이는 청자입장에서도 힘을 얻을 뿐 아니라 듣고 있으면 기분이 좋아지기 때문에 화자를 좋아하게 되는 것이다. 이 어찌 일석이조가 아닌가?

같은 말을 하는 것이라면 부정적이고 불평불만만 늘어 놓는 사람과 긍정적으로 말하는 사람과는 큰 차이를 보인다. 교육학에서도 부모가 자식에게 긍정적인 말로 "넌 할 수 있어. 우리 딸, 장하다. 우리 아들 장하다"라는 말을 듣고 자란 아이와 부정적인 평가만 듣고 자란 아이의 사고는 분명 다르다는 것을 일러주기도 한다.

성공한 사람이 긍정적인 것이 아니라 긍정적인 사람이 성공한다

즉 '칭찬은 고래도 춤추게 한다'는 칭찬의 힘은 아이의 성장에 긍정적 영향을 미치는 것이다. 어떤 부모는 긍정적인 말과 부정적인 말을 공평하게 해주기도 하지만, 대부분의 아이에게 부모의 말은 일방통행으로 전달된다. 필자도 생애 최초 부모님으로부터 들었던 평가는 대개 부정적이었던 것들이었다. '어지르지 마라', '일찍 일어나서 밥 챙겨먹어라', '방청소해라', '말좀 잘 들어라', '너 때문에 내가 미치겠다' 등의 말이었는데, 이런 말들로 인해 부모님에 대한 반발심리가 많았던 것이 사실이었다.

분명한 것은 부모의 말이 부드럽고 칭찬이 많으면 자식은 긍정적인 사람으로 바뀐다. 자신을 사랑할 수 있는 사람이라야 타인을 사랑할 수 있는 법이다.

내 인생을 비롯한 아이의 인생이 진정 성공하기를 바란다면 좋은 쪽으로 에너지를 집중하고 긍정적인 말을 많이 해야 할 것이다. 세상에 긍정적인 생각으로 사는 사람들은 적지만, 세상을 움직이는 진짜 주인공은 긍정적 사고의 사람들이란 것을 기억해야 한다. 현실적으로 화가 나고, 세상이 나의 편이 아니라고 느껴지더라도, 부정적인 말이 나오려 할 때엔 눈을 감고 명상에 잠기는 것도 하나의 방법이다.

극단적인 예이지만 자기도 모르는 사이에 원활한 의사소통을 방해하는 말들이 참 많다. 예를 들면 '어차피', '하지만', '그렇다기 보다는' 같은 상대를 부정하는 말들은 피하는 것이 좋다. 그런 말을 잘 하는 사람과는 그다지 가까워지고 싶지 않을 것이다.

그렇다고 나쁜 이야기를 전혀 하지 말라는 것은 아니다. 다만 적극적이고 긍정적 사고를 하는 사람은 '안 된다', '어렵다'는 이야기를 거의 하지 않기 때문에 주변 사람들은 그 사람의 말로 힘을 얻고 그를 느낌이 좋은 사람으로 평가할 것이다. 우리의 마음상태는 반드시 표정과 태도, 스피치로 드러나게 마련이다. "나는 긍정적인 사람이다"라고 매일반복해서 되뇌어 보자. 느낌이 좋은 사람으로서의 이미지 메이킹 뿐 아니라 스피치에도 파워가 생긴다.

긍정언어의 힘

긍정언어의 힘은 매우 크다. 먼저 긍정언어는 회복 탄력성을 키워준다. 우리가 흔히 '성공한' 사람들 이라고 하는 사람들을 보면 긍정지수와 회복 탄력성이 매우 높다. 회복 탄력성이란 '다양한 역경과 시련과 실패에 대한 인식을 도약의 발판으로 삼아 더 높이 뛰어오르는 마음의 근력'이다. 쉽게 말하자면 어떠한 힘든 일이 닥쳤을 때, 포기하거나 좌절하지 않고 더 앞으로 나아가기 위해 노력하려는 것이라고 할 수 있다. 회복 탄력성과 긍정언어는 어떤 관련이 있을까? 역경, 시련, 실패의 상황에서 많은 사람들은 힘들어하고 좌절하고 내 능력과 나 자신을 탓할 것이다. 하지만 긍정언어를 사용하는 것이 이미 익숙한 사람이나 그러기 위해 노력하는 사람은 아무리 힘든 상황이라도 좌절하거나 자책하지 않고 실패를 발판 삼아 도약하려고 할 것이다. 이처럼 긍정언어와 회복 탄력성은 긍정언어를 많이 사용할수록 회복 탄력성이 커지고, 회복 탄력성이 커질수록 긍정언어를 많이 사용하게 되는 정(+)의 관계에 있는 것이다.

긍정언어는 피그말리온 효과를 유발하는 데, 피그말리온 효과는 '긍정적인 기대나 관심이 사람에게 좋은 영향을 미치는 효과'이다. 왜냐하면 온 우주는 당신의 긍정적 기대와 기도를 이루어주기 위해 힘을 보태주니 말이다.

12

열정적인 말하기

상대방을 끌어당기는 카리스마의 매력

같은 내용을 말하더라도 힘이 있고 열정에 찬 카리스마가 힘이 없이 축 늘어진 목소리로 말하는 것보다 더 설득력 있고 호감을 주는 것이다.

시귀는 남자가 우물쭈물 말을 건네 온다. “뭐하고 싶어?”, “뭐 먹을래?” 라고, 한 두 번 들을 때는 ‘이 사람 참 나를 배려하는 사람인가보다’ 라는 생각을 하지만 계속 반복된다면 ‘이 남자는 도대체 나를 만날 때 왜 아무런 생각없이 나오는 걸까?’ 라는 생각이 든다. 어차피 밥 먹으러 가고, 데이트를 할 것이라면 때로는 상대방의 마음을 감동시킬 필요도 있는 것이다.

많은 여성들이 아주 특별한 깜짝 이벤트를 준비해주는 남자에게 고마움을 느끼고, 마음이 흔들리기도 한다. 시간이 없어도 기꺼이 시간을 내서 봐야할 만큼 그 사람의 적극성과 열정이 담긴 카리스마가 마음에 남는 것이다. 우유부단하면 아무 일도 해 낼 수 없음을 우리는 너무도 잘 알고 있지 않은가?

때론 적극적 카리스마를 활용하라

수동적인 생활패턴을 가진 사람은 그 사람만이 가진 색깔이 무엇인지 찾기가 어렵다. 게다가 무슨 일을 하든지 열정을 찾아보기가 어렵다는 것이 그런 사람들의 공통점이다. 열정이 없다는 것은 희망이 없다는 것을 얘기하며 그로 인해 주변에 사람들이 많지 않다.

같은 상황이라도 늘 "그건 해서 뭘 해?", "내 주제에 무슨 그런 걸 해" "그래서 남는 게 뭔데?" 라는 식의 열정이 없는 것이다. 새로운 도전앞에 "그건 해서 뭘 해?"라며 스스로 자신의 능력이나 미래를 묶어놓으려 한다.

하지만 열정을 지닌 카리스마를 지닌 사람들은 늘 자신감에 차있고 적극적이며 매사에 긍정적이다. 나만의 카리스마를 키우고자 하는 사람들이 있다면 가장 먼저 자신의 몸과 마음에서 뿜어져 나오는 열정인 것이다. 카리스마가 넘치는 열정이 있는 사람이라면 어떤 상황에서라도 그 사람의 열정에너지는 주위사람들을 즐겁게 한다. 그리고 사랑을 쟁취하기도 더 쉬운 사람들이다. 카리스마가 강한 사람들에게서 쉽게 느낄 수 있는 것 중 하나가 바로 눈빛이다.

이는 의도적으로 째려보거나 눈싸움을 거는 것도 아니며, 상대방의 눈빛은 무슨 말을 하고 있는 것이다. 절대로 시선을 이리저리 두리번거리지 않는다. 강렬한 눈빛 속에는 자신감이 묻어 있고, 솔직함, 관심이 살아 움직인다. 이 때문에 말할 때도 차분하면서 힘이 있다. 목소리에서도 힘이 느껴진다. 그러니 상대는 자신의 의지와 무관하게 상대방의 카리스마에 빨려들게 되는 것이다.

생각해보라! 같은 내용을 말하더라도 힘이 있고 열정에 찬 목소리가 힘이 없이 축 늘어진 목소리로 말하는 것보다 더 설득력 있고 호감을 주는 것이다. 즉 카리스마가 있는 사람은 대화할 때도 자신의 페이스로 상대방을 끌어들이는 힘이 있다. 즉 콘텐츠가 있는 사람들이다. 즉 이는 전문가적인 지식이 필요하다는 말이다.

눈빛으로 외모로, 적극성으로, 열정으로 상대방을 사로잡을 수 있지만 자신만의 전문분야에서의 전문성은 그 사람을 돋보이게 한다. 전문성이 있어야만 상대방을 설득하고 이해시킬 수가 있다. 그것이 어떤 분야가 됐든 말이다. 커뮤니케이션에서도 설교나 프리젠테이션을 들어보면 상대방의 열정이나 의지가 느껴진다. 열정이 있는 말하기는 상대방을 끌어당기는 힘이 되는 것이다.

설득력의 구성요인

설득력을 주기 위해서는 첫째, 논리에 맞아야 설득력이 높아지는 데, 그러기 위해서는 설명하는 능력, 즉, 표현력과 논리력이 필요하다. 이는 데이터 제시, 근거, 이유 등으로 뒷받침하는 논리적으로 표현하는 능력 logos인 것이고 즉, 논리력에서 나오는 것이다.

둘째, 신뢰감을 주어야 한다. 이는 평소 '믿을 만한 사람'이라는 인식 ethos이 거듭축적되면서 상대방을 설득할 때, 매우 중요한 역할을 하는 것이다. 이는 설득에서 매우 큰 요소를 차지하기에 우리 독자들도 나만의 공신력, 전문성, 인격을 갖추기 위해 노력하면 즉 설득력으로 연결되는 것이다.

셋째, 상대방의 마음의 문을 열어야 한다. 이것은 공감하는 능력pathos으로 같은 느낌을 가지게 만들어야 하는 것이다. 즉, 이성적 소구가 수용자의 머리에 호소해 설득하는 것이라면, 감성적 소구는 수용자의 마음을 움직이는 것이다.

자, 지금부터라도 주위사람들을 사로잡는 매력적인 사람으로 거듭나고 싶다면 나만의 열정과 전문성으로 무장하고 생동감 넘치는 눈빛으로 상대방을 리드해보자! 어두운 밤의 등대와도 같이 빛을 발하는 카리스마 가득한 눈빛으로!

설득의 소구: 에토스, 로고스, 파토스

수사학은 설득방법을 연구하는 학문이다. 민주주의의 시작이라고 할 수 있는 고대 그리스에서는 말하기, 설득, 웅변 등이 매우 중요했다. 그렇기 때문에 수사학이라는 학문이 굉장히 번성한 것이다.

기원전 5세기에서 4세기, 소피스트라는 집단이 수사학을 강조하기 시작했다. 소피스트에 대해 간단히 얘기하자면 보편적인 진리에 대해 의구심을 가지고 진리, 정의의 상대성을 더 중요시하는 철학 사상가들이자 교사들이다. 이 소피스트들이 강조했던 수사학을 아리스토텔레스가 정리하고 집대성하게 된다. 아리스토텔레스의 수사학에서 설득의 3가지 소구가 필요한 데, 에토스는 말하는 사람의 지위 혹은 말하는 사람의 신뢰, 공신력, 전문성이라고 할 수 있다. 과학자 보일이 사용했던 '신사의 증언'은 에토스를 사용한 대표적인 설득전략이라고 볼 수 있다. 신사의 증언이란 보일이 자신이 수행한 실험의 결과를 많은 사람에게 입증하기 위해 공작이나 대법원장 같은 사회 최고층 인사들의 권위를 이용한 것이다.

앞서 말한 '권위를 이용한 것'은 권위를 이용하여 사실이 아닌 것을 사실로 만들었다는 것이 아니다. 자신만이 알고 있는 사실을 권위자들에게 보여주고 권위자들이 많은 대중에게 알림으로써 신뢰를 얻는 것이다. 이것이 에토스와 무슨 관련이 있을까? 보일은 대법원장과 공작의 '에토스'를 이용한 것이다. 대법원장과 공작은 이미 많은 사람들에게 거짓말을 할 리가 없는 사람으로 신뢰를 받고 있는 인물들이기 때문에 그들이 하는 말은 보일이 하는 것보다 더 설득력이 강했을 것이다. 이렇듯 에토스는 말하는 사람이 어떤 삶을 살아왔고 사람들에게 얼마나 신뢰를 주는가에 관한 것이라고 할 수 있다.

파토스는 바로 인간의 감정, 감성적인 부분을 파고드는 것이고, 우리의 감성을 건드리는 말을 듣게 되면 금방 설득당하게 된다.

마지막으로 로고스는 '이성'이라고 했는데 어떻게 보면 감정인 파토스와 반대되는 개념이라고도 할 수 있다. 로고스는 감정개입이 없는 상태에서 사실을 논리적으로 전하는 것이다. 당연하게도 우리는 논리적인 말을 신뢰하기 때문이다. 아리스토텔레스는 설득의 요소들의 중요도를 에토스, 파토스, 로고스 순으로 정리했다. 즉, 믿을 만한 사람이 듣는 사람의 감정을 헤아려 주면서 논리적인 말을 할 때 가장 잘 설득할 수 있다는 말이다.

설득하고 설득당하는 사회에서 우리는 어떤 효과적인 설득소구로 상대방을 설득할지 고민하고 노력해야할 것이다.

13

소신있는 말하기

싫으면 싫다고 말하라

"NO!"라고 말해야 할 때 "NO!"라고 말할 수 있는 용기와 지혜가 필요하다. '노'를 우아하게 말하는 법을 알아야 한다.

필자의 지인으로부터 전화가 왔다. 그 친구는 나와 가장 친한 친구의 친구였지만 별 교류는 없었다. 오랜만에 전화를 걸어와 안부를 묻고 근황에 대한 이야기를 30분 가량하다 마지막에 하는 말이 돈 백만원만 빌려 달라며 일주일 이내 갚겠다고 한다. 필자는 사람의 말을 잘 믿는 편이라 그러겠다며 계좌번호를 받고 송금해주었다. 그런데 그 친구는 일주일이 지나도 연락이 없고 한 달이 지나니 전화번호가 바뀌었다. 그래서 결국에 그 친구와도 연락이 끊기고, 친한 친구에게도 괜히 섭섭한 마음이 생겨버렸다. 친구 간의 돈거래는 그냥 주거나 빌려주는 것은 없다고 생각하는 것이 마음편하다. 우리는 생활 가운데 단호하게 경계선을 긋지 못해 낭패를 본 경험이 얼마나 많던가? 실제로 돈 빌려주고 사람잃는 경우도 많으니 돈 빌려줄 때는 그냥 준다는 생각을 하는 것이 마음편하다. 친구는 전화를 받지도 않고, 이내 연락처를 바꾸며 종적을 감추는 바람에 친구도 잃고 돈도 잃었던 아픈 기억인 것이다. 필자도 마음이 여린 편이라 상대방의 마음을 아프게 하는 것을 무척 싫어했고, 지금도 마찬가지이다. 하지만 예전과 지금이 달라진 건, 표현방법이다.

'NO'라고 단호하게 말하지 못하는 이유

우리나라는 동방예의지국이다. 예로부터 항상 '위에서 시키면 시키는 대로 해야 예의 바른 것이다'라는 가르침을 받고 자랐다. 그래서인지 우리는 남에게 상처를 주기 싫어서, 굳이 얼굴을 붉힐 필요가 없어서 웬만하면 'yes'를 외치는 것이다. 남에게 상처를 주기 싫은 것도 있지만 'no'라는 대답을 했을 때, 상대방이 자신에게 뭐라 그러지나 않을까 그게 두려운 것이다.

그런 환경에서 자란 우리 민족이기에 '이것이 싫다' 든가 '이제 그만' '절대 따를 수 없습니다' 라는 자신의 자연스러운 감정에 솔직히 따를 수가 없는 것이다. 이는 자신의 마음의 경계선이 어디에 있는지 확실히 느끼지 못하는 것이며, 그 때문에 상대방이 침입을 해도 자신의 경계선을 지킬 수 없는 것이다. 이는 사실 참 위험한 것이다.

본인의 의지와는 상관없이 상대방이 기분이 나쁠까봐 거절을 못한다면 여러 가지 불행을 자초하는 결과를 초래할 수 있다. 특히 여성의 경우 자신의 육체의 경계선을 자신이 결정해야 하는데, 상대방의 의지와는 상관없이 본인이 원치 않을 때는 먼저 '노'라고 말 할 수 있어야할 것이다.

하지만 필자의 경험으로는 선을 분명히 긋지 못하는 가장 큰 원인은 무엇보다도 중요한 상황에서 '노'라고 말 할 수 없는 점이라는 것이다. 대부분 여성들의 심리는 남들에게 인정을 받으려면 무슨 수를 써서라도 남들을 도와줘야 한다고 생각하기 때문일 것이다.

하지만 그렇게 억지로 '예스'를 해서 도와준다한들 상대방은 고마워할 줄 모른다. 상대방을 위한다는 생각에 무조건 끌려가는 것은 좋지 않다. "아니오"라고 말하는 횟수를 지금보다 늘려야 한다는 것을 정확하게 인식해야 한다. 많은 사람들이 그렇게 하지 못하는 이유는 조화를 추구하려는 욕구가 그들의 발목을 잡기 때문인데, 다른 사람의 눈밖에 나고 싶지 아니하고 타인을 매정하게 대하고 싶지도 않은 따뜻한 마음에서 출발하는 것이다.

하지만 당신이 "예" 혹은 "아니오"라고 말하는 것과 조화는 별개의 문제라는 것을 알아야 한다. 모든 것은 표현형태에 달려 있다. 어떻게 말하느냐에 따라 느낌이 확 달라지기 때문이다.

때론 'NO'로 분명한 경계를 두라

냉정하고 단호한 어투로 "아니오"라고 말한다면 그 즉시 조화로운 관계는 깨지겠지만 우호적으로 "아니오"라고 말할 수 있는 대안이 있다. 당신이 상대방의 부탁을 상냥하게 거절할 경우, 상대방은 비록 퇴짜를 맞기는 해도 둘 사이의 조화로운 관계는 계속 유지된다. 그러기 위해서는 자신이 원하는 것을 정확히 알고 있어야 한다.

좋고 싫음의 확실한 자기표현을 할 줄 하는 것은 커뮤니케이션의 중요한 요소이다. 무조건 시키는 대로 하는 것이 아니라 자기주장을 말 할 수 있는 사람이 모든 일이든 소신껏 적극적으로 잘 해나갈 수 있는 것이다.

아무리 친절하다고 해도 누구에게나 양보하고 싶지 않은 부분이 있고, 부당하게 간섭당하고 싶지 않은 부분도 있다. 그때는 친절하지만 단호하게 '노'라고 해야 한다. 외교적으로 '노'라고 말하는 법을 아는 여성은 오히려 자기주장을 더 효과적으로 내세울 수 있다. 가령 불가능한 약속을 'YES'라고 하고 지키지 않고 신뢰감이 하나씩 무너지는 것보다 그 당시 상대방이 서운해도 '아닌 것'은 '아니다'라고 말해야 한다.

'노'를 우아하게 말하는 법을 알아야 한다. 예를 들어, '평상시라면 가능하겠지만 오늘은 제가 어머니 생신이라 참석할 수 없습니다. 다음에 초대해주시면 꼭 참석하겠습니다. 고맙습니다.'

"NO!"라고 말해야 할 때 "NO!"라고 말할 수 있는 용기와 지혜가 필요하다. 싫어도 항상 "예스"라는 말하는 바보가 되지는 말자.

14

공감의 대화법

마음으로 배려하며 말하라

공감 스피치는 상대방의 마음을 움직인다. I- MESSAGE를 사용하라. 따뜻한 사랑의 언어, 공감의 언어는 마치 따사로운 햇살처럼 꽁꽁 언 우리의 마음을 녹여낼 것이다.

"여보, 이번 주말에 같이 바다보러 갈래?" 라고 묻는 아내의 대화에 "정신차려, 지금 때가 어느 땐데!" 라며 쏘아 붙이는 말에 아내는 마음 상한다. 이는 "주말에 시간없는데"라는 대답보다 더 점수를 깎아먹는 답변이다.

같은 말이지만 이럴 때는 "당신, 요즘 일하느라 바람쐬고 싶지? 나도 같은 마음인데, 어쩌지? 이번 주말에 일이 있어서…. 대신 다음에 시간을 만들어보자" 라는 대답을 한다면 아내는 마음 상하지도 않을 뿐 더러 상대방의 마음을 확인했기 때문에 오히려 고마운 마음과 애처로운 마음을 같이 가지게 된다.

공감 스피치는 마음을 울린다

어차피 같은 말을 하는 것이라면 상대방을 배려해주고 공감해준다는 느낌이 들면 사람은 마음이 움직인다. 사람과의 관계 속에서 중요한 것은 상대방에게 따뜻하게 다가가는 감성화법이다. 인간은 늘 이해받기를 원한다. 여성들은 남성보다 더 많이 감성적인 소통을 원한다. 부드럽게 대화를 시작하고, 관심과 애정을 기울여 분위기를 안정시키고 견고한 관계를 원하는 것이다.

자신의 마음을 알아주고 자신의 이야기를 들어주는 사람에게 애정이 생길 수밖에 없는 것이다. 마음속에 많은 말을 담고있어도 실제로 표현하지 않으면 상대는 잘 알 수 없을 뿐 아니라 쓸데없는 오해를 불러일으키기도 한다.

또한 말하는 족족 인간관계의 끈을 갈아먹는 이들도 있다. 예로, "그래, 네가 그렇지 뭐~" 버럭 화를 내며, "똑바로 안 해", "야, 정말 짜증난다", "정말 지친다, 지쳐. 그만하자"는 등의 쏘아붙이는 말투로 상대방의 말을 잘라먹는 경우가 그렇다. 듣는 상대방은 할 말을 잃게 될 뿐만이 아니라 기분마저 상한다.

또 이런 불만불평의 비관적 언어를 많이 사용하는 이들은 '그렇지만, 하지만' 등을 연발하기도 한다. 본인 스스로 말하는 동안 비관적으로 변할뿐 아니라, 상대방의 활력마저 모조리 빼앗아버리고 주변사람들도 지치게 한다.

사실, 이런 사람들과 대화를 하다 보면, 미래가 보이지 않는다. 그 사람과의 관계를 더 이상 지속시켜야 할 필요성도 느끼지 못하게 된다. 필지 역시 그런 사람들을 만난 적이 있는 데, 대화하는 내내 마음이 불편했고, 그 다음엔 보고 싶은 마음이 없어졌다.

I 메시지와 YOU 메시지 활용법

특히 인간관계에 있어서 서로 간에 갈등이나 불만이 있을 때 그것을 표현하는 언어적인 방법에는 두 가지가 있는데 그것은 나-메시지 I-MESSAGE와 너-메시지You-message이다. 이것은 궁극적으로 어떤 상황에 대한 책임소재와 관계되는데, 나-메시지는 나의 책임으로 받아들이는 것이지만 너-메시지는 상대방에게 책임을 지우는 것이다.

예를 들어 어떤 사람이 식당에서 시끄럽게 떠들면서 식사를 하고 있다. 이때 우리는 어떻게 말할까? 대표적으로 생각할 수 있는 반응이 "조용히 하세요!"일 것이다. 여기서 조용히 하라는 말은 전형적인 너-메시지이다.

왜냐하면 그것은 "당신은 너무 시끄러우니 조용히 하세요!"란 뜻이기 때문이다. 비록 "당신은 …" 부분이 생략되었지만 이것은 상대방에게 직접 충고, 명령, 나무람, 비난 등의 뜻을 내포한 메시지를 던지는 것이기 때문에 상대는 자존심이 상하고 불쾌하게 느끼기 쉽다. 이를 I 메시지로 고치면, "지금 저도 식사중이고 중요한 이야기를 하고 있는 데, 시끄러워서 밥먹는 것도 대화나누는 것도 방해가 되네요" 라고 말하면 상대가 그다지 기분 나쁘지 않을 수 있다.

I 메시지로 전달하는 것이 보다 효과적이고 더 좋은 결과를 낼 수 있다. 사람은 사실만으로 절대 동요되지 않는다. 감정이 실려있을 때 비로소 동참하는 것이다. 누군가의 마음을 사로잡기 위해서는 상대방의 감성을 자극해야 한다.

이는 공감화법을 잘 활용해야 하는 것이다. 만약 그럴 수 없다면 설득력은 당신의 일부분이 될 수 없다. YOU 메시지보다 I 메시지를 활용하는 것은 상대방을 설득하는 데 효과적이다. 가정이든, 친구관계이든, 분쟁

가운데 극한상황에서든, 한 걸음 물러서서 내가 사용하는 언어를 뒤돌아 보자. 두꺼운 외투를 입고 지나가는 나그네를 보며 바람과 해가 내기를 하는 이야기를 담은 동화 속에서 나그네의 두꺼운 외투를 벗긴것은 강력한 바람이 아니라 따뜻한 햇살이었다. 따뜻한 사랑의 언어, 공감의 언어는 마치 따사로운 햇살처럼 꽁꽁 언 우리의 마음을 녹여낼 것이다. 급한 마음으로 말을 함부로 하지 말자. 짜증스러운 언어로 폭력을 행사하지 말자. 우리가 사용하는 사랑과 믿음의 따뜻한 언어는 어느새 우리가 살아가는 공간을 아름답게 만들어놓을 것이다.

또한 같은 말을 할 것이면 상대방의 말에 맞장구쳐주고 공감해주며 상대방을 지지해주자. 비관적으로 말하는 사람도 그런 사람들의 언어에 힘을 얻고 또 마음이 움직인다. 공감 스피치는 상대방이 앞으로 나갈 수 있게 등을 떠밀어주고 마음을 움지이는 에너자이저 역할을 할 것임에 분명하다.

15

품격있는 말하기

겸손하면서도 분명하게 말하라

늘 난폭한 단어나 욕설을 하는 사람 역시도 내면에 강한 콤플렉스가 있거나 인격수양이 덜 된 품격이 떨어지는 사람들이다. 말에 향기를 담자.

> 사업을 하는 이강호 씨는 자신의 사업을 위해 부탁을 해야 하는 사람들에게는 늘 깍듯한 말과 행동으로 아부를 잘 하는 사람이지만, 자신의 이권이 걸려있는 경쟁자인 김갑수 씨를 대할 때는 말과 행동이 확연히 달라진다. 이강호 씨가 만나는 친구나 김갑수를 알고 있는 지인들에게 늘 김갑수의 욕을 하고 돌아다닌다. 그러던 어느 날 김갑수는 이강호가 자신의 욕을 하고 돌아다닌다는 것을 지인으로부터 듣게 된다. 내용을 들어보니 가관도 아니다. 없는 이야기도 만들어내 김갑수의 명예를 훼손시키고 모욕을 주고 있는 것이었다. 그런데 알고 보니 이강호는 김갑수뿐 만이 아니라 자신이 경쟁자로 생각하는 박씨, 윤씨, 최씨를 비롯한 여러 명의 욕을 하고 돌아다니며 나쁜 소문을 확대 재생산시키는 온상이었던 것이다. 철저히 이중인격의 모습으로 강한 사람에겐 약하고 약한 이에게 강한 척하는 것이다. 겉으로 멀쩡해 보이는 이강호씨는 과연 품격이 있는 것일까?

당신의 말은 당신의 인격이자 삶의 방식이다

사람의 말과 행동은 바로 그 사람의 사상을 표현해주는 옷이기 때문에 아무리 숨기고 예쁜 말과 행동의 옷을 걸쳐도 그 사람의 본질은 숨길 수가 없다.

사람의 품격을 판단하는 데는 여러 잣대가 있지만 그 사람의 작은 부분들 말이나 행동, 취미나 관심사, 메이컵, 헤어스타일, 의상, 기호품, 그 사람이 어울리는 이성과 동성의 인간관계, 성장배경 등등 이 모여 전체를 판단하는 데 도움이 된다. 여러 가지에 대한 내용가운데, 말씨부터 먼저 살펴보겠다.

누구나 처음 사람을 만나서 이야기할 때는 체면을 생각해서인지 꽤 예의 바르게 말을 하지만 점차 분위기가 편해지면 자세뿐만이 아니라 말씨까지 풀어져 그 사람 본래의 모습이 나타나게 된다. 확실히 말씨나 말하는 태도는 그 사람의 성격이나 본질을 나타내 준다.

말하는 스타일이나 말씨는 그 사람이 살아온 방식이나 인격을 반영하고 있는 것이다. 그리고 또한 그 사람이 주로 꺼내는 화제 역시 그 사람의 마음을 대변하는 것이라 할 수 있다. 사람은 아는 만큼 보인다고 하는 것이 맞는 말이다. 그 사람의 관심사는 곧 그 사람의 인생이다.

말씨는 사회적 계급적 지리적 차이에 따라 다르다는 사실말고도 더 개인적인 차원에서 사람 간의 차이를 나타내는 심리적인 말씨가 있다. 말은 화자의 심리와 정신상태를 그대로 대변한다.

예를 들면, 항상 남의 뒷이야기를 하기 좋아하는 사람은 언제 어디서든 기회만 되면 남의 뒷담화를 하고 다니는 데, 사실은 그 내면에 그 사람에 대한 질투나 혹은 그 사람의 평판이 나빠지기를 바라고 하는 심리가 내면에 자리잡고 있는 것이다.

이런 사람은 오히려 자기자신에게 자신이 없기 때문에 늘 남의 뒷 담화나 나쁜소문을 퍼트리고 다니며 자신의 콤플렉스를 다른 사람의 이야기로 돌리려하는 심리가 있는 것이다. 이는 설내 자신의 평판에도 도움이 되지 않을 뿐 아니라 그 사람의 인격을 의심할 정도로 품위가 없는 경우이다.

필자도 아무 근거없는 소문을 만들어낸 사람으로 인해 마음 고생한 적이 있고 또 소문의 발상지인 선배란 사람이 필자의 지인에게 말한 바, 나란 사람을 잘 알지 못하는 사람이 헛소문을 퍼트리고 다닌 걸 확인한 바 있다. 마음이 아파본 적이 있기에 필자는 다른 사람의 뒷 담화를 하지 않는다. 차라리 면전에서 얘기를 하는 편이다. 내게와서 다른 사람의 뒷 담화를 주로 하는 사람들이 있다면 그들을 멀리하라. 그 사람들은 결국 내가없는 자리에선 내 욕을 할 가능성이 아주 높은 사람들이라는 걸 기억해야 할 것이다.

품격있는 사람이 되고 싶나요?

품격이라는 말은 '사람된 바탕과 타고난 성품' 혹은 '사물따위에서 느껴지는 품위'라고 정의한다. 빈부귀천을 떠나 품격있는 사람이 있으며, 부자나 높은 직책의 사람 가운데 품격이 부족한 사람도 적지 않다. 성공한 사람들을 둘러보면 대부분 특별한 품격을 지니고 있다. 아무리 직위가 높아도, 돈이 많아도 품격이 부족하면 진정한 성공자라고 부를 수 없다. 사람들은 비록 가는 길이 다르다 할지라도 품격있는 사람에겐 경의를 표한다. 품격은 자연스럽게, 저절로 느껴지는 신사다운 품위이다. 신사다운 품위는 화려한 말솜씨나 엄청난 기적을 행하는 특별한 능력이 아니라. 끊임없이 자기를 낮추는 자세에서 품격은 나온다.

사람을 만나면 늘 장점을 찾아 칭찬을 해주려는 사람이 있는가하면, 또 어떤 이들은 늘 단점을 캐내 비난하기 바쁜 사람들이 있다. 이런 사람들은 부정적 사고를 많이 하는 사람들로 미래를 같이 하기에 정말 피곤한 사람들이다.

같은 사물을 똑같은 조건에서 바라보더라도 나쁜면만 바라보기 때문에 같이 있는 사람마저 염세적으로 변할 수 있다. 품위있는 사람들은 긍정적 사고를 더 많이 하는 사람들로 주변 사람들에게 해피 바이러스를 전하는 이들이다.

또한 말투가 자신만이 유일하게 무언가를 알고 있는 듯, 다른 사람들을 무시하는 투로 "무슨 말인지 알아 듣겠어요?" 라는 말을 건넸다고 치자. 이는 마치 훈계조로 들릴 수 있기 때문에 주의해야 하는 말투인 것이다. 그런 사람들은 오히려 과시욕만 있을 뿐 내실이나 내공이 부족한 경우도 많다. 진정 내공이 강한 사람들은 그런 상대방 비하조의 말투를 사용하지 않는 것이다.

또 말을 할 때 "우리는.."이라는 말을 많이 쓰는 사람은 나보다 공동체를 생각하는 민주적인 마인드를 가진 경우가 많이 있다.

또한 사람들 간의 관계에서 주로 사용하는 '인간관계어'를 살펴보면 부적절한 반말을 툭툭 던지는 경우에도 기분이 나쁠 수 있고, 어느 정도의 친분이 있음에도 불구하고 '극존칭'을 계속 사용하는 것은 때로는 적대감, 경계심, 경멸을 나타내기도 하기 때문이다. '말은 의사소통을 하는 두 사람의 심리적 거리를 재는 척도'이기 때문에 항상 시의적절해야 하는 것이다.

또 늘 난폭한 단어나 욕설을 하는 사람 역시도 내면에 강한 콤플렉스가 있거나 인격수양이 덜 된 품격이 떨어지는 사람들인 것이다. 가까운 사이라고 막말을 하거나 욕설을 하는 사람들은 또 다른 사람들에게 정중한 듯 예의바른 척 행동하는 사람들이 많다. 그런 이중인격은 결국엔 드러나게 마련이다.

그 외에도 여러 가지의 말하는 방식을 통해 화자의 품위가 높아지기도 또 실추되기도 하는 것이다. 아무리 섹시한 미모의 여성이라 할지라도 그 사람의 생각이나 사상을 대변해주는 말이나 행동이 이를 따라가지 못할 때는 섹시함만 있을 뿐 교양이나 지성미는 없어보이는 것이다. 남성도 마찬가지이다. 즉 그런 사람을 두고 품격이 있다는 말을 할 수는 없는 것이다.

말의 껍질 속에 숨어 있는 그 품격은 애써 만들려 해도 저절로 만들어지는 것은 아니다. 똥이 방석밑에 깔린다고 그 냄새가 없어지지 않는 것처럼 아름다운 꽃향기가 주위를 환하게 하듯이 꽃향기를 전해줄 수 있는 사람이라야 할 것이다. 그래서 진정한 품격을 원한다면 인간심성의 근간이라 할 수 있는 내면부터 가다듬어야 할 것이다. 말에 향기가 묻어날 것이다.

16

질문 스피치

말 잘하는 사람은 질문을 잘 한다

스피치에서 질문은 주의를 끄는 힘이 매우 강하다.
인생에서 혹은 커리어에서 실패하는 가장 큰 이유는 무엇일까? 어찌보면 질문하는
능력이 부족해서이기도 하다.

'타이타닉은 왜 침몰했을까?' 1912년 4월 14일 초호화선박과 함께 수장된 승객은 천 4백 명이 넘는다. 불침선이라고 자랑하며 처녀항해에 나선 타이타닉이 왜 침몰해야 했을까? 뭐가 잘못됐을까? 이를 예상하지 못했던 걸까? 조사에 따르면 조선설계 관계자들에게 문제의식이 있었지만 아무도 동료에게 실제로 문제를 제기하지 않았던 것이다. 왜 그랬을까?

타이타닉호의 침몰도 같은 맥락에서 이해할 수 있다. 모두들 전문가가 구조와 안전을 의심하지 않는 한, 수 많은 인명피해를 내게 된 것은 어찌보면 당연한 일일 수도 있는 것이다. 성수대교의 붕괴사고도 역시, 마찬가시이다. 다리가 붕괴되지 않게 건설하기 위해서 여러 전문가들의 의견을 듣고, 이에 미심쩍은 부분이 있었다면, 질문을 던지고, 해답을 찾았어야 했던 것이다.

스피치에서 질문은 주의를 끄는 힘이 크다

학교에서 수업시간에 "질문있는 사람?" 하고 묻기라도 하면 대부분의 학생들은 자신이 바보취급을 받을까 두려운 마음에 질문을 하지 않는다. 안타깝지만 대부분 한국인들은 질문하는 습관을 가지지 못했다. 질문을 한다는 것은 우매하고, 멍청하기 때문이라는 생각을 전제에 깔기 때문이다. 하지만 진정 수업시간에 선생님의 말을 다 이해하고 따라가는 우등생들이 질문을 많이 던진다. 이는 바보같은 질문이 아닌 것이다. 잘 듣고 이해했기 때문에 궁금한 점이 생길 수 있는 것이다.

더불어 진정한 리더는 지시만을 내리는 것이 아니라 질문을 던져 직원들에게 생각하고 행동을 이끌어내는 것이다.

아이작 라비는 자신이 성공한 이유는 학교에서 돌아올 때마다 어머니가 던진 "아이작, 오늘학교에서 무슨 유익한 질문을 했니?" 라는 질문 때문이었다고 말한 바 있다.

필자는 강의를 할 때 청중에게 질문을 많이 던진다. "여러분은 ~에 대해 어떻게 생각하세요?" 이는 수동적으로 강의를 듣는 입장에서 적극적으로 강의에 참여하게 만드는 힘이 되기 때문이다.

세상을 이끌어나가는 리더라면 말의 힘을 제대로 알고 있어야 한다. 특히 스피치에서 질문은 주의를 끄는 힘이 매우 강하다. 인생에서 혹은 커리어에서 실패하는 가장 큰 이유는 무엇일까? 어찌보면 질문하는 능력이 부족해서이기도 하다.

"내가 이 일을 하고 있는 이유는 무엇일까?, 내가 외국에 나가서 이번에 무슨 일을 하고, 그 일이 내게 주는 효과는 무엇일까? 내가 진정 인생에서 원하는 것이 무엇일까? 그러기 위해서 나는 지금 무엇을 해야 할까?" 등의 자기자신에게 던지는 질문도 필요할 것이다. 그런데도 우리는 무엇을 어떻게 해야 할지 몰라서 질문하지 못하고, 다른 여러 가지 이유 때문에 질문하는 것을 주저한다. 질문을 하면 남들이 다 아는 내용인데 체면이 깎일까봐, 창피를 당할까봐, 아니면 그냥 예의를 지키느라 마음 속에만 묻어두기 마련이다.

하지만 '언제 어디서든 필요한 질문은 꼭 해야 한다' 는 걸 기억하자. 매력적인 사람은 질문하는 능력, 인터뷰 능력이 뛰어나다. 즉 상대의 입을 열게 하는 데 익숙한 것이다. 처음 만나는 사람과도 금세 친구가 되고, 친화력이 좋은 사람들을 보면, 적절한 질문을 잘 던져서 개인적인 부분들까지 공개하게 만드는 힘이 있다.

어떻게 질문하는 것이 잘하는 것인가?

좀 전에 언급한 바대로, 질문하지 않음으로써 생길 수 있는 재앙을 질문을 함으로써 막아줄 수 있는 것이다. 리더십 및 커뮤니케이션 전문가인 존 발도니John Baldoni는 "질문을 한다는 것은 아주 단순한 행동같지만, 실은 놀랍도록 정교하고 효과적인 매니지먼트의 전략의 기초다."라고 질문의 중요성을 강조했다. 이는 지형을 파악하거나, 기획을 하거나, 문제를 진단하거나 목표를 수정하는 것 등 질문이 필요한 이유일 것이다. 일반적으로 질문에는 '직접형', '간접형', '개방형', '폐쇄형' 이렇게 네 가지의 기본적인 유형이 있다.

"이번 일에 대해 어떻게 생각하세요?"라고 질문을 던지면 상대의 개방적이고, 포괄적인 참여를 유도하는 것이다. 이렇게 '개방형 질문'은 어떤 답을 듣게 되든 상관없이 대답을 최대한으로 얻어내는 게 목적이라면, 직접적 개방형 질문을 던지면 된다.

매력적인 사람이 되고싶다면 상대에게 개인적 정보든 비즈니스 정보든 끌어내는 기술을 익혀야 한다. 상대에게 처음부터 개인적인 이야기를 듣기위해서 갑자기 프라이버시에 관한 질문을 던져서는 안 된다. 표면적인 질문에서 질문의 수위를 높여가는 것이 필요하다. 기술적으로는 상대가 쉽게 대답할 만한 간단한 질문을 몇 가지 던지고 말문을 열게 한 다음, 상대의 반응을 보고 개인적 영역에 들어갈 수 있는 것이다. 즉 목적달성뿐 아니라 대인관계의 터를 닦을 수 있는 것이 바로 이 '질문'이다.

경영학의 대가인 피터 드러커 역시 13세 때, 플리글러 신부님이 던진 질문이 그의 인생에 큰 영향을 미쳤다고 했다. "넌 죽고 난 뒤 어떤 사람으로 기억되고 싶니?"

이 질문은 필자도 역시 늘 내 자신에게 던지는 질문이다.

매력적인 사람은 목적에 따라 여러 가지 질문을 할 수 있어야 한다. 폐쇄형 질문이 아닌 개방형 질문을 통해 풍성한 답을 들을 수 있어야 한다. 개방형 질문은 '자기 이야기'를 꺼내기 쉽기 때문이다. 질문은 주의를 끄는 힘이 매우 강하다. 질문을 받게 되면, 답을 찾는 탐구행위, 곧 정신적 여행이 일어난다. 이 여행은 생산적이고, 창조적인 문제해결 능력을 키우는 출발점이 된다. 방송할 때 필자도 종종 시청자에게 질문을 던지기도 한다. 스피치 오프닝에서 질문을 던지는 것은 참 좋은 방법이다.

질문은 상대방의 마음을 여는 열쇠이다. 상대방에게 질문을 해야 상대방을 알 수 있는 것이고, 사회생활을 할 때도 마찬가지로 질문을 해야 살아있는 조직이 되는 때문이다. 필자가 강의를 나가면 질문이 많은 클래스가 있는가 하면 그렇지 않은 클래스도 있다. 하지만 필자가 느끼기엔 질문이 많으면 '내 강의를 정말 열심히 들어주었구나' 하는 생각에 더 신이 난다. 그렇다. 질문은 우리 사회를 앞으로 나가게 만드는 힘이다.

17

호감 스피치

사람들과 소통하며 친밀함을 나눠라

설득의 요소는 여러 가지가 있지만 가장 큰 설득은 인간적 따뜻함을 바탕으로 하는 사람 냄새나는 '따뜻한 카리스마'일 것이다.

오세훈 서울시장은 실수를 피하기 위해 반드시 하는 것이 누구를 만나러 가든 강의를 하든, 철저한 청중분석을 한다. "차에서 내려서 스피치장소로 가는 1~2분 동안 청중에 대해 끊임없이 질문합니다. 그걸 들으면서 똑같은 콘텐츠라도 어떤 어휘를 쓸 것인가, 이 부분에 대한 설명을 더 길게 할 것인가, 뺄 것인가를 즉석에서 결정하는 것이죠." 그는 대중과 소통하며 친밀감을 나눈다. 친밀감이 왜 중요할까?

호감도는 친밀성, 유사성, 우호성으로 구성된다

누구나 비슷한 사람에게 호감이 가는 법이다. 이는 학연이나 지연에 대한 이야기가 아니라 관심 분야나 좋아하는 것이 비슷할 때, 상대방에 대한 인식이 긍정적으로 바뀐다. 너무 잘난 사람이긴 하나 정이 안 간다는 사람이 있다고 하면 이건 친밀감이나 유사성이 떨어지기 때문일 것이다.

호감이란 능력이 많다고 생기는 것도, 매력이 있다고 꼭 따르는 것은 아니다. 잘난 사람이 꼭 인기가 있지 않은 것처럼 말이다. 호감도는 친밀성, 유사성, 우호성으로 구성된다.

친밀감이란 수용자가 송신자를 생소하지 않고 익숙하게 느끼는 감정이다. 사람이 가깝게 느낄 때, 긴장을 풀고 마음을 여는 것은 자연스러운 현상이다. 즉 친밀감은 호감도로 연결이 된다.

유사성에는 청자가 화자에게서 자신과 비슷함을 느끼는 정도로, 처지가 비슷한 사람에게 더 개방적이 된다는 것이다. 친구끼리는 통한다는 의미도 역시 같은 맥락이다. 우호성은 청자가 화자를 얼마나 좋아하는 지에 관한 것이다. 좋아하는 사람의 말을 믿는다는 것은 당연한 결과라 하겠다. 즉 호감도라는 측면에서 친밀감, 유사성, 우호성을 고려해봐야 하는 것이다.

필자도 강의를 하러 다니면서 느끼는 점은 청중분석을 완벽히 하여 그들에 대해, 그들의 업무에 대해, 관심사에 대해 건드려 주면, 그들은 친밀감을 가지고 호의적이지만 그렇지 않은 경우는 아무리 좋은 내용을 강의하더라도 마치 이방인을 대하는 마음을 가지게 될 것이다.

또한 버락 오바마가 미국 사상 최초 흑인대통령으로 당선되기 까지 그의 스피치를 살펴보면, 그는 자신이 다른 사람과 다른 엘리트라는 점을 강조한 것이 아니라, 많은 미국인들이 가지고 있는 평범한 미국인임을 강조하며 'AMERICAN DREAM'을 가지고 행복을 좇아 노력하는 사람임을 예화를 들어가며 스피치를 전개했다. 이런 설득의 방식을 미러링MIRRORING 거울기법이라 한다. 미러링 기법을 통해 상대방과 교감관계를 구축할 수 있는 것이다. 즉 상대방과의 라포르RAPPORT, 마음이 서로 통함 형성을 가능하게 한다.

은연중에 느껴지는 일체감과 동질감은 설득에 상당히 효과적으로 작용하는 것이다. 나와 비슷한 사람이라는 연대감을 느끼게 되면 마음이 열리는 것이다. 언어적 메시지를 통한 상대방의 언어를 따라할 수도 있을 것이며, 내가 먼저 자신의 이야기를 스스럼없이 꺼내면 상대방도 친밀감을 가지고 다가설 수 있다. 비언어적 메시지로는 일단 편안한 마음을 가지고 의식적으로 근육을 이완해 상대방이 내게 쉽고 편안한 마음을 가질 수 있게 해야 한다.

유사성이 클수록 호감지수가 높아지는 것이다. 이 원리는 '아이 쉐어링I-sharing'의 원리인데, '다른 이의 자아에 동감한다'는 뜻으로 사랑과 연애에도 적용된다.

호감형 인물이 되기 위한 공감 스피치

호감은 논리로 설명할 수 없다. 다분히 감정적이다. 이는 사회적으로 직업이 같고, 고향이 같고, 같은 아파트에 살고말고를 떠나서, 동일한 가치관이나 취향을 가지고 있을 때 동일한 방식으로 호감을 더 느끼는 것이다. 공통된 주파수와 감정이입으로 거울뉴런으로 호감의 바탕이 되는 것이다. 서로 호감을 느끼는 사람은 비슷한 방식으로 느낌을 공유하고, 비슷한 방식으로 상대에게 자극을 준다. 비슷한 점을 발견하고 가치관이 유사하다면 그 사람에게 "우리는 다른 점보다 공통점이 많네요. 그렇죠?" 라고 말해보라. 그러면 호감은 더 상승할 것이다.

또한 호감도를 상승시기기 위해서는 화자와 청자 사이 공감대가 형성되어야 한다. 그러기 위해서는 '역지사지'의 자세를 갖추어야 한다. 당신이 상대방의 마음을 헤아려 그 부분을 건드린다면 분명 '공감'이 발생하는 것이다. 즉 당신과 나는 서로 마음이 통한다는 느낌이 들 수 있게 만든다면 나와 상대방은 좀 더 가까운 친밀감을 형성할 수 있는 것이다.

흔히들 "요즘 고민있어. 너에게만 하는 얘긴데… "하며 시작하는 말은 비밀을 함께 공유하고 있다는 생각만으로 끈끈한 동지애가 생기는 것이다. 역시 말하는 것 이상으로 잘 들어주는 것이 중요한 데, 상대방의 언어적 비언어적 메시지를 거울처럼 되비쳐주는 기법인 것이다. 상대방과 유대감을 가지고 싶다면 흉내내기가 아닌 그의 말과 행동을 따라해 보라. 이는 상대방의 이야기를 경청하고 있다는 의미에서인 것이다. 언제나 따뜻한 시선의 눈빛을 동반해야 함은 물론이다.

그리고 완벽함을 추구하는 완벽주의자보다는 자신의 단점이나 실수를 솔직히 오픈하는 행동이 더 호감을 줄 수 있다. 같이 행사를 진행했던 A씨는 자신의 실수를 대중들이 어떻게 보겠느냐며 옆에 있는 사람을 나무라고 꾸짖는 모습을 겪으면서, 오히려 그녀의 '완벽주의'와 '마음의 여유가 없음'에 실망한 적이 있다. 무엇이 장점이고 무엇이 약점인가? 그것은 보는 시각에 따라 저마다 다르다. 똑같은 상황에서 '호감형 남자 MC'인 박모 개그맨은 "여러분, 다시 한 번 해도 되죠? 다 이해해 주실거죠?" 라고 애교 있게 웃으며 말하는 모습을 보며, 같이 진행을 했던 필자는 '와, 오히려 솔직하고 신선하다'는 느낌을 받은 적이 있다. 그렇게 같은 상황에서도 어떻게 말하고 행동하느냐에 따라 그 사람에 대한 호감이 생기기도 비호감이 되기도 하는 것이다.

비호감형 인물들은 자신만 생각하고 자기중심적이며, 생각이 닫혀있다. 폐쇄적이고, 모든 사람을 믿지 않으려 한다. 반면 호감형 인물은 상대방을 향해 열린 마음을 가지고 있고, 친밀성을 유발하는 공감형 언어를 말하고, 따뜻한 마음을 보여준다. 늘 객관적이고, 감정이입 능력이 뛰어난 것이다. "새로운 헤어스타일이 참 예쁘네요", "오늘 옷 너무 잘 어울려요", "날씨도 좋고 햇살도 좋고, 기분도 좋고, 당신도 좋고, 모든 게 완벽하네"하며 웃는 모습에 누가 찡그린 얼굴로 화답할 것인가?

낙담하고 있는 친구에게 "걱정하지 마, 같이 문제해결해보자", "내가 어떻게 도와줄까? 편하게 생각해보자", "우리함께 문제를 해결해보자", "난 항상 너의 편이야", "난 너에게 호감이 가", "우리함께 고민해보자. 더 좋은 미래가 있을거야" 라는 말을 해보자. 그런 말을 듣고 있는 당신의 친구는 당신을 믿음직하게 여기고 더 많이 신뢰하고 기대하게 될 것이다.

한층 기운이 빠져있고 실망으로 가득찬 친구에게 보내는 당신의 인간적 따뜻한 관심은 호감을 이끌기에 충분한 것이다. 인간적 매력이 있기 때문에 그들이 얘기를 하면 더 설득력이 생기는 것이다. 설득의 요소는 여러 가지가 있지만 가장 큰 설득은 인간적 따뜻함을 바탕으로 하는 사람 냄새나는 '따뜻한 카리스마'일 것이다.

버락 오바마의 스피치

누군가에게 막중한 임무를 맡겨야 할 때는 그 사람에 대해 잘 알아야 올바른 투표권을 행사할 수 있다. 그러나 애석하게도 텔레비전으로만 보아온 정치인들에 대해 국민들이 다 잘 알기는 어렵다. 반장선거의 후보처럼 옆에서 지켜보며 겪었던 사람이 아니기 때문이다. 그렇기에 사람들은 그 후보가 하는 말과 행동으로 됨됨이를 가늠하려 한다.

그 중에서도 '연설'은 많은 국민들 앞에서 자신이 어떤 사람인지를 스스로 보여주는 것이나 다름없다. 따라서 아무리 뛰어난 성품과 능력을 지녔다 해도, 그것을 제대로 표현하지 못한다면 많은 국민들은 알아차리기 어렵게 된다.

그렇다면, 미국 최초의 흑인대통령, 버락 오바마의 연설은 어떠했을까?

그는 흑인이기도 했지만 파란만장했던 성장 배경과 그다지 정치력이 없는 출신성분, 종교적인 견해 등 여러 면에서 불리한 입장에 있던 후보였다. 그러나 이 모든 것을 극복하고 승리를 거둘 수 있었던 데에는, 탁월한 스피치 능력이 큰 기여를 했다. 단점일 수 있는 부분 때문에 생긴 오해를 풀었을 뿐 아니라. 그들이 잘 모르고 있던 스스로의 저력까지 알리는데 성공한 것이다.

오바마 스피치의 가장 큰 특징은 철저한 청중 중심의 스피치라는 점이다. 언제나 듣는 사람을 고려하는 정신이 깃들어 있는 것이다.

대부분의 사람들은 연설문을 작성할 때 자연스럽게 '나'라는 표현을 쓰게 된다. 스스로 하는 연설이기 때문이다. 그러나 오바마는 청중들 역시 그 '연설'에 함께 참여한다는 것을 잊지 않았다. 그래서 '나'라는 표현대신 '우리'를 많이 사용한다. 이를 통해, 청중들은 자신도 그의 이야기 속 중요한 한 사람이란 느낌을 가지며 이야기에 집중할 수 있었다.

그는 또한 어려운 단어를 사용하지 않는다. 대통령선거라면 응당 박학다식함을 내세워 지지율을 높여야 한다고 생각할 수도 있다. 그렇지만 어떤 경우에도 청중이 듣기에 어려운 이야기는 설득력을 불러일으킬 수 없다.

오바마는 실제로 하버드 로스쿨을 수석으로 졸업한 엘리트이다. 게다가 대통령 후보로서 정치, 경제, 전쟁 등 사회 전반에 걸친 수준 높은 이야기를 많이 할 수밖에 없었다. 이런 쉽지 않은 이야기를 하면서 쉬운 단어를 선별하기란 말 그대로 쉬운 일이 아니다. 자신도 모르게 어려운 전문용어가 튀어나올 법도 하건만, 그는 언제나 청중들이 이해하기 쉽도록 고려하고 또 고려해서 말한다.

이렇게 철저한 청중 중심의 말하기는 깊은 신뢰감을 불러일으킨다. 국민을 위한 대통령을 뽑는데 있어, 말 한마디도 국민을 생각하는 후보를 신뢰하지 않을 사람이 어디 있을까?

게다가 그 신뢰감을 높이는 포인트가 하나 더 있다. 바로 청중들과 골고루 눈을 맞추는 것이다. 아무리 담대한 사람일지라도 중요한 연설을 앞두고는 긴장하지 않을 수 없다. 게다가 눈앞에는 자신을 향한 수많은 사람들이 있으니, 똑바로 고개를 드는 것조차 어려울 것이다.

그런데 오바마는 단지 청중을 똑바로 바라보는 정도가 아니다. 모든 청중들과 눈을 맞추려 노력하는 것이다. 2004년 연설에서는 왼쪽을 많이 보았는데, 이는 연설대가 오른쪽으로 조금 치우쳐있어 왼편에 앉은 청중들도 빠짐없이 바라보기 위해서라고 한다. 물론 그 수많은 사람들과 일일이 다 눈을 맞출 수는 없다. 그러나 그러려고 노력하면서 골고루 청중들을 바라보면, 사람들은 으레 자신과 눈이 맞았다고 생각하게 된다. 콘서트 현장 공연에서 저 가수가 쳐다본 것은 나라고 서로 싸우는 관객들이 있듯이 말이다. 아이 컨텍트의 힘은 대단한 것이다. 그 어떤 청중일지라도, 자신의 눈을 바라보고 이야기하고 있다면 딴청을 부리거나, 흘려듣지 못할 것이다. 게다가 눈을 통해 그의 진심이 느껴지므로 오히려 팬이 될 수도 있다.

하지만 무엇보다도 오바마 대통령이 가장 잘 헤아리고 있는 것은 청중의 마음이다. 아무리 눈을 맞추고, 세심한 단어까지 신경을 써도, 청중이 공감할 만한 내용을 이야기하지 않는다면 아무 짝에도 소용없기 때문이다.

오바마 대통령은 앞서 말했다시피 불리한 점이 많은 후보였기에, 그가 연설을 할 때마다 모든 청중들이 고운 시선으로 바라본 것은 아니었다. 그러나 인종 문제며, 종교적 견해 차이 등 많은 것들을 떠나 그와 청중은 '미국인'이라는 공통점이 있다. 그리고 미국인이라면 누구나 공감할 만한 키워드, 그것은 바로 '아메리칸 드림'이다.

오바마 대통령의 아버지는 케냐 출신으로 모국을 발전시키겠다는 희망을 품고 미국에 유학 와서 장학생으로 공부를 했다. 그에 대해 오바마는 "아버지는 마법과도 같은 나라에서 장학생으로 공부할 수 있었습니다. 수많은 이들에게 자유와 기회의 등불이었던 미국에서 말입니다"라고 표현을 했다. 이 이야기를 들은 국민이라면 어떤 계층, 어떤 민족 출신일지라도 '미국인'이라는 자긍심을 가지지 않을 수 없다. 또 그의 아버지처럼 부푼 꿈을 안고 이주해온 다양한 출신의 사람들은 눈물을 글썽이며 공감할 수밖에 없다. 이렇듯 청중들의 마음을 공략할 수 있는 법을 알았기에, 공감 또한 얻을 수 있었던 것이다.

그는 또한 자신의 약점을 중화시킬 때도 위와 같이 '미국인'이라는 공통된 키워드를 내세웠다. 버락 후세인 오바마라는 그의 이름은 오사마 빈라덴과 후세인 이라크 전 대통령을 떠올리게 하며. '버락' 또한 들어본 바 없는 독특한 이름이었다. 그래서 상대 후보 측에서는 그의 이름을 악의적으로 '오사마'

라 부르며 이미지 손상을 꾀하기도 했다. 그에 대해 그는 다음과 같이 이야기했다.

"저의 부모님이 함께 나눈 것은 이루어질 수 없는 사랑만은 아니었습니다. 그들은 이 나라의 가능성에 대한 변함없는 신념도 함께 공유했습니다. 저희 부모님은 제게 버락, 즉 '축복 받은'이라는 뜻의 아프리카 식 이름을 지어주었습니다. 관대한 미국에서 이름이 성공에 장애가 되지 않는다고 믿었던 것입니다."

미국 사람이라면 누구나 이 이야기를 듣고 함부로 그의 이름을 놀리지 못했을 것이다. 자신들의 나라를 겨우 이름가지고 왈가왈부하는 옹졸한 곳으로 만들고 싶은 사람이 누가 있겠는가?

또한 모든 것은 어떤 관점으로 보느냐에 따라 달라진다. 내가 사랑을 하면 로맨스이고 남이 하면 닭살 이듯이, 제3자의 입장에서 본 이름은 희한했지만, 그의 입장에서 들어보니 매우 뜻 깊은 이름으로 느껴지는 것이다.

우리는 드라마를 보는 동안 주인공과 함께 웃고, 울게 된다. 재미있는 이야기가 듣는 사람으로 하여금 감정이입을 하게 만들기 때문이다. 이것이 바로 스토리텔링의 힘이다.

오바마는 자신의 이름에 얽힌 사연을 감성적인 스토리로 풀어냄으로써 청중들이 그의 입장에서 감정이입이 되게끔 했다. 이제 사람들은, 오히려 그의 이름을 자신의 이름처럼 특별하고 의미 있게 생각할 것이다. 그는 대통령 당선연설에서도 이러한 스토리텔링 기법을 사용하였다.

> "하지만 오늘 밤 제 마음에 새겨진 이야기는 애틀랜타에서 투표했던 한 여성의 이야기입니다. (중략) 앤 닉슨 쿠퍼, 그녀의 나이는 106살입니다."

그러면서 여성 차별과 인종 차별이 극심했던 때부터, 지금의 진보된 사회까지 106년의 역사를 보아온 그녀에 대해 옛날 이야기를 하듯 재미있게 들려주었다. 이를 통해 청중들의 집중력을 높일 뿐 아니라, 미국은 지금까지 진보해왔다는 것을, 앞으로도 더 나아갈 수 있다는 것을 청중들의 가슴 속에 심어주었다.

또한 중요한 문구를 반복함으로써 리듬감을 내는 효과를 거두기도 했다. 이렇게 되면 보다 효과적으로 주요 메시지가 전달될 수 있다.

같은 연설에서 그는, 한 단락의 이야기 끝마다 "그렇습니다, 우리는 할 수 있습니다."를 반복했다. 당시 경제침체로 위기를 맞이한 미국 국민들은 어려운 환경을 잘 극복해 나갈 수 있는 새 대통령을 원하고 있었다. 그런 상황에서 이제 44대 대통령으로 당당하게 우뚝 선 오바마 대통령의 당선연설은 가장 큰 희망과 위안이 되었다. 오바마 대통령과 함께라면 우리는 할 수 있다고, 온 국민이 한 뜻이 되어 그를 더욱 지지하게 된 것이다.

오바마는 대중과 혼연일체가 되어 공통의 분모를 찾아 '공감'을 형성하고 청중과 교감하는 스피치를 한다. 그의 스피치는 자신감이 넘치고, 위풍당당한 자세와 따뜻한 인간성과 유머로 연설의 분위기를 조성하고 적절한 제스처와 시선처리로 양방향 대화를 한다. 무엇보다 울림이 풍부한 바리톤 음성으로 유사언어를 적절히 구사해 탁월한 전달력으로 그의 스피치에 더욱 힘이 실려 청중은 오바마의 스피치에 귀를 기울이고, 설득에 중요한 에코스, 파토스, 로고스를 소구해 탁월한 연설로 청중의 마음을 사로잡는다.

제3부

매력 스피치 10대 법칙

18. 낭낭한 말하기: 목소리에도 강약을 준다
19. 스토리텔링 대화법: 이야기에 드라마가 있어야 한다
20. 멘탈 리허설: 스피치 불안에서 벗어나야 한다
21. 반복 테크닉: 리듬감, 키워드를 반복해 청중을 사로잡아라
22. YB의 법칙: 나와 다른 의견에 대응하는 비결
23. 유사언어: 말은 내용과 함께 감정과 느낌을 전한다
24. 자기개시: 심리적 거리를 좁힐 수 있는 효과적인 무기
25. 키스의 법칙: 최대한 쉽고 단순하게 말하는 게 좋다
26. 레테르 효과: 내가 그 사람에게 기대하는 바를 말하라
27. 협상의 법칙 적용하기: 상대방의 욕구를 파악하고 활용하라

18

낭낭한 말하기

목소리에도 강약을 준다

말하는 속도를 높이고, 결코 가볍지 않은 목소리로, 목소리 톤과 음색에 변화를 주는 것이 신뢰감과 설득력을 높이는 것이다.

> 이동건씨는 잘 나가는 광고회사의 대리이다. 늘 새로운 기획을 하고 크리에이티브한 생각을 많이 하는 이씨는 발표를 위한 준비 역시 완벽하게 해 리허설까지 잘 마쳤다. 결국 발표당일 아침 이동건씨는 열심히 프리젠테이션을 하며 자신의 아이디어를 알린다. 내용이 아무리 좋아도 한결같은 톤으로 억양이 거의 없는 단조로움 때문에 청중들은 하품을 하기 시작하며 심지어 졸고 있는 청중 몇몇도 눈에 들어온다. 생동감이 느껴지지 않는 지루한 목소리라 청중들은 들어도 무슨 소리인지 정확히 파악을 못한다. 동건씨는 오늘 프레젠테이션을 위해 그 얼마나 많은 시간과 노력을 투자했던가? 그런데 그런 노력들이 무색하기만 한 이 상황을 어떻게 받아들여야 할까?

어떤 목소리가 신뢰감과 호감을 주는 걸까?

동건씨의 경우만 보더라도 목소리에 강약을 주고 생기를 부여하는 것은 스피치 성공의 성패를 좌우하리만큼 큰 부분을 차지하는 것이다.

존 몰리는 연설에서 누가, 어떻게, 어떤 내용을 말하는가 하는 세 가지 요소가 중요한데, 이 중에서 가장 중요하지 않는 것이 연설의 내용이라고 했다. 그렇다고 내용을 무시하라는 말은 아니지만, 어떤 내용을 말하는지를 떠나서, 어떤 목소리로 얘기를 해야하는 지는 중요한 것이다. 학자에 따라 다르게 분류하기도 하지만 음성적 측면에서의 언어적 메시지로 보기도 하고, 비언어적 메시지로 분류하기도 하는 목소리라는 메시지를 어떻게 활용하느냐에 따라 호감이 되기도 비호감이 되기도, 신뢰감을 주기도 신뢰감을 떨어뜨리기도 하는 것이다.

여성은 비언어적 단서가 되는 신체언어인 목소리의 변화나 얼굴표정을 잘 해석하며 더 잘 캐치한다. 또한 여자의 육감은 무서운 데가 있어서 그렇게 믿거나 그런 생각이 스치게 되면 영락없이 사실로 드러나는 경우가 참 많은 데, 필자 역시 이런 '여성의 직감'이 매우 뛰어난 편이다. 누군가의 거짓말이나 진심을 간파하기 일쑤이며, 상대방이 보내는 신체언어를 해석하는 능력이 매우 뛰어난 편이다. 흔히 얘기하는 눈치가 빠르다는 얘기도 될 것이다.

하지만 단순한 눈치와는 또 다른 영감이 포함되는 부분이 있기에 육감은 눈치를 뛰어넘는 능력이라고 할 수 있을 것이다. 그렇지만 그런 단서를 무시하고 넘어갈 때는 상대방의 거짓말을 더 잘 믿게 되는 경향도 있는 것이다.

하지만 상대방의 발언 및 신체언어 단서들의 조각들을 종합해서 내리게 되는 직감은 거의 99% 정확성을 띈다. 이는 상대방의 진심을 파악하거나 거짓말을 분석하거나, 어떤 신호를 보내거나, 혹은 상대가 나를 속이는구나 하는 등의 단서를 포착하는 데 유용하게 쓰인다. 또 어떠한 육감이 스치면 사실확인결과, 그 육감이 맞는 경우를 확인하고 필자의 육감에 본인 스스로 깜짝깜짝 놀라기도 한다. 몸짓언어 및 목소리 톤으로 파악할 수 있는 상대방의 심리는 알면 알수록 재미있다.

그 중요한 단서 중의 하나가 목소리인데, 목소리는 조작하기가 어려워 진심을 누설하는 작용을 하며 상대의 진심을 알아낼 수 있는 중요한 단서가 되는 것이다.

우리의 목소리는 우리 자신에 대한 정보를 놀라울 정도로 많이 담고 있다. 목소리의 톤과 크기, 말의 속도와 포즈, 유창성 등을 종합해 상대방의 성격이나 학력, 지위, 체구까지 많은 것들을 알 수 있는 단서이다. 목소리는 말하는 사람이 얼마나 많은 영향력을 가지고 말하는 지, 그리고 자신이 전달하려고 하는 메시지를 얼마나 호소력 있게 내지는 신뢰감을 주며 전달하는 지를 판단할 수 있는 잣대가 된다.

낮은 목소리는 매력적이며 호감이 가고 설득력을 높이기도 하고, 높은 목소리는 흥분해있거나 불안하거나 기쁜심리상태를 반영하기에 그만큼 신뢰성이나 설득력이 떨어지게 되는 것이다.

목소리에는 많은 정보가 담긴다

그 중요한 단서 중의 하나가 목소리인데, 목소리는 조작하기가 어려워 진심을 누설하는 작용을 하며 상대의 진심을 알아낼 수 있는 중요한 단서가 되는 것이다.

우리의 목소리는 우리 자신에 대한 정보를 놀라울 정도로 많이 담고 있다. 목소리의 톤과 크기, 말의 속도와 포즈, 유창성 등을 종합해 상대방의 성격이나 학력, 지위, 지식, 체구까지 많은 것들을 알 수 있는 단서이다.

목소리는 말하는 사람이 얼마나 많은 영향력을 가지고 말하는 지, 그리고 자신이 전달하려고 하는 메시지를 얼마나 호소력 있게 내지는 신뢰감을 주며 전달하는 지를 판단할 수 있는 잣대가 된다. 거짓말 탐지기를 통해 범죄사실을 가려낼 때에도 목소리의 떨림이나 속도, 호흡 등을 판단의 기준으로 활용하기도 하는 것이다. 또한 아나운서 선발의 기준으로 목소리를 많이 살펴보는 이유도 목소리의 비중이 전체 이미지 중 38%를 차지할 만큼 크기 때문인 것이다.

매력적인 목소리는 신뢰감과 호감을 높인다

즉 매력적인 목소리를 가진 사람들은 더 신뢰감과 호감이 가고 사회적 능력도 인정받고 개방적이며 양심적인 사람으로 인식된다는 연구결과가 이를 뒷받침하는 것이다. 필자의 석사논문에서도 밝힌 바 있지만, 오바마와 킹목사, 케네디의 스피치 비교분석에서 오바마의 굵고 낮은 African American의 매력적인 목소리는 그를 최초의 미국 흑인 대통령으로 탄생하게 한 일등공신으로 작용했다고 볼 수 있으며, 이에 반해 케네디의 목소리는 얇고 높은 톤이라 같은 내용의 스피치를 발화하더라도 전달력에 있어서 오바마나 킹 목사가 더 호소력이 있고 신뢰감을 주는 앞선 스피치를 실행했던 것이다.

이렇게 낮은 톤의 목소리는 매력적이며 호감이 가고 설득력을 높이기도 하고, 높은 톤의 목소리는 흥분해 있거나 불안하거나 기쁜심리상태를 반영하기에 그만큼 신뢰성이나 설득력이 떨어지게 되는 것이다.

목소리와 관련된 요소를 '유사언어' 또는 '보조언어'라 부른다. 소리의 높낮이, 높낮이의 변화, 속도, 크기, 음질, 발음, 포즈 등이 여기에 속한다. 이러한 유사언어는 말하는 사람의 감정이나 의도가 실리게 마련인데, 상대방은 이를 통해 말하는 사람의 감정을 파악할 수 있는 것이다.

진정 말 잘하는 사람은 유사언어를 자유자재로 구사한다

유사언어는 목소리 톤과 말하는 템포, 포즈, 강세, 빠르기, 리듬, 피치와 같은 청각적 요소에 해당한다.

목소리를 모노톤으로 스피치를 실행하면 청자로 하여금 지루함을 유발할 수 있어서 높낮이 및 볼륨, 빠르기에 변화를 주는 것이 청중의 관심을 끌 수 있는 좋은 방법인 것이다. 이는 외향적인 사람들일 수록 대화 중 목소리 높낮이를 잘 변화시키는 것이다.

또한 작은 목소리는 불안감과 수줍음 및 주도권이 없음을 나타내고, 높은 목소리는 영향력이 크며 외향적 성격을 반영하는 것이다. 또한 느린 말투는 자신감이 없거나 우유부단하고 지지부진한 사람, 내성적이며 불안정한 성격을 반영하고, 빠른 말투는 외향적이며 설득력이나 신뢰성을 높여주는 경향이 있는 것이다.

즉 이를 종합해보면 말하는 속도를 높이고 결코 가볍지 않은 목소리로, 목소리 톤과 음색에 변화를 주는 것이 신뢰감이나 설득력을 높이는 것이다. 이에 정확한 발음과 억양으로 유창성을 겸비해야 할 것이다. 그렇다면 이 글을 읽는 독자들도 아나운서처럼 이 시대 대중연설의 달인인 오바마처럼 말할 수 있으리라!

■ 강조기법

스피치를 함에 있어서 청중에게 내 말을 알아듣기 쉽게 이해시키는 것은 굉장히 중요하다. 그러기 위해서는 말하고자 하는 내용에서 중요한 것과 중요하지 않은 것을 구분해야 한다. 그리고 내가 표현하고자 하는 대상을 선명하고 뚜렷하게 드러내야 한다. 즉, 말의 내용안에 '고저장단'이 존재해야 한다는 뜻이다. 마치 로봇처럼 '고저장단'없이 내뱉는 말은 청중에게서 금세 잊혀질 수밖에 없다. 그것이 강조법이 필요한 이유다. 목소리에 강약을 가미한다면 전달력과 집중도가 달라지게 될 것이다. 강조법에는 네 가지가 있다.

첫 번째는 높임강조이다. 내가 말하고자 하는 부분을 다른 부분보다 더 높은 톤으로 이야기하여 힘을 주는 것이다.

두 번째, 낮춤강조이다. 반대로 말하고자 하는 부분을 음성을 작게 낮춰서 강조하는 것이다.

세 번째, 느림강조이다. 강조하고자 하는 부분의 말을 천천히 하여 곱씹는 듯한 느낌으로 전달하는 것이다.

마지막 네 번째, 포즈를 통한 강조이다. 침묵을 통해서 중요한 부분을 돋보이게 만드는 강조이다. 이러한 강조법을 뉴스자료를 통해 훈련한다면 더욱 빠르게 습득하고 이해할 수 있게 될 것이다. 말의 '고저장단'의 필요성과 네 가지 강조법으로 전달력을 높일 수 있다.

■ 수사법

수사법이란 효과적인 말의 미적표현을 위하여 문장과 언어를 꾸미는 방법을 의미한다. 즉, 말을 예쁘게 꾸민다는 뜻이다. 네 가지의 수사법이 있다. 첫 번째는, 과장과소법이다. 어떠한 사물을 실제보다 '크게 / 작게 / 많게 / 적게' 등으로 표현하는 것이다. 이를 무언가에 비유해도 된다. 두 번째는 대조대구법이다. 서로 반대되는 성질을 비교하는 대조를 하거나 비슷한 표현으로 리듬을 강조하며 대구하는 것이다. 이를 통해 깊은 인상을 받게 되며 청중들로 하여금 오랫 동안 기억에 남게 한다. 세 번째는 반복열거법이다. 동일하거나 비슷한 어구를 되풀이 하는 것이다. 따라서 말의 뜻이 강조된다. 네 번째는 기습충격법이다. 첫머리에 자극적인 말을 기습적으로 선언함으로써 순간적인 집중, 충격을 유발할 수 있게 된다. 결국 수사법은 언어에 멋진 옷을 입히는 기법이라 할 수 있다. 이 네 가지 수사법을 섭렵하고 응용함으로써 말을 효과적으로 전달할 수 있게 될 것이다.

■ 감정기법

감정기법은 말 그대로 우리의 감정을 드러냄으로써 청중을 끌어들이는 기법이다. 우리의 감정은 얼굴 표정을 통해서 나타나기 마련이다. 스피치의 역량 또한 표정으로 나타날 수 있다. 부정적인 표정보다는 긍정적인 표정이 호소력과 설득력을 높이는데 큰 영향을 미치게 된다. 그런 점에서 웃는 인상은 스피치에 중요한 역할을 한다.

웃는 인상을 자가 진단해보자. 당신은 입꼬리를 10초 이상 올릴 수 있는 지 체크해보자. 입을 가려도 웃는 것처럼 보이는 지, 볼펜을 눈썹에 댄 후, 눈썹을 볼펜위로 올려보고, 이 세 가지를 진단해보면 자신의 인상에 대한 진단을 할 수 있다. 만약 부족하다면 앞으로 웃는 표정에 신경을 쓸 필요가 있다. 감정기법은 또한 표정뿐만 아니라 말에도 감정이입을 할 수 있다. 그러기 위해서는 적절한 맞장구 연습이 필요하다. 상대의 말에 동의, 정리, 공감, 놀람 등 호의적인 리액션을 하는 것이다.

결국 감정기법을 통해서 상대방의 감정을 내가 원하는 방향으로 이끌어 갈 수 있게 되는 것이다.

19

스토리텔링 대화법

이야기에 드라마가 있어야 한다

"예화를 사용하지 않고 20분간 연설하는 것이 예화를 사용하면서 한 시간 동안 연설하는 것보다 지루하다" -링컨

"I didn't see it then, but it turned out that getting fired from Apple was the best thing that could have ever happened to me. The heaviness of being successful was replaced by the lightness of being a beginner again, less sure about everything. It freed me to enter one of the most creative periods of my life. During the next five years, I started a company named NeXT, another company named Pixar, and fell in love with an amazing woman who would become my wife."

이 스피치는 스티브잡스가 스탠포드 대학초청 졸업식 연설 중 일부분으로 자신에 대한 이야기를 스토리텔링으로 풀어 이야기를 들려주는 방식을 취했다. 스티브잡스의 인생의 전환점, 사랑과 성실, 죽음에 대한 이야기를 했고, 자신이 설립한 회사인 애플에서 해고당한 것은 인생 최고의 사건이었다 회고했다. 그 일로 인해 저는 성공에 따른 중압감으로부터 벗어나서 다시 모든 것이 불확실한 초심자의 마음으로 돌아갔고 자유로이 인생 최고의 창의력을 발휘하는 시기들 중 하나로 진입했고 Next란 회사와 Pixar 회사를 세웠고, 지금의 아내를 만나 사랑에 빠진 이야기를 하고 있다. 필자는 그의 연설을 듣고, 그의 인생을 이해할 수 있었고, 감동받았다. 그렇다. 자신의 이야기는 그 어떤 이야기보다 파워풀하다.

이야기의 공감을 불어넣는 스토리텔링

"무슨 말을 어떻게 해야할 지 모르겠어요", "여러 사람들 앞에만 서면 말할 거리가 없어요"라며 필자가 가르치는 아나운서 학생들 대상으로 3분 스피치를 시켜보니 참 재미있는 현상이 벌어진다. 뭔가 자신의 이야기가 아닌 듯 부자연스럽다.

당신의 입에서도 이런 말이 나온다면 이 부분을 꼭 짚고 넘어가야 할 것이다. 화술을 요리에 비유해보면 이해가 쉬울 것이다. 김치찌개를 만들어야 하는 데, 김치도 두부도 돼지고기도 없다면 김치찌개를 만들어 내지 못할 것이다. 재료를 사러 시장에 가야 한다. 화제거리가 없다는 것은 찬거리가 떨어진 경우이다.

그렇다면 어떤 주제가 나오더라도 머릿속에 신선하고 재미있는 화제거리가 얼마나 축적되어 있는가는 정말 중요할 것이다. 또한 이야기의 공감을 불어넣을 수 있으며 통계나 과학적 데이터를 제시하는 것보다 더 큰 감동과 진실성을 전해줄 수 있을 것이다.

오바마의 경우, 연설시 스토리텔링을 잘 활용하는데, 이는 대선 당시 오바마를 흠집내기 위한 공화당이나 일부 적대자들이 문제를 삼을 수 있는 스스로의 정체성 혼란으로 인해 어린시절 마약을 했다는 것, 내지는 출생배경에 대해 명쾌하고 감동적인 스토리텔링으로 이야기를 들려주는 방식을 취함으로써 그 모든 오해나 잘못된 인식들을 불식시켰다. 또한 이러한 스토리텔링은 다른 정책구상이나 슬로건보다 더 기억에 오래 남는다.

"My father was a foreign student, born and raised in a small village in Kenya. He grew up herding goats, went to school in a tin-roof shack. His father, my grandfather, was a cook, a domestic servant to the

British.~"라고 얘기를 꺼내는 오바마의 모습을 보면 어떤 누구라도 관심을 기울일 수밖에 없고, 청중들은 그가 우리와 다른 사람이 아닌 같은 배경을 지닌 인물이구나 하는 데에서 더 인간적 매력을 느끼게 된다.

자기 자신에 대한 성장배경을 부끄러워하는 마음없이 오히려 솔직하게 공개하고 드러내다보니, 많은 이들이 대통령직에 나올 정도라면 부모 잘 만나서 어린시절 고생한번 한적없고 성공가도를 달리는 그런 사람쯤으로 생각할 수 있을 텐데, 이런 자신의 일화를 들려주는 것만으로도 청중은 신선한 충격을 받는 것이다. 오바마는 연설도중에 이러한 일화를 잘 삽입한다.

But one that's on my mind tonight is about a woman who cast her ballot in Atlanta. Ann Nixon Cooper is 106 years old. She was born just a generation past slavery; a time when there were no cars on the road or planes in the sky; when someone like her couldn't vote for two reasons—because she was a woman and because of the color of her skin. ~

이 일화는 오바마가 대통령에 당선된 날 밤 victory speech를 하면서 했던 말이다. 당선 당일 오바마의 마음에 떠오른 앤 닉슨 쿠퍼 할머니얘기를 하며 흑인이고 여성이라는 이유로 투표권을 행사하지 못했던 그간의 '흑인 여성으로 미국사회에서 살아간다는 것'에 대한 입장을 오바마의 입을 빌어 얘기하고 있는 것이었다.

그러면서 우리는 변화를 이루어냈다며 "yes, we can"을 외치며 미국민들의 열렬한 지지와 호응을 받는다. 이 얼마나 사실적이며 청중의 감성을 건드리는 말인가? 이렇게 사람들은 뭔가의 스토리가 담긴 이야기를 좋아한다. 성공담이든 실패담이든, 줄거리가 있는 이야기는 많은 사람들의 감성을 자극하고 감동을 주게 마련이다.

이야기는 누구나 할 수 있지만 뭔가 스토리를 가지고 있는 커뮤니케이터가 되어야 한다. 오바마의 스피치 역시 스피치 전문가로부터의 조언과 노력이 이루어진 결과물이며, 오바마는 이 시대 최고의 명연설가로 칭송받고 있다.

이야기 속에 '나'를 담아라

무엇보다 자연스러움이 메시지 전달 시 가장 중요한 데, 자신의 이야기나 주변의 이야기를 최대한 자연스러운 리듬감과 억양으로 자신의 이야기로 자연스럽게 풀어내는 것이 중요하다. 소통의 달인이 되려면 먼저 스토리텔링을 해보기를 권한다.

말 잘하는 사람의 말에는 반드시 드라마가 있다. 단순한 사실을 전달하는 것이든, 자신의 주장을 펴는 것이든 그들은 기승전결의 과정을 염두에 두고 이야기를 전개해 나가며, 그 전개 과정에서 강약 혹은 늦춤과 조임의 순간을 적절히 배치한다.

전달하고자 하는 메시지를 더욱 명확히 강조하기 위해, 또 그 메시지에 대한 더 많은 공감을 이끌어내기 위해 적절한 예를 들기도 하는데 적재적소에 세련된 메타포를 사용해야 한다. 이른바, 스토리텔링이 대세다. 이는 추상적인 설명보다 더 이해하기 쉽고 더 오랜 기억에 담고 더 자주 회자될 수 있는 것이다.

필자가 강의하는 아나운싱 클래스, 한반에 수업을 듣는 친구들 중에도 이야기를 풀어내는 스타일들이 제각각인 데, 다른 어떤 이들보다 돋보이는 친구들은 바로 자연스럽게 말을 이어나가는 친구들이다. 솔직히 책읽는 것같이 말하는 친구들이 의외로 참 많다. 그들에게 전하는 필자의 메시지는 어떤 주제라도 자연스럽게 풀어내는 스토리텔링에 대해 집중하라는 것이다.

또한 같은 이야기라도 누가 전하느냐에 따라 많은 차이를 보이는 만큼 목소리의 강약이나 고저완급 억양을 통해 청자의 흥미를 지속시키도록 하는 것이 중요하다. 사람들은 움직이고 변화하는 것에 흥미를 느끼지, 단조롭고 책읽는 듯한 이야기는 그냥 무시해 버린다. 감동적인 이야기로 나만의 스토리텔링을 풀어낸다면 듣는 사람의 마음을 사로잡기에 충분하지 않을까? 전 세계 컴퓨터와 엔터테인먼트 산업을 이끌고 있는 스티브 잡스처럼, 절망을 담대한 희망으로 바꾼 검은 케네디, 버락 오바마처럼!

20

멘탈 리허설

스피치 불안에서 벗어나야 한다

스피치 직전에 혼자 멘탈 리허설(Mental Rehearsal), 즉 마음으로 하는 가상 연습을 해보라. 머릿속으로 전체 내용을 그려보고 가상 이미지화 연습을 통해서 자신감을 채울 수 있다.

사실 필자인 나도 아나운서 초년병시절, 세종문화회관이란 무대위에서 사회를 보는 순간 혼란에 빠지고 말았다. 나를 지켜보는 수만의 눈동자들, 마치 내가 스피치를 잘 하나 못 하나 실수는 하지 않나 감시하는 사람들처럼 보였기 때문이다.

조명 때문에 눈이 부셨고 모든 사람들은 내 얼굴을 내 입을 주시하고 있는데, 순간적으로 입안이 바싹 말라오고, 혀가 굳어 입천장에 딱 달라붙는 느낌이 들었다. 심장이 얼마나 쿵쾅대는지 청중들에게 들리지 않을까 고민하다 보니 얼굴은 빨개지고 긴장감만 더해갈 뿐이었다.

'이렇게 무너지면 바보지'라는 생각이 들었다. 두 시간 가량 되는 음악회를 중간중간 어떻게 진행했나 할 정도로 머릿속이 백지상태인 것만 같았다.

하지만 그날의 경험이 내겐 소중한 약이 됐다. 물론 아나운서로 방송을 통해 또 무대에서의 경험을 통해 단련이 된 까닭도 있겠지만 나는 지금 어느 곳에 서더라도 당당히 말할 수 있게 됐고 오히려 무대위에서 내지는 대중 스피치를 즐기게 됐다. 이젠 청중이 많을수록 힘이 솟는다. 필자는 사람들 앞에서 얘기하는 것 자체가 즐겁고 흥분된다.

나 과연 잘 할 수 있을까?

사람들 앞에 서서 말을 해야 하는 경험, 누구나 한 두 번쯤은 경험해 보았을 것이다. 그렇지 않은 사람이라면 살면서 분명 그런 기회가 찾아오게 마련이다. 그런데 사람들 앞에 서서 말을 하려면 왜 그렇게 두렵고 심장이 콩닥콩닥 뛰고, 다리까지 후들후들 거리는 걸까?

몇 년 전 미국의 한 조사에서 '당신이 가장 두려워하는 것은?' 이라는 질문으로 설문조사를 한 적이 있다. 미국 내에서의 조사지만 흥미로운 결과라 국내 9시 뉴스에서도 소개된 바가 있다. 9위는 고독, 8위는 비행, 7위는 죽음, 6위는 질병이었다. 5위는 깊은 물, 4위는 금전문제, 3위는 곤충류, 2위는 높은 곳이 차지했다. 그렇다면 1위는 무엇일까? 결과는 "대중 앞에 서는 것 즉, 대중 연설"이었다.

죽음과 질병보다 더 두려운 것이 대중 스피치라고 하니 참으로 놀라운 결과였다. 특히 우리나라의 입시위주의 교육을 받고 자라난 대한민국 국민들이라면 더더욱 그 두려움의 크기가 남다를 것이다. 미국은 어릴 적부터 학생참여를 통한 토론과 발표수업이 많은 데도 불구하고 이런 결과가 나온 걸 보면, 남들 앞에서는 것이란 언제나 가슴 떨리게 하는 일임에는 분명한 일이다.

“전 사람들 앞에서 발표를 하거나 연설을 해야 할 기회가 많은데, 왜 가슴이 두근거리면서 하려고 했던 말들을 다 못하게 되는지, 무슨 방법이 없을까요?”하고 한 회사를 운영하는 CEO가 내게 질문을 던졌다. 그렇다. 이 분은 다른 사람들보다 스피치를 할 기회가 남들보다 많아서 효과적으로 말을 잘하고 싶은데, 대중앞에서 떨린다는 고백을 했다. 하지만 경험이 많다 보면 스피치 실력도 자신감도 같이 쌓여갈 것이다.

꼭 기억하길 바란다. “과연 내가 잘할 수 있을까?”하는 걱정은 당신을 위축시키고 자신없게 만든다. 스피치에 대한 두려움에 사로잡혀 있는 동안에 당신은 실제로 무슨 말을 할 것이며, 어떻게 준비할 것인가를 신경쓰기보다는 그 일을 해낼 수 없을 것이라는 생각에 상당한 시간과 에너지를 소모하게 된다. 그리고 에너지의 기운을 머리쪽으로 두지말고 발쪽으로 내리는 기분으로 “calm down, calm down”을 속으로 되뇌여보자. 그럴 때는 심호흡을 한번 크게 내쉬고 스피치의 목표를 구상하고 스피치의 핵심, 방향, 강조해야 할 점들을 체크하는 것이 더 필요하다.

구체적으로 어떻게 준비해야 하나요?

스피치에서 오프닝은 중요하다. 방송에서도 마찬가지이다. 처음 시작에서 좋으면 끝까지 좋다. 하지만 오프닝에서 버벅대면 그날 방송은 아무래도 찜찜해지는 것이다.

대부분의 사람들은 첫 말문이 트면 그 다음부터 쉽게 말을 이어갈 수 있다. 그러므로 처음 2분에서 길게는 5분 동안 할 이야기를 생각하고 조정해서 암기해 두면 불안이 최고조에 오른 첫 도입부에서 쉽게 진행할 수 있을 것이다. 여기에 자신감을 충전해 스피치 화법이나 태도, 말투에

베어 나오게 해야 한다.

그리고 자신이 발표할 내용에 대해 머릿속에 암기하는 것만으로는 스피치가 완성되지 않는다. 자신이 말할 내용을 대본을 준비해 내려다 보고 읽을지언정, 교과서 읽는 방식으로는 절대 안 된다. 무엇보다도 자신이 하고 싶은 내용들을 머릿속에 다 정리해서 중요한 단어를 기억하는 방식으로 해서 자연스럽게 말을 이어나가는 것이 중요하다.

필자가 권하는 방법 중 하나는 스피치 직전에 조용한 곳에서 혼자 멘탈리허설mental rehearsal, 즉 마음으로 하는 가상연습을 해보라 말하고 싶다. 머릿속으로 전체내용을 그려보고 자신있게 멋지게 말하는 모습, 청중의 열렬한 반응까지 가상 이미지화 연습을 통해서 자신감을 채울 수 있다.

무대공포야! 저리비켜

사람이 자신감이 있으면 스스로 자신이 다른 사람에게 중요한 존재라고 느끼게 되는데, 이것은 자만과는 다른 심리적 우월감이다.

말을 잘하고 싶다면 내 마음속의 불안감을 떨쳐내고 자신감으로 무장하자. 성공의 시작은 자신있는 커뮤니케이션에서부터 출발한다는 것을 꼭 기억하자! 인생은 리허설이 없다고 하지만 대중 스피치는 리허설을 얼마나 하든지 상관이 없다. 무대공포증을 극복하는 가장 좋은 방법은 무대에 많이 서보는 것이다.

필자의 경우는 그것이 직업이니 자연스럽게 기회가 주어지지만, 그렇지 않은 많은 사람의 경우엔 연습 그리고 연습이다. 연습을 하는 동안에 캠코더를 찍어보는 것도 아주 좋은 방법이다. 남들이 어떤 충고를 하더라도 귀에 들어오지 않지만 자신의 모습을 스스로가 확인하는 것만큼 더 좋은 충고도 없다.

말을 잘하고 싶다면 무대위에서 당당하게 멋진 모습을 보여주고 싶은 사람이라면 속은셈치고 따라해 보라! 노력의 두 세배는 결과로 돌아오리라 감히 말해주고 싶다.

21

반복 테크닉

리듬감, 키워드를 반복해 청중을 사로잡아라

설득을 하기 위해서는 자신의 메시지를 반복해야 한다.
이는 곧 리듬감을 형성시키고 상대방의 이해력을 향상시킨다.

I have a dream that one day this nation will rise up ~

I have a dream that one day on the red hills of Georgia, the sons of former slaves and the sons of former slave owners will be able to sit down together ~

I have a dream that one day even the state of Mississippi, a state sweltering with the heat of injustice, sweltering with the heat of oppression, ~

I have a dream that my four little children will one day live in a nation where they will not be judged by the color of their skin but by the content of their character.

I have a dream today! I have a dream that one day, down in Alabama, ~

Let freedom ring from the mighty mountains of New York.

Let freedom ring from the heightening Alleghenies of Pennsylvania.

Let freedom ring from the snow-capped Rockies of Colorado.

Let freedom ring from the curvaceous slopes of California.

But not only that:

Let freedom ring from Stone Mountain of Georgia.

Let freedom ring from Lookout Mountain of Tennessee.

Let freedom ring from every hill and molehill of Mississippi.

"나에게는 꿈이 있습니다. 언젠가 이 나라가 깨어나서, '우리는 모든 사람이 공평하게 창조되었다는 자명한 이념을 신봉한다'는 미국의 신조 안에 깃든 참뜻 속에서 살아가는 것이 그 꿈입니다."

"나에게는 꿈이 있습니다; 네 명의 내 자식들이, 피부색이 아닌 그들의 품성에 의해 평가받는 나라에서 살게되는 것입니다."

"자유의 종이 울리게 합시다. 이 자유의 종 소리가 모든 마을, 모든 촌락, 모든 주, 모든 도시에서 울리게 된다면, 우리는 신의 자손으로서 흑인이건 백인이건, 유대인이건 아니건, 개신교이건 로마가톨릭이건 간에 모두가, 손에 손을 잡고 옛 흑인영가를 함께 부르는 날을 향해 나아갈 수 있을 것입니다. 나 자유얻었네! 너 자유얻었네! 전능하신 은혜로 우리 자유얻었네!"

이 스피치는 많은 이들이 이미 알고 있는 마틴 루터킹의 "I have a dream"연설의 일부이다. 흑인과 백인의 공존에 대한 요구를 하고 있고 미국 역사상 가장 중요한 위치를 차지하는 연설로 꼽힌다. 이 연설의 특징은 반복법과 대구법을 효과적으로 활용한 점이다.

반복은 설득에 매우 효과적이다. 반복은 모든 학습의 어머니이다. 반복은 아이디어에 대한 친숙성을 만들어내고, 이 친숙성은 다시 긍정적인 연상을 불러일으킨다. 따라서 설득을 하기 위해서는 자신의 메시지를 반복해야 한다. 이는 곧 리듬감을 형성시키고 상대방의 이해력을 향상시킨다.

그 유명한 "I have a dream"을 반복할 때는 말할 때마다 억양을 서로 다르게 해 반복이 주는 지루함에서 벗어났다. 예를 들어, 마지막 I have a dream은 보다 크고 높은 목소리로, 천천히 말을 했다. 마치 클라이막스 부분을 노래하듯이 말이다. 또한 고개를 좌우로 젓는 제스추어로 그 절실하고 안타까운 심정을 표현하기도 했다.

연설이 마지막으로 치닫을수록 그의 마음도 벅차올라 입술이 떨려오기도 했는데, 그럴 때는 두 손을 하늘로 번쩍들어 보이기도 했다. 그의 모든 연설이 끝나자 청중들의 함성으로 장내는 떠들썩하게 달아올랐다. 그의 연설은 성공했고 노벨평화상을 안겨주었고 미국사회 큰 반향을 불러 일으켰다.

이러한 성과는 하루아침에 이루어 진 것이 아니라 오랜 기간 쌓아온 끊임없는 노력과 철저한 준비가 결실을 맺었던 것이다.

킹 목사는 1958년 자신의 설교법을 좀 더 세련되게 하기 위해 당시 일류 TV설교자가 되기 위한 준비를 하고 있던 빌리 그래함을 찾아가기도 했으며, 펜실베니아 주의 대학생활 3년 동안 설교술 강의를 9개나 수강했다고 한다. 목사경력을 쌓는 동안 단 백여 개의 설교모델만 사용하여 필요와 생각에 따라서 변조, 변화시키는 새로운 연설을 만들기도 했다. 이러한 훈련과 피나는 노력이 역사에 길이 빛날 명연설을 탄생시켰음을 잊지 말자.

오바마의 공감스피치는 청중에게 변화와 희망을 선사한다

앞서 언급한 마틴 루터킹의 "I have a dream"의 연설을 듣다보면 반복과 대구를 통한 리듬감은 스피치에 힘을 실어준다. 아울러 킹 목사의 연설을 닮았다는 평가를 받고 있는 오바마 스피치에서도 공통점을 발견할 수 있다.

검은 케네디! 연령, 인종, 성별, 계급을 뛰어넘는 지지를 확보하고 있고 전 세계를 오바마 열풍으로 몰아넣은 주인공인 버락 오바마를 일컫는 별명이다. 개인적으로 필자 역시 오바마니아OBAMANIA로 오바마의 공감커뮤니케이션, 설득커뮤니케이션 능력을 높게 산다.

사람들을 고무시키고 동기를 부여하는 이성적이고 냉철한 스피치로 설득력이 있지만 동시에 인간적이고 감동적인 변화, 희망, 꿈, 모든 사람을 끌어안는 통합의 스피치로 많은 이들의 마음을 움직이고 있기 때문이다. 230년 미국 역사상 처음으로 흑인 대통령이 탄생한 배경 중 하나도 그의 스피치가 큰 몫을 했다. 정치에 무관심했던 젊은 세대들까지 움직이게 만든 힘, 그들을 투표장으로 이끈 힘은 그들의 마음을 건드렸기 때문이다.

오바마의 스피치를 지켜보고 있자면 기분이 좋아지는데, 그 이유 중 하나가 어렵고 난해한 복잡한 이슈들을 다룰 때, 간결하고 품위 있고 힘있는 언어를 사용해 마치 음악을 듣고 있는 듯 리듬감을 타고있고, 반복 테크닉을 활용해 사람들의 머리에 확실한 메시지를 각인시킨다는 것이다. 사실, 필자는 오바마의 스피치로 석사논문을 취득했다. 논문을 쓰는 동안, 오바마의 스피치를 운전할 때도, MP3로 듣고 다니곤했는데, 늘을 때마다 웬만한 음악을 듣는 것보다 기분이 좋아진다. 왜냐하면 그의 스피치에는 리듬감이 있기 때문이다. 또한 영어지만 어려운 말도 쉽게 풀어내시 말하는 편이라 귀에 쏙쏙 잘 들어온다.

즉 말을 잘한다고 하면 어려운 사자성어나 현학적인 표현들로 쉬운 문제도 어렵게 표현하는 것이 아닌 아무리 어려운 문제라 하더라도 쉽고 간결하게 전달할 수 있는 능력인 것이다. 이것이야 말로 21세기형 우리 시대가 원하는 진정한 리더의 모습의 단면이 아닐까 한다.

스피치의 목적은 여러 가지가 있겠지만 설득은 많은 스피치들 가운데 가장 유용하게 쓰이는 것이다. 설득하기란 쉬운 일이 절대 아니다.

변화시키기 힘든 이유는 자신만의 사고방식을 버리지 않고 어떤 행위를 고집스럽게 반복하고, 또한 다른 사람을 믿지 못하는 것이 큰 이유이다. 다른 사람의 신념이나 태도를 바꾸려할 때 이에 저항하는 많은 요소들이 생겨나게 마련인데, 대중은 화자의 스피치를 어떻게 받아들이고 어떤 부분을 기억할 것인지는 청사의 신념이나 태도마다 다르겠지만 사람의 마음을 얻는 스피치는 분명히 일반 스피치와는 차이가 있다는 것이다.

오바마의 경우 여러 가지 사례로 들 것이 많지만 스피치에서 리듬을 타고 핵심 키워드를 반복하고 있다는 점을 강조하고 싶다. 그의 스피치는 힘이 있고 문장 하나하나가 리듬을 타고있는 듯, 마치 바리톤가수의 노래를 듣고 있는 듯한 느낌이 들기도 한다.

이 리듬감은 분명히 그냥 생기는 것은 아니다. 목소리 크기의 강약, 중저음의 목소리 톤, 목소리에 실린 감정의 조절, 청중을 빨아 들이는 듯한 시선처리, 자유로운 제스처도 합해져 어우러진 결과이다.

리듬감을 살리는 요인 중 가장 중요한 것은 목소리의 강약이다. 중요한 부분에서 더 크게 말하거나 아니면 아예 조그만 목소리로 말하면 청자의 주의를 집중하게 된다.

오바마의 긍정 메시지 반복은 가슴에 오래오래 남아

또한 그는 핵심적인 키워드를 계속해서 반복해서 말하는 데, "YES, WE CAN", "CHANGE", "DREAM OF AMERICA"라는 변화와 희망, 꿈, 통합의 긍정적이고 희망적인 표현을 반복하면서 대중에게 꿈과 희망의 메시지를 전달하는 데 성공했다.

버락 오바마가 전 세계인들의 많은 지지를 얻고 사랑을 받고 있는 데는 여러 가지에서 찾아볼 수 있지만 그를 우뚝 서게 한 힘은 바로 많은 사람들의 마음을 얻는 감성설득 공감 스피치에서 나왔다고 필자는 과감하게 얘기하고 싶다.

이 글을 읽고 있는 우리들이 오바마에게서 벤치마킹해야 하는 부분도 바로 이 부분이다. 남들에게 희망을 전해줄 수 있는 이는 진정으로 강한 사람이다. 세상을 이끌고 나가고 싶은 이들이라면 '우린 어쩔 수 없나봐' 라고 포기하고 좌절할 것이 아니라 '우리는 할 수 있어' 라는 메시지를 전할 수 있는 사람이어야 한다.

또한 정확한 발음으로 속도를 자유자재로 조절하고, 목소리 톤 역시 높였다 낮췄다하는 것이 필요하다. 리듬감을 갖춘 스피치는 내용도 듣는 이들에게 잘 들릴뿐 아니라 흥미를 유발하기 때문에 장시간 집중할 수 있게 만드는 요인인 것 이다. 무미건조하게 모노톤으로 얘기하는 것보다 상대방의 마음을 쥐락펴락할 수 있게, 맛있게 말하는 이가 더 매력적으로 기억에 오래 남게 된다.

22

YB의 법칙

나와 다른 의견에 대응하는 비결

자신과 다른 주장일지라도 상대방의 생각과 주장을 먼저 받아들여 공감한다는 의사표시를 한 뒤, 그렇지만 나의 생각은 다르다고 말해야 한다. 이른바 'Y(Yes) B(But)의 법칙'이다.

"가끔은 내게 칭찬 좀 해주면 안 돼?, 나도 당신을 위해서 일부러 시간내서 요리를 해 본건데 말이야. '음식 맛이 왜 이래?' 라는 말부터 나와야 해?"

"있는 그대로를 얘기하는 데 뭐가 나빠? 잘 하는 게 도대체 뭐야?" 라고 받아친다. 이 두 남녀의 대화에서는 해결책을 찾을 수 없다. 부부싸움이 일어날 확률이 99%이다. 그렇다면 어떻게 말해야 사랑받는 남편 혹은 아내가 되는 걸까? 부부사이뿐 아니라 연인관계, 친구관계, 비지니스 상황 모두에서 마찬가지이다. "와, 사실 나 감동했잖아. 이런 모습도 있구나해서. 너무 사랑스럽다. 그런데 아까 한 얘기는 음식이 쫌 짜다는 걸 농담처럼 한 이야기야. 알지?" 라고 대답을 하면 겉으로는 "에게, 말은 잘 하네" 라고 하겠지만 마음은 흡족해진다.

모든 갈등의 원인은 커뮤니케이션 방법의 문제

말 한마디로 천냥빚을 갚는다는 속담이 있다. 가는 말이 고와야 오는 말이 곱다는 속담도 있다. 말 한마디에 상대방이 느끼는 바에 따라서 친구가 되기도 하고 원수가 되기도 한다.

말 한마디에 마음이 닫히기도 하고 반대로 열리기도 한다. 마음의 빗장을 여는 것은 바로 따뜻한 말이다. 같은 값이면 상대의 입장을 배려하는 말, 언짢은 기분을 풀어주는 말을 함으로써 소통하는 데 말의 걸림돌이 없어야한다.

말을 잘하는 것도 좋지만 무엇보다도 중요한 대화의 조건은 상대를 배려하는 것이다. 그리고 나아가 상대방의 마음을 읽는 것이다. 일방적인 대화를 원치 않는다면, 무엇보다 상대방의 마음을 잘 살펴야 한다. 상대가 어떤 상황에 처해 있는지, 또 무엇을 원하는지 정확히 알아야 할 것이다.

흔한 예로 우리나라의 이혼률비율이 세계에서 1, 2위를 다투는 데는 부부간의 의사소통 문제점이 크다고 생각한다. 또 이혼경험자는 재혼에서도 실패할 확률이 높다는 통계도 있다. 한 번 이혼을 경험한 사람은 다시 마음에 드는 상대를 만나더라도 의사소통이나 감정표현 방식이 잘못돼 있기 때문에 또 다시 실패할 확률이 높다는 분석이다. 인간관계의 기본이 대화를 통한 의사소통인데 대화의 방법이 잘못돼 있다면 아무리 좋은 사람을 만나도 소용이 없는 것이다.

기본적으로 여자와 남자의 뇌 구조 및 의사소통 방식에는 큰 차이가 있다. 여성들은 정서적이고 감정적이어서 수다를 통해 다른 사람과 친밀해지려는 노력을 하고 그에 반해 남성들은 꼭 필요한 말이 아니면 하지 않고, 관계의 친밀도를 높이기 위한 대화자체에는 대개 관심을 보이지 않는다.

이런 의사소통 방식의 차이에서 문제가 발생하면 일부 부부들은 상대방을 무시하며 육두문자까지 씨가며 상대의 주장을 묵살시키려 든다. 살면 얼마나 오래 산다고 그렇게 남편을, 혹은 아내를 이기려고 애쓰고 상대방의 마음을 상하게 하는 것일까? 현명한 아내나 남편이라면 그렇게 서로의 마음에 상처를 주면서까지 자기의 의견을 내세우기보다는 상대방이 원하는 것이 무엇인지 먼저 들어줄 자세를 갖춰야 할 것이다.

대화를 하다보면 각자의 사람됨이 그대로 드러난다. 대화에 능숙한 사람들은 말을 통해서도 상대방의 사람됨을 파악할 수 있는 이유다. 그렇기 때문에 지혜로운 사람은 "당신말을 들어봅시다. 그래야 내가 당신을 알 수 있습니다"라고 말한다.

당신을 이해합니다. 그런데…

최고의 대화기술이란 기교를 부리며 과장하고 포장하는 것이 아닌 허물없이 수수한 것이 되어야 하고 상대방의 말을 잘 들어주는 것이다. 즉 적절한 대화를 위해서는 자신과 다른 주장일지라도 상대방의 생각과 주장을 먼저 받아들여 공감한다는 의사표시를 한 뒤, 그렇지만 나의 생각은 다르다고 말해야 한다. 이른바 'Yyes Bbut의 법칙'이다. 사람들이 이 'YB의 법칙'만 잘 지켜도 대화의 질은 높아질 것이다. 상대방이 나와 다른 생각을 가지고 있고 그에 대한 코멘트를 하고자 한다면, 먼저 그를 환한 미소로 인정해주자.

"그래요, 당신의 말을 잘 이해하고 공감합니다. 그런데, 이 부분에서는…"이렇게 나오는 말에는 어떤 누구도 화를 내거나 윽박지를 수 없는 것이다. 상대와의 의견충돌이 있을 때는 먼저 상대를 배려하고 이해하는 마음으로 인정하려는 노력이 필요하다. 갈등은 언제든 발생할 수 있다. 하지만 그 갈등을 세련되게 해결하는 사람은 참으로 드물다. 이런 어려운 상황에서 커뮤니케이션을 잘 하는 사람이 진정 대화의 달인이 되는 것이다.

상대방의 말꼬리를 잡아서 비판하고픈 욕구를 억제하는 것도 대화에선 중요하다. 말꼬리를 잡아 비판하는 순간에는 스스로가 논리적인 양 행세할 수 있지만 상대방이나 대화를 듣는 제3자에게 당신은 쓸데없는 이론만을 내세우는 얼간이로 인식될 가능성이 크기 때문이다. 대화에서는 능숙한 말솜씨 보다는 인간적인 매력이 넘치는 신중함과 인격이 더 중요하다는 것은 두 말할 필요가 없다.

23

유사언어

말은 내용과 함께 감정과 느낌을 전한다

말은 내용과 함께 감정과 느낌을 전한다. 말과 느낌이 서로 모순되면,
말보단 느낌을 더 믿게 되는 건 당연한 일이다.

"나 그대만 사랑해"라고 사랑고백을 하는 각기 다른 남자가 있다고 치자. 어떤 이는 무릎을 꿇고 고개를 떨군 채, 진심이 담긴 마음을 전하며 눈빛이나 제스처, 얼굴 표정이 언어내용과 같은 말을 했고, 또 어떤 이는 말로만 전하는 메시지라 얼굴 표정이나 눈빛의 변함이 없이 마치 바람둥이 남자가 여자를 유혹하기 위해 건네는 말 정도처럼 들린다고 가정해보자.

상대방 여자가 남자를 평소 어떻게 생각하고 있느냐에 따라 다르지만, 여자들의 직감이 그리 둔하지는 않다. 그래서 전자의 남자가 하는 말을 진심으로 받아들이지만, 후자의 남성이 하는 말에 대해서는 '진심일까?' 하는 의구심을 가지게 될 것이다.

같은 대사라도 연기하는 배우에 따라 오는 감흥이 다르다. 같은 대본을 받더라도 진행자에 따라 프로그램의 느낌은 많은 차이를 불러온다. 같

은 말을 백이면 백, 천이면 천명 모두가 다 달리한다.

'Godfather'의 말론 브란도가 아니었다면 돈 콜레오네의 그 독특한 느낌이 많이 달라졌을 게 분명하다. '밀양'의 전도연이 아니었다면, 'My fair lady'의 오드리 햅번이 아니었다면, 그 역할을 다른 인물이 소화해냈다면 분명 다른 느낌의 영화가 나왔을 것이다. 같은 말이라도 어떻게 입밖으로 내는가에 따라 그 느낌이 하늘과 땅차이가 되기 쉽다.

유사언어를 잘 활용해야 진정한 대화의 달인

'what to say'보다 'how to say'가 훨씬 중요할 때가 참으로 많다. 즉 준언어, 유사언어로 불리는 'paralanguage'에 민감해야 한다. 우리말론 좀 어색한 말인 '준準언어'는, 'para'와 'language'로 이루어진 단어로 'para'는 옆의/너머의/변형된/반대의 뜻이고, 'language'는 언어란 뜻이다. 준準언어란, 유사언어 또는 언어에 버금가는 언어라는 뜻으로 말로 표현된 내용 위에 화자의 느낌을 다양하게 섞어 전하는 목소리의 여러 음질을 두루 내포하는 단어다.

말은 내용과 함께 감정과 느낌을 전한다. 때론 말과 느낌이 서로 다를 때도 있다. 말과 느낌이 비슷하면 부드럽게 넘어간다. 말과 느낌이 서로 모순되면 말보단 느낌을 더 믿게 되는 건 당연한 일이다.

속마음이 훤히 드러나 보이는 '메타 커뮤니케이션'

같은 '사랑한다'는 표현이 눈물과 감동을 자아낼 수 있는가 하면 역설의 느낌만 전할 수도 있다. '내용의미' 보다 '관계의미'가 훨씬 중요한 게 사람 사이인지라 'contents meaning'보다 'relational meaning'을 더욱 은밀하게 전하는 내용을 'meta message'라 한다. 이같은 비언어 · 주변 언어적 의사전달을 통틀어 '메타meta 커뮤니케이션'이라 한다. 대화안팎에 숨어 있는 모든 메시지를 포괄하기 때문에 '보디 랭귀지'보다 훨씬 광범위한 개념이다.

무의식중에 이뤄지는 메타 커뮤니케이션은 속마음을 솔직하게 드러낸다. '눈이 입보다 먼저 말한다'고 하듯이 말과 표정이 서로 다르면 표정이 본심과 가깝다고 한다. 언어 커뮤니케이션이 35%이고, 메타 커뮤니케이션이 65%라고 한다. 즉, 음성과 격조格調, 음의 양volume of the voice, 음의 긴박성stress, 음률intonation 강세accent, 강도intensity 등이 모두가 감정적 신호들emotional signal이다. 의사소통은 말 뿐만이 아니라 몸짓, 얼굴 빛, 눈빛 등으로 이루어지고 있다는 것이다. 말은 내용보다 말하는 이의 가슴이 중요하다.

아무리 까다로운 상대와 대면하더라도 상대의 심리를 정확하게 파악한다면 기적을 일으킬 수 있는 것이다. 칵테일바의 여주인의 나이가 오십 가까이 되는 초로의 얼굴인데도 단골손님이 끊이지 않는다고 한다. 이유인즉 손님의 심리를 정확히 살펴응대하는 것이다.

손님이 기분이 좋을 때 같이 기분 좋은 이야기를 해주고, 우울하게 말이 없을 때 술잔을 기울이며 격려의 말을 해준다는 것이다. 이렇게 해서 손님들은 그녀를 신뢰하고 때론 한 가족처럼 느끼게 되는 것이었다. 장사가 잘 되는 것은 두말할 필요가 없을 것이다.

커뮤니케이션에서 성공하기 위해서는 상대방의 속마음을 들여다 볼 줄 알아야 하는 것이다. 감정의 섬세한 부분까지 살필 줄 알기 때문에 커뮤니케이션이 훨씬 순조로운 것이다.

협상을 할 때나 대화를 할 때 다른 사람과의 관계 속에서 꼭 활용해야 하는 부분인 것이다. 때로는 말 한마디 보다는 그 사람의 표정이나 눈빛, 어조, 몸짓제스처, 자세, 옷차림 등이 더 많은 것을 이야기 해주는 것이다. 상대방에게 내 이야기를 전하고 싶다면 메타 메시지를 활용해 무엇보다 진심을 담아서 건네보는 건 어떨까?

살아있는 스피치는 완급조절을 잘 해야 한다.

내용 및 태도적인 완급조절은 되도록 중립을 지키되, 주장이 필요한 곳에서는 반대적인 측면까지 고려하고 있음을 언급하고 융통성 있는 면모를 보여줄 수 있다.

'유머와 재치사용의 조절과 겸손과 당당함의 완급조절'은 할 수 있다.

이성과 감성의 완급조절도 가능한데, 스토리텔링, 수사법을 활용한 스피치, 오프닝과 클로징에서의 임팩트도 이에 해당한다.

'깍듯함과 친근한 어투의 완급조절'이 가능한 데, '다, 까, 죠, 요'의 완급조절과 ~습니다, ~합니다는 문단의 앞뒤 문장사용 가능하다. ~죠, ~요 체는 문단의 중간중간, 스토리부문, 친근하거나 가벼운 대화나 설명이 가능하다.

목소리 6요소(속도 · 크기 · 높낮이 · 길이 · 쉬기 · 힘주기)

언어자본은 그 사람의 품위와 품격을 결정한다. 계급의식이 강한 영국에서는 어떤 영어를 구사하는지를 보고 그 사람의 계급을 결정하기도 한다. 과시하지 않음으로써 과시하는 아우라처럼 언어 아비투스는 자신의 품격을 결정한다. 세상을 사는 태도와 생활방식, 사고방식, 말투, 신뢰, 사회적 지위, 성숙한 삶, 성격이 결정적 구실을 한다. 내가 쓰는 말과 언어는 내 가치를 높여주기도 하고, 품위와 부를 결정하기도 한다.

커뮤니케이션에서 목소리는 큰 비중을 차지한다. 특히 유사언어 paralanguage는 말을 입체감 있게 만들어준다. 유사언어는 의사소통에 영향을 주는 비언어적 요소들 가운데 음성을 통해서 이뤄지는 것들을 말하는데 부언어, 준언어, 음성언어라고도 부른다. 메라비언의 법칙에서 언급했듯 목소리가 스피치에서 차지하는 비중은 38%에 해당한다. 그만큼 소통할 때 목소리가 중요하다.

목소리의 6요소는 속도speed, 크기volume, 높낮이pitch, 길이duration, 쉬기pause, 힘주기stress다. 주장의 전달력과 효과성, 강조점에 영향을 주는 요인들이다. 스피치할 때 유사언어를 적절하게 사용한다면 좀 더 자신감 있는 스피치를 할 수 있고 단조로움을 피할 수 있다. 말이 귀에 쏙쏙박히는 '말 잘하는 사람'은 확실히 유사언어를 자유자재로 구사할 줄 안다.

그렇다면 대화에서 나의 매력을 돋보이게 하는 노하우는 어떤 게 있을까. 우선 '듣기'다. 일단 잘 들어야 말도 잘할 수 있다. 잘 듣는다는 건 마음을 비우고 상대방 이야기에 귀 기울이는 데서 출발한다. 매력적인 말하기를 위한 '듣기' 노하우를 알아보자. 경청하는 것만으로도 의사소통에 많은 가점이 주어진다.

첫째, 말하는 사람의 얼굴과 입술, 눈을 보고 고개를 끄덕이거나 듣고 있다는 대답 및 반응을 잘해 주는 것이 좋다. 듣는 사람은 상대의 말에 관심이 있다는 걸 몸짓으로 보여줘야 한다. 자신의 말에 경청하면 말하는 사람은 기뻐하고, 듣는 이에게 매력을 느낀다. 경청하는 것만으로도 의사소통에 많은 가점이 주어진다.

둘째 상대방의 이야기가 끝나면 잠시 멈추고 답변을 해야지 바로 끼어들면 좋지 않다. 상대방이 계속 이야기할 수 있도록 하고, 답변은 정리해서 전달해보자.

셋째 질문은 상대의 말을 명확하게 이해하려는 것이다. 무슨 말을 들었는데 이해가 잘 가지 않으면 질문을 하자. 질문을 많이 할수록 대화의 주도권을 쥘 수 있다.

넷째 피드백을 잊지말자. 고개를 끄덕이거나 리액션을 많이 해주면 말하는 사람은 흥이 나기 마련이다. 경청하고 있다는 걸 분명히 알리는 거다.

라포rapport, 상호 신뢰관계를 형성하면 경청의 효과를 더 잘 이끌어낼 수 있다. 라포는 사람과 사람 사이에 생기는 상호 신뢰관계를 알리는 심리학 용어로, 세 가지 방법이 있다.

첫째 보이싱voicing, 발성이다. 대화를 나누는 상대방 목소리의 높낮이, 성량, 말의 리듬이나 속도를 맞추는 거다. 이는 상대방이 무의식적으로 편안함을 느끼게 하는 방법이다. 공감능력을 일으키는 '거울뉴런'을 작동하게 한다. 상대방 목소리, 말의 리듬이나 속도를 맞추면, 상대방은 무의식중에 편안함을 느껴 공감에 이를 수 있는 목소리를 비슷하게 하는 노력으로도 라포가 형성된다.

둘째 백 트레킹backtraking이다. 백 트레킹이란 상대방의 대화를 똑같이 따라하는 것으로, 상대방 말의 끝머리를 다시 한 번 언급하는 방법이다. 상대에게 경청하고 있다는 인상을 줄 수 있다.

셋째 청크chunk up, 청크다운chunk down이다. 청크는 말의 덩어리, 기억 단위를 뜻한다. 상대방의 내용을 경청하고 파악함으로써 세밀한 관심의 질문을 하거나 핵심내용의 큰 그림을 그릴 수 있는 대화를 하면 서로의 관심사가 모여 더 좋은 관계로 이어질 수 있다.

사람이 사람을 만날 때 나름 긍정적인 의미가 있고, 긴밀하고 조화로운 관계가 형성될 때 우리는 '라포를 구축했다'고 표현한다. 상대방이 당신과 연결돼있다는 느낌을 주고 받아야 라포를 구축할 수 있다.

24

자기 개시

심리적 거리를 좁힐 수 있는 효과적인 무기

자신의 마음을 열어 보여주는 것을 '자기개시법'이라고 하는 데, 심리적 유대감을 통한 보다 친밀한 커뮤니케이션을 위한 테크닉이다.

한국을 포함한 세계의 많은 연예인들이 겉보기엔 화려해 보이고 모든 걸 다 가진 이들처럼 보이지만 정작 그들은 자신만의 고민이나 곤란한 일들을 다른 사람들에게 '자기 개시'를 못하다보니, 즉 소통의 통로가 막히다보니 극단적으로 자살하는 일들도 일어나는 데, 대중들은 놀란 가슴을 쓸어내리게 된다. 자신도 모르게 기정사실화 되어 버린 루머들, 가십거리들로 인해 혼자 고민하다보면 밤에 잠을 못 이루게 되는 것이다.

일반인들도 그런 억울한 일을 당하면 불면증에 시달리게 되는 데, 연예인들은 오죽하겠는가? 대중의 관심을 받는 이들이기 때문에 한번 나쁜 소문이 돌면 어느 순간 모든 이들이 기정사실로 받아들이게 되는 황당한 일도 종종 쉬게 되는 것이다. 우리 사회 큰 충격을 주었던 고故 최진실의 동생 최진영의 자살, 그리고 가수 유니의 자살, 그리고 성접대논란, 유서논란으로 우리 사회를 떠들썩하게 했던 장자연의 자살을 지켜보며, 얼마나 속앓이를 하다 자살까지 하게 됐을까 하는 생각에 안타까운 마음이 든다. 혼자서 끙끙 앓다보니 우울증을 앓게 될 확률이 높다.

고민이 있거나, 어려운 일이 있을 때 마음을 터놓고 얘기하는 것만으로도 문제가 해결되는 경우가 많다.

자기 개시법은 친밀한 커뮤니케이션을 위함이다

아무 일없이 잘 살것만 같고 아무 걱정이 없어 보이는 사람이라 할지라도 어느 정도의 고민을 앉고 살아가기 마련이다. 그런데 많은 사람들이 사회생활을 하면서 자신의 속내를 보이지 않으려 한다. 당연히 초면인 사람에게는 사적인 질문을 하는 것도 피해야 하겠지만 그 이유는 커뮤니케이션이 이루어지지 않았고 서로의 유대감도 없기 때문이다.

처음엔 신변잡기적 얘기들이나 취미 등 누구나 쉽게 대답할 수 있는 것들이 이야기의 안주거리로 좋다. 반면, 상대방과의 연결고리가 생겨서 좀 더 강한 유대감을 만들고 싶다면 사적인 화제를 꺼낼줄도 알아야 한다.

상대방에게 요구하지 않더라도 자신의 개인적인 고민거리나 일들은 상대방에게 털어놓게 되면 상대방은 '이런 사적인 이야기를 밝힐 정도로 나를 가깝게 여기는 구나' 하는 생각 때문에 심리적 유대감도 생기고 자신은 거기에 답하고자 하는 마음도 생기게 되는 것이다. 이처럼 사적인 일을 화제로 삼아 자신의 마음을 열어보여주는 것을 '자기 개시법'이라고 하는 데, 보다 친밀한 커뮤니케이션을 위한 테크닉이라고 할 수 있겠다. 또한 한쪽이 자기 개시를 하면 상대도 자기 개시를 하는 것을 자기 개시 반보성返報惺의 법칙이라고 한다.

보통 자기 개시Self Disclosure를 해준 상대에게 호의를 갖게 되면, 그 상대방도 역시 똑같은 행동을 해주고자 하는 마음이 생기게 되는 데, 결과적으로 심리적 우호관계는 더더욱 깊어질 수 있는 것이다. 즉 자신이 고민하는 내용을 상대방에게 말하게 되면, 상대의 입장에서는 자신에게 의지해 주었다는 생각과 신뢰해 주었다는 생각이 들게 되는 것이다.

자신의 결점이나 실수담, 특이 습관, 비밀, 내면의 고민이나 갈등 등을 누구에게나 쉽게 얘기하기는 힘들기 때문이다.

우연한 기회에 다른 사람에게 자신의 단점이나 고민같은 사적인 얘기를 꺼냈는데, 상대도 비슷한 얘기를 털어 놓아 서로 흉금을 터놓는 친구관계로 발전하는 일이 있다. 사람들은 친해지면 상대에게 자기 얘기를 하게 되고, 서로 사적인 얘기를 나누다보면 그만큼 더 친밀해지고 신뢰관계가 한층 두터워진다.

대인관계에서 상대의 신뢰를 얻으려면 먼저 자신을 드러내 보여야 한다. 그러면 상대도 자기 개시를 하게되서 서로 신뢰관계로 발전한다.

필자 역시 '자기 개시'에는 인색한 편이지만 사실, 친한 사람에게는 누구보다도 솔직하게 모든 것을 털어 놓고 얘기하는 스타일이다. 일단 자기 개시를 하게 되면 친밀한 인간관계로 갈 수 있는 시발점이 된다. 인간은 사회적 동물이기 때문에 자신의 모든 고민을 혼자 떠앉고 갈 수도 없고, 그게 계속되게 되면 자신도 모르게 우울증에 시달릴 수도 있는 것이다.

친근감과 호감을 주는 자기 개시는 정신건강에도 좋다

소문은 몽매한 사람이 만들고 또 몽매한 이들 사이에서 확산된다. 하지만 당사자는 소문이 떠도는 동안 죽을 맛인 것이다. 그럴 때 침묵으로 일관하기 보다는 당당하게 적극적으로 대응하는 것이 더 좋다.

다만 진실은 언제나 밝혀지게 되어 있는 법이고, 한 두번은 몰라도 결국에는 본래의 모습을 드러내기 마련인 만큼 너무 고민하지 말고, 오히려 상대방에게 내지는 대중에게 '자기 개시'를 하는 것도 정신건강과 인간관계에 더 많은 플러스 요인으로 작용하리라는 걸 믿어보자!

사람은 자기 개시를 통해 미처 모르고 있던 자신을 깨닫게 되기도 한다. 이 과정은 조지프 루프트Josph Luft와 해리 잉검Harry Inghm이 제창한 조-해리의 창으로 설명할 수 있다. 사람에게는 자신도 알고 다른 사람도 알고 있는 해방영역, 다른 사람은 알지만 자신은 모르는 맹점영역, 자신은 알지만 겉으로 드러내지 않는 은폐영역, 자신도 모르고 다른 사람도 모르는 미지영역이 있다.

자기 자신을 알기 위한 자기 개시는 먼저 상대에게 자신을 드러내 보이고 지적을 받음으로써 점차 맹점영역을 줄이고 해방영역을 넓혀가는 것이다.

그리고 기회가 된다면 자신의 자랑보다는 자신의 실패담이나 실수담 같은 것들을 얘기해보자. 아마 어설프게 나누는 상대방과의 대화보다는 자신을 겸손하게 만들고 자신의 치부까지 보여주는 모습에 상대방은 화자에게 더 많은 친근감과 호감을 느끼게 될 것이다.

25

키스의 법칙

최대한 쉽고 단순하게 말하는 게 좋다

설득을 위한 첫 단추는 복잡하고 어렵게 빙빙 돌려 말하는 것이 아닌, 단순함으로 간결함으로 '주의를 끄는 것'이다.

수경 씨는 대학업무관련 미팅으로 현주씨와 함께 시내 힐튼 호텔로 갔다. 두 사람이 호텔입구로 들어 서자 마자 주차직원의 안내를 받고, 프론트로 갔나. 직원은 "주무실건가요?"물었더니 옆에 있는 현주씨의 말이,"그렇지 않아요. 우리는 H대학 관리자들이예요. 점심식사에 초대받아왔어요. 우리는 새로 선출된 회장님의 취임식, 리셉션을 관장하는 집행위원회 소속이거든요. 우리가 얼마나 있게 될 지 정확히 잘 모르겠어요. 아마 두 시간은 넘게 있을 것 같은데." 이쯤 듣고 있다보면 프론트 직원이 화날만하다. "실례합니다만, 제가 알고 싶은 건 투숙여부입니다." 이와 같은 경우 쓸데없는 이야기로 주의를 분산시키고, 동문서답을 하고 있는 것이다. 이런 식의 스피치가 상대방에게는 어떻게 받아들여질까?

당신의 SQ는 어느 정도나 될까?

지능발달의 정도를 나타낼 때 IQ, 감성발달의 정도는 EQ, 도덕성의 정도는 MQ라고 하듯이 언어표현의 정도를 나타내는 것을 SQ라고 한다. SQ, 즉 SPEECH QUOTIENT란 한 사람이 원활하게 언어를 사용하여 얼마나 적당하면서 효과적으로 자신의 관점을 표현하는가 하는 종합적인 척도를 말한다.

그 핵심은 사람들과 교제할 때 훌륭하게 자신의 말을 통제하고, 적절한 방식으로 표현하는 가에 있다. 한 사람의 SQ수준은 말의 유창성, 정확성, 성실성 등에 의해 결정되는데, 훌륭한 SQ는 자신감을 주고 좋은 인상을 심어준다. SQ를 높이는 방법을 터득하면 비즈니스나 사회생활에 큰 도움이 되리라 확신한다.

말 잘하는 것은 아나운서나 연설가들에게만 필요한 게 아닌가 하고 묻는다면 그 대답은 당연히 NO다. 스피치는 소질이 아니라 학습이라고 감히 말하고 싶다.

역사적으로 유명한 링컨, 루스벨트, 처칠, 케네디, 조지 버나드 쇼가 그랬던 것처럼 누구라도 스피치를 잘하겠다는 의욕을 가지고, 방법을 익혀 꾸준히 연습을 한다면 뛰어난 화술가가 될 수 있다. 노력하면 된다는 얘기다. 노력하는 방법 가운데 꼭 기억해야 할 두 가지의 팁을 제공하고자 한다.

333의 법칙

진대제 전 전통부장관의 "열정을 경영하라" 중에 나오는 말인데, 커뮤니케이션을 잘하기 위해서는 30초 안에 상대의 관심을 유발하고, 이에 따라 3분의 시간을 더 얻어서, 보고하려는 내용을 확실하게 전달해 내든가, 아니면 보고 받는 사람의 필요에 따라 이후 30분의 시간을 할애 받아 충분하게 설명하고 소기의 결정을 얻어낼 수 있다는 얘기다. 일명 333의 법칙이라고 한다.

엘리베이터 스피치라는 용어가 있다. 최고경영자와 고객과 엘리베이터를 같이 탄 짧은 순간에 핵심내용을 보고할 수 있도록 준비해 두어야 한다는 의미다. 늘 일에 바쁜 최고경영자의 관심을 이끌어 내기 위해선 30초 안에 승부를 본다는 심정으로 항상 핵심을 간결하게 정리하고 있어야 한다는 얘기다.

우리 인간의 정보처리 과정은 감각기억, 단기기억, 장기기억으로 이어지는 데, 대부분의 대화나 커뮤니케이션의 시작은 감각기억과 단기기억에 의존하기 때문이나. 사람의 기억력은 생각보다 길지 않다. 따라서 30초 동안에 상대방의 시선과 관심을 유지해야 하고, 30초 안에 하고 싶은 이야기를 전달할 수 있어야 하는 것이다. 30초란 짧은 시간에 자신의 이야기를 전달하고 마음을 사로잡기 위해서는 자신의 메시지와 주장을 단순화시켜야 하는 것이다.

짧은 시간 안에 효과적으로 상대방을 설득하는 30초 화법은 키워드를 기억하고 그를 중심으로 말을 풀어가는 것이다. 이는 초반에 시선을 확실하게 잡아야 나머지 시간에도 집중해서 들어 준다는 이야기이기도 한 것이다.

KISS의 법칙

필자가 2007년 세종문화회관에서 전국 미스코리아 대회 MC를 볼 때 일이다. 15명 남은 마지막 후보들을 인터뷰하는 데, 한 후보에게 시사적 질문을 던졌다. "사회적으로 알파걸의 파워가 커지고 있는데, 우리 사회 여성들의 역할과 입지에 대해 어떻게 생각하느냐?" 이에 후보는 질문을 제대로 파악하지 못한 채 동문서답의 대답을 길게길게 논리에 맞지도 않게 대답하느라 애쓰는 모습이 역력했다. 그래도 공개석상에서 안타깝고 무안을 줄 수 없어 "어려운 질문인데 대답하기 힘들죠. 그럼에도 잘 대답해 주셨다"는 말로 받아쳤다. 실은 아쉬운 대목인 것이다.

위대한 연설가들이 공통적으로 지킨 원칙을 정리한 말이 있다. 그것은 'KISS'다. 이는 "Keep It SHORT& SIMPLE"는 말을 축약한 것이다. 세계적 지도자들의 연설에는 진부한 표현, 과장된 문장, 전문용어, 유행어들이 전혀 들어 있지 않다. 평이하고 단순한 표현으로 감동적인 연설을 할 수 있는 것이다. 좋은 연설에만 해당되는 얘기가 아니다. 모든 일상日常의 일에도 KISS 법칙은 적용된다. 있는 그대로 꾸밈없이 쉽고 단순한 게 좋다. 너무 꾸미거나 어렵고 복잡하면 감동은 커녕 오히려 역효과를 내기 쉽다.

마케팅기법에서도 KISS의 법칙이 적용되는데, 만병통치약이 횡행하던 과거와 지금은 분명 다르다. 어떤 제품이 더 날카롭고 뾰족하게 소비자 머릿속에 각인되는가, 하는 것이 관건인데, 세상에는 너무도 많은 제품들이 넘쳐난다.

소비자는 물건을 고르기 전에 지치고, 제품들이 각각 떠들어대는 많은 목소리에 모두 귀 기울일 필요가 없다. 소비자에게 다가가려면 많은 것을 얘기하기 보다는 단 한 가지를 날카롭게 얘기하는 것이 좋다. 여러 가지를 한꺼번에 얘기하는 것은 임팩트가 없다. 임팩트가 있는 KISS의 법칙을 기억하자!

설득을 위한 첫 단추는 복잡하고 어렵게 빙빙 돌려 말하는 것이 아닌, 단순함으로 간결함으로 '주의를 끄는 것'이다. 이를 활용해 SQ를 한 단계 업그레이드 하는 것은 어떨까?

26

레테르 효과

내가 그 사람에게 기대하는 바를 말하라

레테르 효과를 잘 활용하면 내 생각대로 상대의 행동이나 성격을 바꿀 수 있는 것이다.
칭찬의 효과를 100% 긍정적으로 활용할 수 있는 방법인 것이다.

히틀러에게 영국 상륙을 단념시킨 것으로 유명한 영국의 명 수상 윈스턴 처칠은 레테르 효과를 잘 활용한 명인이었다. "무언가 장점을 지니게 하고 싶다면, 그 장점을 등에 업도록 한다" 라는 말 그대로 일을 서두르는 사람에게는 "자네는 아주 결단이 빠를 것 같군 그래." 실수를 하지 않기를 바라는 사람에게는 "자네는 보기에도 치밀하게 일을 처리할 것 같아"와 같이 라벨을 붙였다고 한다. 이렇게 하여 처칠은 "지도력 있고 사람을 움직이는 명인", "자기 생각대로 부하를 움직일 수 있는 명인"이라는 평가를 쟁취한 것이다.

이는 심리학에서 말하는 '인지 부조화이론Theory of cognitive dissonance'과 관련이 있다. 사람들은 누구나 자신의 생각이 남들에게 알려지면, 그 생각대로 말이나 행동을 하게 되는 것을 말한다. 이는 남들에게 알려진 자신의 말과 행동이 이미 알려졌기 때문에, 자신의 말과 행동을 그에 맞추려하는 것이다. 만약 당신이 '힘들어 죽겠어, 짜증난다'라는 말을 습관처럼 달고 산다면 자신의 인생이 정말 힘들어지고 짜증나게 바뀔 것이다.

대화는 그 사람의 성격을 반영한다

사람들마다 대화하는 스타일이 참 다르다. 어떤 이는 대화를 하고 있으면 기분이 좋아지고 에너지가 충전되는 느낌을 받는 이가 있는가하면, 어떤 이와 대화를 하고 있으면 자신도 모르게 기분이 다운되고 에너지를 뺏기는 느낌을 받는다. 전자는 늘 곁에 두고 싶은 사람이지만 후자는 두 번 다시 만남을 지속하고 싶지 않은 사람이다.

대화에는 스타일이 있다. 사람마다 개성이 있고 특성이 있듯이 대화에도 스타일이 있다. 특히 필자가 겪어본 많은 사람들 가운데, 유난히 표정이 어둡고 부정적인 말을 많이 하고, 내성적인 사람들은 가까이 하기에 뭔가 유쾌하지 않다. 실제로 그런 식의 커뮤니케이션을 하는 사람들의 성격 역시 내성적이거나 부정적이어서 굉장히 좁은 식견으로 세상을 바라보는 이였다. 그릇자체가 작은 사람인 것이다.

생각하는 것 자체가 좁으니 인간관계 역시 매끄러울 리 없는 사람인 것이다. 똑같은 상황에서 대화를 하더라도 이런 사람들은 자신의 자기 중심적 관점을 가지고 늘 부정적으로 생각하고 대답을 한다. 하지만 유쾌한 사람들은 상대의 발언을 존중해주면서 성의있게 대답을 하며 솔직한 자신의 감정을 전달한다. "오늘 당신과 함께 있어서 즐거웠습니다", "당신 이야기 참 고마워요", "네, 좋은 생각이네요"와 같은 긍정적인 코멘트로 클로징을 해주는 것도 상대에게 좋은 인상을 남긴다. 남녀간의 대화에서도 마찬가지다.

남자는 결론 지향적 대화를 하고 여자는 관계 지향적 대화를 하기 때문에 두 사람 간의 대화의 골은 깊어질 수 있지만, 기본적으로 대화에서는 그 사람의 성격이 반영되기 마련이다.

그렇다면 매력적인 성격이란 무엇일까? 모 대학에서 실시한 통계조사에 의하면, 여성의 경우 매력적인 이성의 성격 중 가장 크게 생각하는 부분은 배려심과 자상함, 성실함이다. 필자의 경우도 남성을 보는 가장 큰 척도를 '큰 그릇을 가진 마음이 큰 사람' 동시에 '믿음을 주는 성실한 사람'이다.

친절한 배려를 가지고 상대방을 인정하는 말을 하는 사람에게는 더 많은 것을 챙겨주고 싶다. 이런 이들은 남들에게 호감을 주는 사람인 것이다. 나보다 남을 인정하고 배려하기 때문이다.

내가 기대하는 바를 상대방에게 말하자

그렇다면 남을 인정하고 내 페이스대로 움직이기 위해 유용한 팁을 하나 일러주려 한다. 바로 내가 그 사람에게 기대하는 바를 말해두는 방법이다. 이른바 심리학자들은 이를 '레테르 효과'라 부른다.

일단 특성화시키면 상대도 거기에 따른 행동을 하게 마련이라는 의미인 것이다. 이는 라벨에서 나온 말인데, 상품명 및 상품에 관한 여러 사항을 표시한 종이나 헝겊조각을 말한다. 즉, 레테르letter라고도 한다. 모두 잘 알겠지만, 상품용기나 포장물 등에 붙일 목적으로 만들어지는 것이다.

라벨표시의 중심은 상품명과 상표인데, 상품에 관해 올바르게 알 권리를 주장하는 소비자의 요구에 따라, 내용 · 품질 · 성분 · 원자재 · 규격 · 용량 · 제조연월일 · 제조 및 판매원 · 사용방법 등이 기재되는 것이다.

즉 그 사람을 내가 원하는 방향으로 이끌고 갈 수 있는 아주 유용한 방법인 것이다. “당신은 정말 친절하신 것 같아요”라는 말을 듣는 상대는 그 기대를 져버리지 않기 위해 더 친절한 행동을 하기 위해 노력할 것이다.

웅진그룹의 윤석금 회장도 직원들에게 사기를 저하시키는 말이나 기분 나쁜말로 지시하지 않고 직원들의 마음을 움직여 일하게 한다고 했다. 즉 최고의 리더가 된다는 것은 자기밑의 사람을 자신이 마음먹은 대로 움직일 수 있는 능력을 갖추는 것을 말한다. 여기에 중요한 점은 맘에 들지 않게 일처리를 했다고 해서 비난하거나 욕을 하면 안 되고, 본인이 깨달을 수 있게 다른 예를 들어서라도 “저번 일은 참 잘 처리했는데, 이번 일도 그런 식으로 다시 한번 생각해 보게”라고 말한다는 것이다.

레테르 효과는 인지부조화 이론과 일맥상통한다

이는 교육학에서도 많이 쓰이는 방법으로 칭찬을 많이 듣고 자란 아이들이 비난만 듣고 자란 아이들보다 밝고, 더 많은 것을 이루어 낼 가능성이 큰 것이다. 어릴 적부터 늘 “역시 우리 딸은 최고야. 머리도 좋고 늘 노력해서 공부도 잘하고 이쁘니 말이야”라고 칭찬을 듣고 자란 아이는 아무래도 그 말대로 행동하지 않을 수 없는 것이다. 인간은 다른 사람이 붙여준 레테르에 대단히 약한 것이다.

레테르 효과를 잘 활용하면 내 생각대로 상대의 행동이나 성격을 바꿀 수 있는 것이다. 칭찬의 효과를 100% 긍정적으로 활용할 수 있는 방법인 것이다. 일단 상대방에 대한 이미지를 부여해두면 상대도 거기에 반하는 행동을 하기가 쉽지 않기 때문이다. 레테르 효과는 생각보다 크게 작용한다. 말의 견인력이란 생각보다 크다.

27

협상의 법칙 적용하기

상대방의 욕구를 파악하고 활용하라

협상력은 어떤 사람으로 하여금 어떤 일을 하도록 설득하는 능력이다. 즉 상대의 interest를 파악함으로써 상대방의 생각을 바꾸는 기술인 것이다.

Any given Sunday1999란 영화를 보면 '알파치노'가 이끄는 마이애미 샤크 팀이 전미 풋볼연맹 챔피언십을 연속 두 차례나 거머쥐었다. 그러나 그 팀은 매너리즘에 빠져 3연속 패배의 구렁텅이에 빠졌고, 경기마다 관중의 수는 줄어 들었고 선수들의 나이도 늘어났다.

팀의 존재를 결정짓는 마지막 경기에서마저 지게 되면 이 팀은 해체위기에 놓여 있다. 경기결과에 따라 나이 있는 선수들은 은퇴를 해야 할 수 있는 것이다. 경기시작 3분전, 팀의 사활을 건 마지막 게임의 카운트다운을 앞두고 알파치노는 이렇게 말한다.

"우린 지금 지옥에 와있다. 여기에 머물러 있으면서 굴욕적으로 패배를 하던가 아니면 싸워서 광명을 얻어 지옥에서 올라올 수 있다. 모든 게 오늘 결판나고, 우리가 온전한 팀으로 소생하든가 부숴지든가의 기로이다. 인생은 1인치의 게임이다. 풋볼도 그렇다. 인생에서건 풋볼에서건 오차범위는 매우 작아서 반걸음만 늦거나 빨라도 성공할 수 없고 반초만 늦거나 빨라도 잡을 수 없다. 모든 일에서 몇 인치가 문제야. 경기중에서 생기는 기회마다 매분, 매초마다 그래. 우리는 그 인치를 위해 싸워야 해. 그 인치를 위해 주먹을 움켜쥐어라! 그 인치들을 합치면 승패가 바뀐다는 것을 삶과 죽음이 바뀐다는 것을 우리는 알기 때문이다! 어떤 싸움에서든 죽을 각오가 돼 있는 사람만이 그 인치를 얻는다. 옆에 있는 동료를 봐라! 그의 눈을 들여다 봐! 당신을 위해 희생할 각오가 보일 거다. 그 인치를 위해 주먹을 움켜쥐어라! 나같이 늙고 온갖 실패를 다한 사람도 아직 그 인치를 위해 싸우고 죽을 각오가 돼 있다. 그게 인생이기 때문이다."

사람의 마음을 움직이는 협상의 기술

상대방이 내 맘대로만 움직여 준다면 얼마나 좋을까? 내 애인이 내 맘을 진정으로 알아주면 얼마나 좋을까? 이렇게 힘들고 어려운 상황에서 온전히 나를 위해서 시간과 노력을 해준다면 행복할텐데... 내 남편이 내 뜻대로만 살아주고, 늦게 들어오지 않고, 바람피지 않고, 내게 늘 충성한다면 스트레스 받는 일도 없을 텐데...내 직원들이 내 맘대로 내가 지시한 대로 척척 움직여 준다면 회사매출도 끌어올리고 스트레스 받는 일도 없을 텐데... 어제 무심코 던진 말로 친구가 연락을 끊고 오해를 하고 있는데, 이 답답한 마음을 받아 주지도 않고 오해만 하고 있는 내 친구,정말 말로는 안 통하는 걸까?

어제 애인과 말다툼을 하다가 결국엔 헤어지자고 말해 버렸는 데, 사실은 '내 마음을 몰라주는 섭섭함에서 나온 말일 뿐이었는 데, 내 마음과는 다르게 말이 앞서버렸네.' 어찌 내 남자의 마음조차 쥐락펴락하지 못하는 걸까?

우리는 이렇게 늘 언제나 사람 때문에 마음 아파하고, 사람 때문에 즐거워하고, 사람 때문에 노여워한다. 어쩔 수 없는 일이다. 우리 인간은 사람 속에서 태어나 사람 속에서 살다가기 때문이다.

알파치노의 스피치에 협상의 법칙을 적용할 수 있다

우리는 스피치를 할 때 기억해야 할 협상의 법칙이 있다. 설득이나 협상에서는 인간의 미묘한 심리가 결과에 엄청난 차이를 가져오는 경우가 있다. 사소한 말 한마디, 말할 때의 뉘앙스나 말투, 무심코 취한 몸짓하나, 손짓하나가 성공과 실패의 명암을 가르는 것이다.

Richard Shell에 따르면, 협상이란 자신이 상대로부터 무엇을 얻고자 하거나 상대가 자신으로부터 무엇을 얻고자 할 때 발생하는 상호작용적인 의사소통 과정을 일컫는 것이다. 즉 협상은 사람의 마음을 움직이는 기술인 것이다.

협상의 기술을 터득하면 기업에서는 금전적 이득을 발생시킬 수 있고, 개인적으로 역시 사람의 마음을 건드리기 때문에 사람의 마음을 얻는 스피치를 할 수 있으며 더불어 금전과 관련된 협상에서 더 우위를 점할 수도 있는 것이다. 첫째, 상대방이 원하는 것 interest가 무엇인지를 찾아야 한다. 둘째, 그렇지 못한다면 creative option을 개발해야 한다. 셋째, 상대의 숨은 interest를 자극해, 넷째, win－win 협상이 되도록 하는 것이다.

Roger Fisher 교수는 "Yes를 이끌어 내는 힘"이란 저서에서 '협상력은 어떤 사람으로 하여금 어떤 일을 하도록 설득하는 능력이다.' 라는 말했다. 즉 상대의 interest를 파악함으로써 상대방의 생각을 바꾸는 기술인 것이다.

다시 알파치노의 스피치로 돌아와서 살펴보면, C H C S가 있다. 먼저 C란 선택으로 어떤 길을 갈 수 있는지를 극적인 대비 효과로 보여주는 것이다. 현 상황의 참담함을 이어가느냐, 아니면 이기고 밝은 미래로 가느냐하는 기로에 있다는 말로 상대방의 욕구Interest를 자극하는 것이다.

둘째, H HOW-to 방법, 방향을 제시해주는 말을 하는 것이다. 인치를 잡고 팀으로 뭉쳐야 산다는 방법을 제시하고 있다.

셋째, C Confidence자신감을 북돋아주는 말을 하는 것이다. 나같이 늙고 실패를 한 사람도 하는 데, 너희들도 할 수 있다며 상대방의 욕구를 계속 공략하는 것이다. 이는 상대방의 역량을 최대로 이끌어 내는 힘이 되는 것이다.

마지막으로 S Storytelling이 있는 것이다. 팀원들을 감동시키는 그의 스토리가 있었다. 자신이 가진 돈, 사람을 비롯한 모든 걸 잃었던 자신의 이야기를 들려주는 것이다.

그의 말에 감동을 받은 선수들의 마음을 움직였다. 마음이 움직였으니 선수들은 행동으로 옮겼고 팀의 변화를 가져온 것이다. 해피엔딩이다.

상대방의 욕구를 파악하고 이를 잘 활용해 마음을 움직여야 한다

협상에서 쓰이는 상대방의 욕구를 파악하면 스피치도 편해진다. 그들의 욕구를 건드리는 스피치를 하면 되기 때문이다. 상대방의 욕구를 파악해 나의 이야기를 들려주고, 선택하게 하고, 자신감을 심어주고, 방법이나 방향을 제시를 해주면 어떤 스피치라도 파워가 생긴다.

상대를 변화시키고 싶은가? 그렇다면 상대가 원하는 것이 무엇인지를 먼저 파악하라. 상대의 숨은 욕구를 건드려주면, 상대의 반응이 어떻게 나올지 읽을 수 있는 것이다. 많은 이야기를 길게 한다고 꼭 상대방의 마음을 움직일 수 있는 것은 아니다. 상대가 원하는 것이 무엇인지를 파악하고 스피치 전략을 세워야하는 것이다.

지피지기면 백전백승이라고 했다. 상대가 원하는 것이 무엇인지를 알고, 그것을 질 파악하고 있다면 반은 성공한 것이다. C H C S의 법칙은 상대방의 마음을 움직이게 만드는 힘이 되는 것이다. 즉 상대방의 욕구를 자극하는 것은 상대방의 자발적인 욕구를 불러 일으키는 일이다. 자발적으로 마음이 통하는 것과 억지로 시키는 것은 그 결과에 있어 엄청난 차이를 불어오는 것이다. 욕구가 움직여야 사람의 행동도 움직인다는 것을 기억해야 한다.

마틴 루터 킹의 스피치

잘 알려져 있다시피, 마틴 루터 킹 목사는 위대한 비폭력 인권운동가이다. 그는 비교적 경제상황이 좋은 집안에서 태어나 대학교육까지 받았지만, 백인 우월주의가 팽배한 상황 속에서 흑인의 인권을 보장받도록 하기에는 가진 힘이 미약했다. 그 역시, 흑인이었기 때문이다.

그러나 그에게는 다른 백인들이 가지지 못한 무기가 있었다. 누구보다도 감동적인 연설을 할 수 있었던 것이다. 그것은 아무리 훌륭했어도 단지 흑인일 뿐이던 한 작은 목사가 노벨평화상을 받게 해주었으며, 수백 년 간 지속된 인종탄압의 맥을 끊고 위대한 업적을 남길 수 있는 원동력이 되어 주었다.

길거리를 걷다가 이유없이 폭행을 당해도 항의할 수 없었던 시대였다. 그런 상황 속에서 정의를 부르짖는 것은 좀처럼 할 수 없는 일이다.

그러나 그의 연설은 힘없는 민중들을 하나로 만들었고, 맨 몸의 그들에게 용기를 불어넣어 주었으며, 더 나아가 보통 인내심으로는 할 수 없는 비폭력의 원칙을 수용할 수 있게 까지 하였다. 매 순간의 시련마다 피로 얼룩진 흑인들의 가슴을 명의의 손길처럼 어루만져 주었으며, 주저앉아 울부짖던 그들이 다시 일어설 수 있는 빵과 물이 되어 주었다.

게다가 백인들조차도 그의 연설에 양심이 깨어나 지지를 하게 될 만큼, 인간본성에 호소한 위대한 것이었다. 그 누구라 해도 사람의 마음을 가졌다면 그의 이야기를 듣고 눈물을 흘리지 않을 수 없었던 것이다.

이러한 탁월한 말하기의 성공비결은 그가 청중의 심리를 잘 파악하여, 그 안에서 잠재력을 끌어내는 탁월함을 가졌기 때문이었다. 이를 위해 그는 다양한 비유법과 수사법을 택했다. 그래서 마틴 루터 킹 목사의 연설은 '문학적'이라고 해도 좋을만큼 아름답고 감각적이다.

> 친구들이여, 사람들이 학대라는 구두 발에 짓밟히는 것에 지칠 때가 있습니다. 7월의 빛나는 태양에서 쫓겨나 11월 알프스 산맥의 날카로운 한기 속으로 내동댕이쳐지는 것에 지칠 때가 있습니다. 오늘저녁 우리가 여기 모였습니다. 이제 우리가 지쳤기 때문입니다.

마치 한용운의 시, 『님의 침묵』을 떠올리게 할 만큼 아름다운 표현으로 가득찬 이 연설은 '몽고메리 버스 보이콧 사건'으로 흑인인권운동의 첫 발을 내디딜 당시의 것이다.

그때 흑인들은 보이콧의 첫 성공으로 다들 들떠하고 있었다. 하지만 이것을 끝까지 이어가지 못한다면 그것은 의미를 잃게 되는 것이다. 그러나 계속해서 보이콧을 이어간다면 곧 백인들의 탄압에 저지될 수 있다는 것을 모두 알고 있었다. 그들은 다음단계로 넘어가 끝까지 저항하느냐, 아니면 여기서 그냥 주저앉고 마느냐하는 선택의 순간에 서 있었다. 킹 목사는 그들을 끝까지 이끌기 위해선 한때의 감정만으로는 불가능하다는 것을 알고 있었다.

은유법이란 사물의 본뜻을 숨기고 보조관념들을 제시하여 인상적으로 표현하는 것을 말한다. 그가 만약 '알프스 산맥의 날카로운 한기'라는 돌려말하기 방식을 사용하지 않고, 직접적인 표현으로 백인들의 폭압을 이야기했다면, 화르륵 불타오른 사람들의 분노는 백인들에게 폭력으로 맞서게 하였을 것이다. 그러나 그것은 계란으로 바위치기나 다름없다. 곧 백인들의 무지막

지한 권력 앞에 사그러들어, 어쩌면 다시 일어설 용기조차 잃게 될 수도 있다. 빨리 달구어진 냄비가 더 빨리 식듯이 말이다. 그러나 은근하게 타오른 장작불은 꺼지지 않고 오래가는 법이다. 당시 몽고메리 보이콧은 버스안에서 부당한 대우를 받았던 한 여자승객이 시발점이 되어 일어난 사건이다. 그러나 그 이면에는 오랫동안 억눌러 있었던 흑인들의 한이 숨어있다. 그리고 '11월 알프스 산맥의 날카로운 한기'는 흑인들의 '한'과 매우 잘 맞물리는 느낌을 가지고 있다. 그러한 '한'은 어떻게든 이 보이콧을 이끌어 가겠다는 굳건한 의지로 작용하게 되었다.

게다가 이러한 표현으로 그는 이 보이콧의 명분을 바로 서게 해주고 있다. 단순히 버스안에서 일어난 흑인에 대한 부당대우 때문이 아니라, 오랫동안 묵묵히 인내했기에 더는 견뎌낼 수 없어 부득이하게 일어섰음을 말하고 있는 것이다.

이밖에도 그는 감각적인 비유법과 대조법, 의인화까지 동원하여 매 연설마다 수많은 사람들에게 감동을 심어주었다.

그가 '시민권리 법안'을 국회에 통과시키기 위해 워싱턴 기념비에서 행진을 시작하자, 백인우월주의 테러단체 KKK단이 아무 죄도 없는 흑인소녀들을 죽이는 사건이 발생한다. 이때, 분노와 두려움으로 떨고 있던 민중들에게 그는 다음과 같은 연설을 했다.

> 죽음은 인생이라는 거대한 문장을 끝내는 마침표가 아니라, 보다 숭고한 의미를 부여하기 위해서 찍는 쉼표입니다. 죽음은 인류를 무의상태로 이끄는 막다른 골목이 아니라, 인간을 영생으로 이끄는 활짝 열린 문입니다

'죽음'을 각각 마침표와 쉼표, 막다른 골목과 활짝 열린 문으로 비유한 뒤 그 차이를 서로 대조시키고 있는 것이다. 그러므로 죽음을 두려워하지 말고 용감히 맞서라는 메시지를 보다 감동적으로 전달할 수 있었다.

1964년의 노벨상 수상 소감연설에서는 다음과 같은 의인화로 깊은 인상을

남겼다.

> 정의는 지금 거리에서 부상당해 뒹굴고 있지만, 언젠가는 더러운 먼지를 털고 일어날 것입니다.

그러나 무엇보다도 가장감명 깊은 연설은 워싱턴 동상 앞에서 했던 「I have a dream –나에게는 꿈이 있습니다」일 것이다. 이 연설속에서 그는 강조하고 싶은 문장을 반복함으로서 특유의 리듬감을 살리고 있다. 이러한 표현은 오바마 대통령의 연설에서도 찾아 볼 수 있는 것이다. 그도 2008년 대통령 당선 연설문에서 'yes, we can'을 반복힘으로써 특유의 리듬감을 살리고 사람들에게 깊은 인상을 심어준 것이다. 킹 목사의 연설하면 'I have a dream'이 떠오르듯 말이다.

> 나에게는 꿈이 있습니다. 조지아 주의 붉은 언덕에서 노예의 후손들과 노예주인의 후손들이 형제처럼 손을 맞잡고 나란히 앉게 되는 꿈입니디.
> 나에게는 꿈이 있습니다. 불의와 억압의 열기에 신음하던 저 황폐한 미시시피주가 자유와 평등의 오아시스가 될 것이라는 꿈입니다.

위와 같이 '나에게는 꿈이 있습니다 ~ 하는 꿈입니다'가 계속적으로 반복되고 있다. 조지아의 붉은 언덕이나 오아시스, 네 명의 아이들이 바로 구체적인 장면을 구성하는 요소다. 왜 킹 목사는 간단히 '흑인 형제들이여!' 하고 외치면 될 일을 이렇게 구체적으로 묘사했을까? 막연하게 그 사실을 묘사하는 것보다는 실제 존재하는 단어들을 사용해 묘사하면 청중들은 상상력을 동원하게 된다. 선명한 장면을 머릿속에 그리고 이내 상대의 말에 쉽게 공감하게 되는 것이다.

또한 연설의 후반부에서 "~에 자유의 노래가 울리게 합시다"를 반복함으로써, 마치 노래의 후렴구와 같은 분위기를 만들고 있다. 적절한 운율과 리듬감은 보다 사람들의 기억에 오래 남는다. 광고에 CM송을 사용하는 것 역시 같은 이유에서이다.

> 뉴 햄프셔의 높은 산꼭대기에 자유의 노래가 울리게 합시다.
> 펜실 베니아의 웅장한 엘러게이니 산맥에 자유의 노래가 울리게 합시다.
> 콜로라도의 눈덮인 로키산맥에 자유의 노래가 울리게 합시다.
> 캘리포니아의 구불구불한 산비탈에 자유의 노래가 울리게 합시다.

결국엔 "미국의 전 지역에서 흑인인권이 해방되도록 합시다"라는 이야기를 하고 있는 것이나, 그런 직접적인 표현보다 얼마나 인상 깊은 감동을 주고 있는가? 얼어 붙은 마음도 사르르 녹게 만드는 위대한 감성의 스피치라 말할 수 있겠다.

또한 이것은 그가 비폭력 무저항정신을 끝까지 이끌어 가는데 결정적인 역할을 하기도 했다.

우리나라도 일제시대에 3·1운동으로 비폭력 무저항정신을 보여준 바 있다. 그때의 경험으로 알다시피, 총칼로 덤비는 무자비한 탄압 앞에 맨 몸으로 맞서기란 쉽지 않은 일이다.

이에 대해 킹 목사는 뉴 햄프셔의 높은 산꼭대기나 펜실베니아의 웅장한 산맥처럼, 미국 각 지역의 자랑스러운 자연환경을 시적으로 표현함으로써, 흑인이나 백인 모두 같은 터전에서 살고 있는 '미국인' 임을 강조하고 있다.

이로 인해 연설을 듣게 된 흑인들은 백인에게 맞서 싸운다기 보단 자국인 '미국'의 발전을 위해 자신의 권리를 주장하고 있다는 느낌을 받게 된다. 흑백의 분열이 아닌 흑백의 통합을 위해 싸우고 있다는 메시지를 킹 목사는 전달하고 있는 것이다.

마지막으로 위에서 소개한 「I have a deam－나에게는 꿈이 있습니다」 연설당시의 모습을 통해 그의 스피치 특징을 살펴보자.

그는 일정한 톤을 유지하기 위해 노력하며 또박 또박 연설을 해 나갔다. 물론 억양의 높낮이와 같은 차이점은 있다. 강조하고 싶은 문구를 두

번 이상 반복하는 그의 특징 상, 'Now is the time'을 두 번째 발음할 때에는 좀 더 목소리에 힘을 실어, 박력있게 표현해 강조의 힘을 더욱 살리고 있다.

그 유명한 "I have a dream"을 반복할 때는, 말할 때마다 억양을 서로 다르게 해 반복이 주는 지루함에서 벗어났다. 예를 들어, 마지막 I have a dream은 보다 크고 높은 목소리로, 천천히 말을 했다. 마치 클라이막스 부분을 노래하듯이 말이다. 또한 고개를 좌우로 젓는 제스추어로 그 절실하고 안타까운 심정을 표현하기도 했다.

연설이 마지막으로 치닫을수록 그의 마음도 벅차올라 입술이 떨려오기도 했는데, 그럴 때는 두 손을 하늘로 번쩍 들어 보이기도 했다.

그의 모든 연설이 끝나자 청중들의 함성으로 장내는 떠들썩하게 달아올랐다. 그의 연설은 성공한 것이다.

이러한 성과는 하루 아침에 이루어 진 것이 아니다. 오랜 기간 쌓아온 끊임없는 노력과 철저한 준비가 결실을 맺었던 것이다.

킹 목사는 1958년 자신의 설교법을 좀 더 세련되게 하기 위해 당시 일류 TV설교자가 되기 위한 준비를 하고 있던 빌리 그래함을 찾아가기도 했으며, 펜실베니아 주의 대학생활 3년 동안 설교술 강의를 9개나 수강했다고 한다. 목사경력을 쌓는 동안 단 백여 개의 설교모델만 사용하여 필요와 생각에 따라서 변조, 변화시켜 새로운 연설을 만들기도 했다. 이러한 훈련과 피나는 노력이 역사에 길이 빛날 노벨 평화상을 안겨준 명연설을 탄생시켰음을 잊지 말자.

제4부

사람의 운명을 바꾸는 매력 스피치의 절대조건 1 - 聽

28

경청 스피치의 의미

'지혜는 듣는 데서 오고 후회는 말하는 데서 온다' –영국 속담
'모든 사람에게 너의 귀를 주어라. 그러나 너의 목소리는 몇 사람에게만 주어라' –세익스피어

시도 때도 없이 얼굴이 빨개지는 안면 홍조증에 걸린 29살의 여교사 양미숙은 영화 <미스 홍당무>의 주인공이다. 그녀는 영화 속에서 시시때때로 이 말을 읊조리며 절규한다.

"왜 나만 가지고 그래! 내가 뭘!"

가르치는 재주도, 재밌는 농담을 건넬 수 있는 위트도 지니지 못한 못생긴 노처녀선생의 말을 아이들은 들어주지 않는다. 사적인 대화를 나눠본 적이 없으니 당연히 선생님들 사이에서도 왕따다. 후줄근한 옷차림, 아무 이유도 없이 해대는 삽질 실제로 그녀는 학교앞의 땅을 아무 이유없이 파고 또 판다, 잘 씻지도 않고 아무 때나 빨개지는 얼굴 탓에 항상 움츠려있는 그녀에 대한 주변의 평판은 언제나 최악이다. 물론 그녀는 학창시절에도 내내 왕따였다.

그런 그녀가 세상을 향해 던지고 있는 말은 "내가 뭘!"이라는 억울함과 답답함이 섞인 호소뿐이다. 즉, '나는 아무 문제도 없는데 대체 내가 뭘 어쨌기에 너희들 모두 나한테 이러는 거야' 라는 자격지심과 열등감이 섞인 피해자 행세가 그녀가 타인들의 폭력으로부터 견디는 방법이다.

하지만 되짚어 보자. 그녀는 정말 피해자에 불과한가. '우리처럼 못생긴 것들은 남들보다 더 열심히 살아야 한다'는 자조적인 그녀의 말 속에는 마치 그녀 스스로의 인기없음, 시쳇말로 비호감의 원인을 외모의 탓으로만 돌리고 있지는 않은지, 누구와도 소통하려 하지 않으면서 얼굴만 붉히는 그녀에게 과연 누가 호의적 태도로 다가올 수 있을지 그녀는 왜 진지하게 생각해보지 않는 것일까?

양미숙처럼 극단적인 경우는 아니지만 이성에게든 동성에게든 쉽사리 호감을 얻지 못해 애를 먹는 사람들을 우리는 종종 볼 수 있다. 무난한 외모와 무난한 성격이지만 모임이나 대화의 주제에 쉽사리 끼어들지 못하고 구성원들 사이에서 겉을 도는 것 같은 존재감을 본인은 물론 구성원들까지 자각하게 만드는 사람들. 그들은 스스로의 불안정한 존재감으로 타인들을 불편하게 만든다. 그 불편한 기운, 불안정한 겉돎이 바로 비호감, 비인기캐릭터로 굳히기 한 판의 분위기를 조성하는 것이다.

대화는 one-way가 아닌 two-way

대화에는 일종의 흐름이 있다. 가령 어떤 모임에서 누군가 새로운 말을 던졌을 때 반응은 크게 두 갈래로 나뉜다. 그 주제를 부연하며 이어가는 쪽과 전혀 새로운 화제를 제시하는 쪽이다. 전자의 경우는 찬성과 반대의 의견이 모두 포함되는데 이때에 찬성을 하는 입장이라면, 제일 먼저 대화의 주제를 제시했던 사람의 의견을 경청했음을 확인시켜주는 긍정의 반응을 보여주는 것이 좋고, 그의 말을 이어받아 나도 수긍한다는 이미지를 심어주면 상대방 역시 나의 대화를 주의 깊게 들으려고 하면서 온화한 분위기가 형성된다. 반대의 의견을 제시할 때도 비록 자신이 상대방의 의견을 수렴하지는 않지만, 당신의 의견은 충분히 타당하고 가능성이 있는 부분이라는 것을 일목요연하게 정리해 제시해주는 것이 감정을 상하게 하지 않으면서 새로운 의견을 제시할 수 있는 좋은 방법이다.

전혀 다른 화제를 제시할 때에는 상대방이 말을 하고 있는 도중이라거나 구성원들이 활기를 지니고 이야기를 할 때에 끼어드는 형태가 되지 않도록 주의해야 한다. 또 새로운 화제의 영역을 제시함에 있어서도 구성원들의 관심사나 연관성, 연령, 직업따위를 고려해 주제를 이끌어 나가는 것이 청자들의 관심을 얻는데 유리하다. 이 세 가지의 말하기 형태는 각각 달라도 한 가지의 중요한 공통점을 지니고 있다. 바로 말하는 것보다 듣는 것이 중요하다는 점이다. 체로키 속담에는 이런 말이 있다.

"들어라. 그렇지 않으면 당신의 혀가 당신을 귀먹게 할 것이다."

이는 대화술에서 말을 하는 것보다 듣는 것이 얼마나 중요한지를 일깨워주는 말이다. 즉, 경청하는 자세가 곧 좋은 말하기로 이어질 수 있는 기본바탕이 될 수 있다는 것이다. 상대방의 말을 얼마나 잘 들어주느냐에 따라 신뢰가 쌓이고, 지혜도 얻을 수 있는 것이다. 말을 배우는 데 2년, 침묵을 배우는 데 60년이 걸린다는 말도 그래서 생기지 않았나 한다. 이청득심以聽得心이라는 격언도 마찬가지이다.

다시 영화이야기로 돌아가 보자. 비호감 노처녀 캐릭터 양미숙은 결국 어떻게 되었을까. 양미숙은 소통불가능했던 꽉 막힌 자신의 귀를 한 소녀에게 열어 놓는다. 한 소녀와 이야기하는 것, 즉 누군가의 이야기를 듣고 그 이야기에 침여하는 말하기 방식을 취함으로써 비로소 그녀는 한 소녀와 친구가 된다. 실제로 양미숙 같은 캐릭터가 아주 소극적인 변화로 인해 엄청난 퀸카로 돌변했다거나 최고의 리더가 되었다는 결말은 현실에서도 기대하기 힘들다. 따라서 영화 속에서 양미숙의 사소한 변화가 불러일으킨 아주 사소한 결말은 실제로는 무척 의미있는 변화라 할 수 있다.

어떻게 말해야 할지 알 수 없어 혼란스러운 그대들, 자신이 무슨 말만 하면 정적과 고요가 쓰나미처럼 몰려오는 것 같은 강박에 시달리는 그대들이여. 들으라. 아주 잘 들으라. 어릴 때 시험지를 풀다가 막힐때면 선생님은 당신에게 이런 조언을 했을 것이다.

'문제 속에 답이 있다.'

대화의 기술 역시 그 해답은 바로 '듣는 것'에 있다. 상대방의 말속에 당신에게 유려한 말솜씨를 선물할 키워드가 숨어 있다. 그 열쇠를 찾을 때 당신도 드디어 대화의 달인이 될 수 있을 것이다.

말을 잘하려면 잘 들어야 한다

굿 리스너listener는 굿 스피커speaker이다. 누구나 '나는 남의 이야기를 들어주는 건 잘 한다'라고 생각한다. 왜냐면 말하는 것보다 듣기만 하는 것이 훨씬 쉽다고 생각하니 말이다. 언어학자들이 말하기로 여자는 하루에 2만 단어 이상을 말해야 마음의 평화를 얻는다고 한다. 하지만 말을 통해 푸는 수다 역시 누군가가 들어주길 바라고 하는 말이다. 들어줄 사람이 필요한 것이다. 잘 들어주는 친구가 옆에 있기만 해도 그 친구에게 모든 이야기를 하게 된다. 인간의 얼굴에 입은 하나지만 귀가 두 개인 이유도 '말하는 것보다 듣는 것을 두 배하라'는 조물주의 뜻이다.

인간은 해를 향해 몸을 기울이는 식물같이 본질적으로 치유를 향한 굴지성을 가지고 타인을 향해 몸을 기울인다. 누군가 내게 먹을 것을 주는 것보다 내 말을 들어주는 것이 더 중요할 때가 있다.

많은 사람들이 자신의 이야기를 하고 싶어하고 누군가가 들어주기를 바란다. 의사소통 전문가의 말에 의하면 보통 사람들은 자기가 듣는 메시지의 25%정도만 경청한다고 한다. 하지만 제대로 의사소통을 한다는 것은 '말하는 것'과 '듣는 것'이 완벽한 조화를 이루어야 한다. 어찌보면 듣는 것만 잘해도 말 잘하는 사람이 될 수 있는 것이다.

영국속담에 '지혜는 듣는 데서 오고 후회는 말하는 데서 온다'는 말이 있다. 말을 많이 하다보면 실수가 따르지만 잘 들어 주다보면 그 사람의 진정한 친구가 될 수 있다. '경청 스피치'는 말 잘하는 것보다 더 한 수 위이다. 그야말로 '일석이조'인 경우인 것이다. 다른 사람의 생각이나 고민을 들어 주면서 진정한 말동무를 만들 수도 있으니 말이다.

29

온 몸으로 받아주자

1대 2대 3의 법칙

1대 2대 3의 법칙을 잘 활용하면 굿 스피커가 된다. 이는 즉, 한 번 자기 자신이 말하면, 두 번은 상대방이 말 할 기회를 주고 세 번 맞장구를 치란 얘기다.

부부 간 트러블을 겪고 있는 서은미 씨는 이혼을 결심할 만큼 남편에 대한 마음이 훌쩍 떠났다. 그런 마음을 터놓기도 힘들고, 변호사를 만나러 다녀보지만 변호사들의 사무적이고 거만한 태도 때문에 상담도 받기 싫어졌다. 그런 은미씨가 어떤 여변호사를 만나 사무실을 빙 둘러보며 퉁명스럽게 말을 걸었다. "변호사님, 이혼에 대한 상담을 받고 싶은데요" 그러자 여변호사는 재빨리 미소를 띄며,"무슨 문제가 있나봐요?"라고 물었고, "남편이 바람을 피는 것을 알았고 전 이혼을 결심했어요"라고 말하자 "어머, 이런 미인을 두고 바람을 피는 남편이 있어요? 마음 고생 심하셨겠네요?" 이런 여변호사의 동조하는 표정과 맞장구 한 마디에 은미 씨의 거만은 자취를 감추고 말았다. 그리고 은미씨는 다른 변호사에게 대했던 태도와는 달리, 자신의 고민과 걱정 앞으로의 미래에 대해 거리낌 없이 터놓게 되었다.

오프라 윈프리는 어떻게 세계를 움직이는 파워우먼이 되었을까?

누구나 다 말 잘하기를 원한다. 특히 요즘 같은 현대사회에서는 말잘하는 것 자체가 능력이다. 왜냐면 어떤 업무를 수행하더라도 각기 다른 직업에서도 자신의 의견이나 자신의 뜻을 효과적으로 전달할 수 있다는 것은 그 만큼 다른 사람들 보다 자신의 견해나 의견이 채택될 가능성이 높은 것이고, 똑같은 능력을 가지고 있다면 말 못하는 사람보다 말 잘하는 사람의 의견에 귀 기울일 수밖에 없다.

그만큼 말 잘한다는 것은 현대 사회에서 필수적으로 갖추어야 하는 능력 중에 하나이고 쉽게 되는 일은 아니다. 말하는 것을 보면 그 사람의 내면이나 인격이 묻어 나오기 마련이다. 그래서 말을 사상의 옷이라고 표현하기도 한다. 말을 잘하기 위해서는 어떻게 해야 할까?

먼저 말 잘하기 위해서는 스피킹 만큼이나 리스닝이 중요하다. 아니 더 중요하다. 우리가 영어공부를 처음 시작했을 때를 떠올려보자. 영어로 입을 떼고 외국인과 대화를 하기까지 먼저 듣기가 되어야하는 것이다. 상대방이 실컷 영어로 이야기하고 영어로 내게 질문을 던지는 데, 알아듣지 못하고서 제대로 답변할 수 없는 것과 마찬가지인 것이다.

옆집 누나처럼 편하게- 오프라 윈프리의 경청의 힘

세계를 움직이는 파워우먼 오프라 윈프리의 스피치를 살펴보도록 하겠다. 그녀는 지금 미국을 움직이는 하나의 힘이자 막강한 브랜드로 자리 잡았다.

미국을 '기회의 나라' '평등의 나라'라고 하지만 유색인종에 대한 편견은 여전히 존재한다. 이러한 미국사회에서 흑인이며 모든 악조건을 지닌 그녀는 그 모든 것을 극복하고 당당하게 성공했다. 세계를 움직이는 가장 영향력있는 인물 1위에 이름을 올리기도 한 그녀는 '오프라 윈프리 쇼'로 인해 많은 명성을 얻었다.

오프라 윈프리의 성공요인 가운데 하나를 나는 단연 경청傾聽이라 생각한다. 그녀의 게스트와의 대화를 살펴보면, 여러 사람들 앞에서 공개적으로 함께 울고, 웃고, 온몸으로 제스처 반응을 해주고, 때론 자신의 여러 아픈 과거경험을 털어 놓기도 하고, 게스트와의 거리를 좁히면서 마치 옆집 누나에게 편하게 얘기할 수 있는 분위기를 조성하는 것이다.

경청은 단연 스피치의 능력 가운데 최고이다.

혼자서 상대방의 반응도 살피지 않고 일방적으로 하는 이야기의 힘은 과거 히틀러에게나 가능했다. 2011년 그 유명한 <오프라 윈프리 쇼>가 막을 내린다는 소식에, 사람들은 새삼 그 존재감을 되새기며 감화를 표하고 있다. <오프라 윈프리 쇼>는 지금도 하루 시청자가 700만 명에 달하며, 20년 이상 인기를 구가해온 메가톤급 토크쇼였다. 미국뿐 아니라 방글라데시, 키프로스, 몽고 등 132여 개국에서 방영되어 광고수익만 해도 매년 2억 6천여만 달러에 이를 정도이니 이미 세계로 뻗어 나가는 위력이라 할 수 있다. 오프라가 이 쇼를 통해 소개된 책들은 베스트셀러를 보장받을 만큼 단숨에 미국 서점가를 휩쓸었으며, 절판되었던 책도 인기몰이에 힘입어 다시 살아나는 기적을 보였다. 책뿐만이 아니다. 쇼에서 입고 나온 블라우스는 판매사로부터 전화가 빗발칠 만큼 인기를 끌었으며 <오프라 가장 좋아하는 상품> 리스트에 선정된 블랙베리는 선풍적인 인기로 우리나라에도 소개가 되었다. 이처럼 그녀가 거론만하면 불티나게 팔렸기 때문에 폴 오워스는 '오프라가 입는 것이라면 시청자들도 구매할 것이다'라는 기사를 쓰기도 했다.

미국사회에서 토크쇼가 미치는 영향력은 십년넘게 무시할 수 없는 것이었지만, 이 정도까지 위력을 발휘한 쇼는 이제껏 없었다. 도대체 오프라 윈프리는 어떤 특별한 스피치 능력을 갖추었기에, 이런 신화를 이룩할 수 있었던 것일까? 말 한마디로 천냥빚을 갚는다고 속담으로만 알고 있던 말의 위력을 이렇게 눈앞에서 보게 되니 어떻게든 그녀만의 비밀을 알고 싶을 정도이다.

오프라 윈프리의 스피치는 한 마디로 말해 '감성의 스피치'라고 할 수 있다. 뉴스앵커의 자리에서 쫓겨나, 인기도 없는 아침방송으로 좌천될 만큼 약점이었던 그녀의 감성 스피치는 토크쇼를 통해 비로소 꽃을 피울 수 있었다. 그러나 혼자만 감성을 가지고 있으면 소용없다. 그 감성을 타인과 나누고 그로 인해 보는 이들의 마음이 따뜻해져야 훌륭한 스피치가 된다. 이러한 성공을 위해 그녀는 다음과 같은 방식을 택하여 토크쇼를 진행해 왔다.

가장 큰 특징은 바로 '경청'이다. 그녀는 언제나 많은 말을 하지 않는다. 대신 출연자들의 허심탄회한 이야기를 들어주는데 더 많은 시간과 노력을 할애한다. 그때의 오프라 윈프리의 눈빛과 표정은 말 몇마디보다 더 큰 감동으로 다가온다. 그저 형식적으로 장단을 맞춰주는 것이 아니라, 진심으로 경청하고 그 사람의 심정을 헤아리고 있음이 자연스럽게 얼굴에 드러나기 때문이다. 그래서 카메라맨은 이야기를 하고 있는 출연자뿐 아니라, 그 이야기를 들어주는 오프라의 얼굴도 종종 화면에 클로즈업으로 담는다. 이토록 이야기를 성심껏 들어주는데, 감동에 젖지 않을 사람은 없을 것이다.

그녀는 또한 출연자의 마음을 잘 헤아려 공감할 수 있는 말들을 한다. 그것이 설령 자신의 과거를 털어놓아야 하는 일일지라도 말이다.

잘 알다시피, 지금과 같은 그녀의 성공뒤에는 수많은 시련과 고통이 있었다. 그런데 그 아픔을 자신만의 비밀로 묻어두고, 다른 사람이 알게 될까봐 전전긍긍하지 않는다.

오프라는 자신의 쇼에서 마약에 관한 이야기를 하던 중 20대에 자신도 마약중독을 경험했던 것을 털어놓아 그 위험성이 얼마나 심각한지를 강하게 자각시키기도 했고, 14살에 미숙아를 낳아 2주 만에 잃은 경험을 살려, 다루기 힘든 성폭행문제 및 청소년들의 성문제를 보다 심도있게 다루기도 했다. 개인적 경험을 단지 뼈아픈 과거로만 묻어두지 않고, 오히려 다른 사람의 인생에 적극적으로 카운슬링할 수 있는 계기로 활용한 것이다. 아무리 대범하다 할지라도, 유명인일수록 이런 고백은 쉽지 않은 법이다. 그녀의 쇼에 출연했던 임산부이자 마약중독 치료중인 한 여성은, 갑자기 오프라가 "마약사용 경험"을 이야기했을 때 놀라기는 했지만, 오프라도 고칠 수 있었다는 데에서 큰 희망과 용기를 얻었다고 말했다. 아마 유명인인 오프라가 자신과 같은 경험을 했다는 것에 대해서도 공감할 수 있었을 것이다. 게다가 대본에 써있지 않은, 그녀의 산 경험이 묻어난 이야기들은 가장 감동적이고 리얼한 드라마이기도 하다.

또한 그녀의 질문에는 남들과 다른 특별함이 있다. 토크쇼의 질을 좌우하는 것은 진행자가 얼마나 좋은 질문을 했느냐에 따라 달렸다. 질문이 이야기를 이끌어내기 때문이다. 그녀는 다양하고 사려깊은 질문들로 풍부하게 이야기를 이끌어낸다. 더 나아가, 같은 주제라도 보다 진지한 고찰을 할 수 있게끔 유도한다.

유인력의 법칙을 다룬 <더 시크릿>에 대한 주제에서는, 그 힘을 직접 체험했다는 한 출연자가 다음과 같이 말한 적이 있다. "이것은 주문과 같은 것이다. 내 가족은 엉망진창이야" 라고 말하면 방금 그렇게 주문을 한 것이다.

그 이야기를 가만히 듣고 있던 오프라는 이 이야기가 자칫 추상적이고 어렵게 들릴 수 있음을 깨달았다. 또한 많은 사람들이 그런 말이 나쁘다는 것을 알면서도 자기도 모르게 한다는 것을 캐치해냈다. 그래서 다음과 같이 질문했다. "대부분의 사람들이 무의식중에 그런 주문을 하지 않나요? 무의식과 의식에 대해서 이야기해 보도록 할까요?"

이로 인해 그녀는 유인력의 법칙에 대한 시청자들의 이해와 잘못된 사고습관을 고치는데 구체적인 도움을 줄 수 있었다. 그리고 무의식과 의식이라는 보다 심도 높은 고찰을 해낼 수 있도록 심층적으로 파고드는 장까지 마련하였다.

그녀의 질문은 또한 그 사람의 진솔된 모습을 이끌어내는데 탁월함을 가지고 있다. 특히 스타들이 출연자로 나올 경우, 보통의 토크쇼에서는 그들의 사생활을 캐물으며 가십거리로 활용하려는 데에 초점을 맞춘다. 하지만 그녀는 그 사람의 인간적인 모습, 내면에 감춰진 진짜 모습을 끌어내는 질문들을 한다.

1993년, <제트>는 오프라라는 단어의 의미가 '고백을 이끌어 내기 위해 친근한 어조로 끈기있게 질문을 하는 것'이라고 평했으며, <월 스트리트 저널>은 보이지 않도록 내면깊숙이 감추어 두었던 속내를 만인 앞에서 드러내 보이게 만드는 방식을 '오프라화'라고 한다고 평했다.

그러나 많은 사람들 앞에서는 누구든 쉽게 경계를 풀 수 없을 것이다. 특히나 공인의 입장에 있는 스타라면 더욱 그럴 것이다. 그럼에도 그녀의 질문이 통할 수 있었던 것은, 출연자가 가장 편안하게 이야기할 수 있도록 항상 배려하기 때문이다.

그녀가 자주하는 말은 다음과 같다. '걱정하지 마십시오. 당신은 자신이 누구인지만 알면 됩니다.' 이런 그녀의 마인드 앞에서는 어떤 사람이라도 수 십대의 카메라와 수많은 시청자들을 잊고 진정한 자기 자신을 보이지 않을 수 없게 된다.

최고의 톱스타 탐 크루즈는 케이티 홈즈와의 열애설이 돌던 초기, 오프라 윈프리의 쇼에서 그 기쁨을 낱낱이 표현하기도 했다. 소파위에 올라가 방방뛰며 "아이 러브 케이티 홈즈"를 외쳤던 것이다. 지나친 오버액션으로 구설수에 오르긴 했지만 그때 만큼은 자신이 톱스타임을 잊고 한 여자를 사랑하는 남자로 돌아간 게 아니었을까? 최고의 가수이나, 많은 곡절을 겪어야 했던 휘트니 휴스턴 역시 그녀의 쇼에서 자신의 경험에 대해 진솔한 이야기를 털어놓기도 했다.

농담을 할 때도 그녀는 출연자들에 대한 배려를 잊는 법이 없다. 앞서 예시를 들었던 <더 시크릿>을 다룬 토크쇼에서, 출연자의 이야기를 광고시간 때문에 어쩔 수없이 끊어야 한 적이 있다. 그때 그녀는 "<더 시크릿> DVD에는 광고가 없는 점이 참으로 좋습니다"라고 말하여 그 사람의 상한 마음을 풀어주고 청중들을 즐겁게 하는데 일조하였다.

또한 그녀는 출연자들을 차별하는 경우가 없다. 일반 출연자들과 톱스타가 함께 나왔다면 다른 사람들은 톱스타들에게 스포트라이트를 비추는데 집중할 것이다. 그러나 그녀는 톱스타가 오히려 일반 출연자의 고민을 함께 나눌 수 있도록 유도한다. 그로 인해 일반인 출연자는 존중을 받을 수 있으며, 톱스타는 인간적인 모습을 보임으로써 보다 대중들과 가까워지게 된다. 결국 출연자의 출연자에 의한 출연자를 위한 토크를 하는 것이다.

하지만 그녀의 말투는 침착하고 딱 부러진다. 감성적인 스피치라 해서 구구절절 눈물 짜내는 이야기를 엿가락 늘리듯 늘려가며 하는 것이 아닌 것이다.

감성 스피치는 말을 많이 하고, 이야기를 장황하게 풀어내야 이룰 수 있는 것이 아니다. 한 마디 말을 해도 그 안에 사람의 심금을 울릴 수 있는 깊이를 담아내는 것이 중요하다.

그래서 사람들은 그녀의 감동적인 말들을 모아 <오프라 윈프리의 어록>이라 부르기도 한다. 어록에 실릴 수 있는 말들은 대부분 한 장이 넘어가는 긴 말들이 아니다. 단 몇 줄의 문장으로 정리되어 질 수 있는 군더더기 없는 말들이다.

1대 2대 3의 법칙은 경청 스피치의 룰

진정한 리더는 독선이나 독재가 아니라 남의 말을 귀 기울이며 듣는 것이다. 말 듣기에 강한 사람이 인간관계에서도 성공한다는 걸 본인은 많은 경험을 통해 보아왔다. 상대방을 진심으로 내 사람으로 만들고 싶다면 마음으로 듣고 진심으로 공감하고 반응해야 한다. 만일 상대방의 마음을 굳게 닫아버리고 싶다면 계속 내 얘기만 하면 된다.

그래서 1대 2대 3의 법칙을 잘 활용하길 바란다. 이는 즉, 한 번 자기 자신이 말하면, 두 번은 상대방 사람이 말할 기회를 주고 세 번 맞장구를 치란 얘기다.

상대방을 인정하고 대화를 시작한다면 귀로만 경청할 것이 아니라 눈으로, 입으로, 손으로, 온몸으로 반응하는 순간 당신과 나 사이의 거리는 상당히 좁혀져 있을 것이다. 말을 배우는 데는 2년이 걸리지만 침묵을 배우는 데는 60년이 걸린다고 한다.

누구나 듣기보다 말하기를 좋아하는 이유는 상대방을 이해하기 전에 내가 먼저 이해받고 싶은 욕구가 강하기 때문이다. 이해를 받으려면 내가 먼저 상대에게 귀 기울여야 한다.

먼저 이해하고 다음에 이해받으라. 말하기를 절제하고 먼저 상대에게 귀기울여 주자. 그러면 스피치에서 뿐 아니라 이미지 메이킹 관점에서도 모두 윈윈 효과를 볼 수 있으리라 믿어 의심치 않는다. 기억하자. 1대 2대 3의 법칙!!

30

누가 내 얘기 좀 들어줄래요?

듣는 일은 매우 중요하다. 사람은 타인에게 가장 호감을 느낄 때가 자기의 이야기를 들어줄 때라 한다. 잘 듣는 사람은 말하는 사람 이상으로 이득을 얻을 수 있다.

자살을 결심하고 한강변에서 고달픈 삶을 정리하기 위해 서있는 여인. 그녀를 살릴 수 있는 방법은 없을까? 아마 그녀의 이야기를 들어주는 것일 것이다. 그녀가 왜 무슨 사연으로 자살까지 결심하며 자신의 몸을 던져가며 삶을 포기하고 싶은지 그녀만의 이야기가 있을 것이다. 그녀를 죽음으로까지 몰고 간 좌절감이나 우울감, 고독감, 세상에 대한 배신, 혹은 견딜 수 없는 외로움 등등…. 여러 이유가 있을 테지만 그녀는 분명 혼자서 마음의 결정을 했을 것이다.

사실, 알고 보면 죽을 일까지는 아닌데 그녀를 이해해주는 사람이 없을거라는 생각을 했을 것이다. 죽고나면 자신의 심정을 이해해주겠거니 했을 것이다. 만약 유서를 써놓지않고 자살한다면 이해 받기는 커녕 많은 오해와 추측이 오갈 것이다.

세상에 자살을 결심하고 있는 많은 이들이여! 자살만은 말지어다. 그런 위험한 상황을 구해낼 수 있는 힘은 바로 그 사람의 이야기를 내 얘기처럼 잘 들어주는 것일 거다. 그리고 진심어린 공감을 해주며 도와주고 해결해 주려한다면, 그런 극단적인 결론까지 내리지 않아도 될 것을 참으로 안타깝다.

사실 우리네 인생을 사는 가운데 어찌 즐거운 일들만이 있겠는가? 가슴 사무치게 마음 아프고, 답답한 마음이 들고, 눈물만 흐를 때, 삶에 대한 의욕마저 잃게 되기도 한다.

최고의 감동은 잘 들어주는 데서 시작한다.

필자 역시 그런 마음을 문득문득 느끼기에 그런 불안정한 마음상태를 누구보다도 공감하고 이해한다. 그런 마음상태에서는 내 얘기를 잘 들어주는 그 누군가가 단 한 사람이라도 있다면 정말 마음이 편해진다. 우리는 누구나 자신의 이야기를 들어줄 수 있는 그 누군가의 따뜻함을 언제나 그리워하고 있는지 모르겠다. 우수수 떨어지는 낙엽에 마음이 공허해지는 때이면 더더욱 마음의 고향을 찾고 싶은지도 모르겠다.

미니애폴리스의 한 성인학교의 말하기 강좌와 듣기 강좌가 개설되었는 데, 말하기 강좌는 언제나 만원이었지만 듣기 강좌의 수강자는 늘 다섯 사람 미만이라 폐강이 되곤 했다.

우리들은 말 잘한다고 하면 청산유수처럼 현학적 표현을 써가며 설득을 잘하는 것이라 생각지만 듣는 것만으로 상대를 만족시키고 행동을 변화시킨다는 것을 잘 알지 못한다.

가장 현명한 방법은 어떤 오해가 생겼을 때, 문제의 당사자와 직접 해결을 보는 것이 좋다. 확인을 하지도 않고 그 말을 믿었다간 필자처럼 너무도 큰 피해를 볼 수 있기 때문이다. 문제가 생겼다면 혼자서 해결하려고 노력할 것이 아니라 문제의 핵심을 파악하고 있는 사람에게 상의하는 것이 가장 현명하다. 오해는 또 다른 오해를 불러일으키기에 항상 짚고 넘어가는 것이 좋다. 그리고 문제를 상의할 수 있는 어떤 누군가를 꼭 만들어 두는 것이 필요하다.

그때 그 사건을 겪고 난뒤 '누군가의 말을 액면 그대로 받아들이지 말자', '아무리 극한 상황이라도 혼자서 속상한 상태에서 결정하지 말자'라는 교훈을 마음에 새기게 됐던 것이다.

자신의 모든 것을 털어놓고 얘기할 수 있으며 자신의 일에 웃고 울어줄 수 있는 친구가 하나만 있어도 성공한 삶이라 한다. 마찬가지 이야기로, 어떤 칭찬에도 동요하지 않는 사람도 자신의 이야기에 마음을 뺏기고 있는 상대에게는 마음이 흔들리고 기대고 싶은 마음이 생기는 것이다. 대개 경험이 많은 사람이 현명해지는 것처럼 많이 들은 사람이 말을 잘하는 것은 인지상정일 것이다. 자기 할 말만 생각하느라 듣는 귀를 닫아두는 사람들이 많다.

경청과 이해는 쌍둥이다

하지만 높은 지위에 있거나 진정 마음이 크고 그릇이 큰 사람은 이야기를 잘하는 사람보다 잘 듣는 사람을 좋아한다. 그런데 우리는 의외로 듣기보다는 말하기를 좋아한다. 타인의 입장에서 그들을 이해하고 같이 고민하고, 같이 의견을 모아주는 이를 어찌 사랑하지 않을 수 있는가?

상대방을 이해하기 위해서는 대화에 집중해야 한다. 그러기 위해서는 대화상대에게 몸을 기울이고 상대를 바라보면서 의식적으로 상대의 사고

세계를 쫓아가도록 노력해야 할 것이다. 훌륭한 경청자라면 여기에서 더 나아가 자신의 의견을 제시해주고 더 발전적인 방향으로 나갈 수 있게 조언도 아끼지 않는다.

이해에 이해를 더하면 사랑이 된다고 했다. 아무리 이해할 수 없는 행동을 한 살인자라도 그럴 만한 사연이 있어 그런 극단적 행동을 했을 것이다. 물론 어떤 상황에서라도 용서받을 수 있는 것은 아닐테지만 말이다. 지금 당신의 상대는 당신의 일에 별 관심이 없을 지도 모른다. 그들이 당신을 이해해 주지 못한다고 원망하지 말라. 어쩌면 지금 당장 바뀌어야 할 사람은 바로 당신일지 모른다.

31

진정 그릇이 큰 사람은 경청할 줄 아는 사람이다

상대방의 말을 들어준다는 것은 '상대방의 입을 열게 하는 것'이다. 입이 열리면 마음이 열린다.

"엄마, 나 이번 방학에 미국 다녀오고 싶은데 어떻게 생각해요?"

"야, 이것아. 공부나 할 것이지, 너 이번에 반에서 몇등 했어? 그러고 어딜 간다는 거야?"

"아니, 미국가서도 여기저기 다니면서 현장으로 부딪치며 공부할 수 있잖아. 정말 가고 싶단 말이야."

"됐어, 이것아! 집에 쳐 박혀서 공부나 해"

하지만 많은 사람들은 자기 입장에서 대화를 하기 때문에 조화롭지 못한 대화의 평행선을 달리는 경우가 많다. 하지만 위의 대화에서 엄마가 딸의 경청자를 자처해, 진정 딸의 마음을 헤아린다면 더 생산적 대화가 가능했을 것이다.

"엄마, 나 이번 방학에 미국 다녀오고 싶은데, 어떻게 생각해요?"

"우리 딸, 미국 어딜 다녀오고 싶은 거야?", "미국 동부대학을 다녀오고 싶어요. 요즘 공부도 손에 잘 안 잡히고, 미국 아이비리그 대학을 다녀오고 나면, 저도 나름대로의 동기부여도 할 수 있을 것 같구요.", "우리 딸 잘 생각했다. 그러면 혼자가는 건 위험하니 엄마랑 같이 갈까?", "엄마, 너무 고마워요. 정말 최고예요"

두 대화를 비교해보면 엄마의 역할이 전자는 동등한 화자의 입장이지만, 지시형의 윽박지르는 대화로 끝나 버렸다. 하지만 후자는 엄마의 역할이 적극적 경청자로 적절한 반응뿐만이 아니라, 대화의 흐름과 분위기를 조절하고 있는 것이다. 후자에서 엄마는 이해심이 있고, 딸을 진정으로 생각해주는 사랑과 보살핌의 마음이 진하게 전해진다.

상대와 대화할 때 경청자임을 자처해보라

대화란 주거니 받거니 대화와 응답이 오가는 상호작용의 과정이다. 한 사람은 말하고, 한 사람은 경청하고, 그런 다음에 서로의 역할을 교환하는 것이다. 결국에는 말하고 들은 시간이 결국에는 비슷해지는 것이다. 하지만, 상대방과 대화를 함에 있어 경청자임을 자처해보라. 보통 사람들이 생각하기에 말하는 사람이 주도권을 가지고 있고, 듣는 사람은 그것을 따르기만 하면 된다고 생각한다. 하지만 많은 대화전문가에 따르면 경청이야말로 리더의 주요 자질이라고 할 수 있다. 대화는 쌍방향 커뮤니케이션이다. 내 얘기만한다는 생각으로 상대방을 대할 것이 아니라 적절한 타이밍에 호응해주고, 내가 말할 기회가 오면 능숙하게 자신의 의견이나 감정을 쏟아낼 줄 알아야 하는 것이다. 삼성의 고故 이병철 회장이 고故 이건희 회장을 부회장으로 임명하며 건냈던 것도 역시 '경청'이란 두 글자였다. 이는 고故 이병철 회장과 고故 이건희 회장이 보여준 경청을 통한 포용리더십이 삼성을 지금의 글로벌기업으로 성장하게 만든 요인 중 하나라 필자는 생각한다.

경청은 리더의 가장 중요한 덕목이다

경청의 첫 번째 마음가짐은 자기중심이 아니라 상대방 입장에서 말해야 하는 것이다. 경청자의 역할을 맡았다면, 자신의 입장에서 말하기보다는 상대방과 그의 제안, 그의 생각과 감정에 대해서 먼저 말하는 것이 좋다. 또한 자신의 입장을 이해시키려 하기보다는 이해하려고 노력하는 입장이라야 한다.

이러한 경청자는 상대방의 말을 이해하지만 그렇다고 그 사람과 생각을 같이 한다는 걸 의미하지 않는다. 자기 말을 잘 들어주는 상대에게 호감을 느끼고 고마운 마음과 더불어, 그 사람에 대한 인간적 관심이 가게 된다. 연애를 하고 있는 사람이라면 이 점을 잘 활용하여 분명 그 사람을 내 사람으로 만들 수 있을 것이다. 늘 내 애기를 들어주고 공감해주고 사려깊다는 인상을 주기 때문이다. 자신과는 다른 삶을 산다고 해도 다른 의견을 말한다고 해도, 틀린 게 아닌 다르다는 것을 인정하는 사람이기 때문이다. 또한 다른 사람에 비해 긍정적인 사람이구나 하는 생각을 하게 된다.

경청도 단계에 따라 1단계 사이비 경청, 2단계 선택적 경청, 3단계 수동적 경청, 4단계 주의깊은 경청, 5단계 적극적 경청이 있다. 주의깊은 경청자는 말하는 사람이 들려주는 설명을 상세하게 듣는다. 반면 적극적인 경청자는 모든 메시지들, 즉 말하고자 하는 내용뿐만이 아니라, 'read between the lines'라는 영어표현의 '행간의 숨은 뜻'을 읽어내고 음성이나 어조, 얼굴 표정 등을 통해 대화의 핵심을 놓치지 않을 수 있는 것이다.

말속에 행간의 의미를 담는 것을 버벌라이즈verbalize라고 한다. 패러프레이즈는 어떤 진술내용을 항목별로 분류하는 반면, 버벌라이즈는 그 감정적 성분을 판독한다.

7대 3의 법칙기억하기

일반적으로 설득을 할 때 설득을 하는 사람이 말을 많이 하게 되는 데, 이것이 우리가 흔히 빠지게 되는 오류다. 사실은 상대방의 이야기를 더 들어주어야 한다. 상대방의 말을 7, 나의 말을 3의 비율로 상대방의 말을 더 들어주어야 오히려 설득에 성공할 수 있다. 하고 싶은 말을 실컷하게 함으로써 상대방의 마음이 자연스럽게 열리고 상대방의 말에 귀를 기울여주는 이쪽의 자세가 상대방에게 자신을 이해해주는 사람이라는 인식을 심어주는 것이다.

여기에서 기억해야 할 것은 앞서 언급한 바가 있는, 건성으로 듣지 말고 적극적 자세로 경청해야만이 신뢰감이 형성되고 상대방의 마음의 문이 열리는 것이다. 상대방의 말을 들어준다는 것은 '상대방의 입을 열게 하는 것'이다. 입이 열리면 마음이 열린다. 입을 열게 하는 방법으로 적절한 질문을 던지는 방법이 있다. 대화의 주도권을 상대방에게 넘김으로써, 열린 질문open-ended question을 하는 것은 효과적이다.

듣는다는 것은 상대의 의도를 파악한다는 뜻이다. 대통령은 국민의 뜻을 파악해야 하고, 부모는 자식의 마음을, 남편은 아내의 마음을, 아내는 남편의 마음을 알아야 이해할 수 있고, 진정한 소통이 이루어 질 수 있는 것이다. 소통의 핵심은 잘 말하기에 앞서 잘 듣는 것이다.

FAMILY 화법

상대를 배려하며 대화를 잘하는 방법에 'FAMILY 화법'이 있다. FAMILY 화법이란, Friendly, Attention, Me too, Interest, Look, You are centered의 앞 글자를 따와 만든 화법이다.

세일즈 스피치에 FAMILY 화법을 적용하면 다음과 같다.

1. F-Friendly 가족처럼 친밀하고 우호적으로

"고객은 물건을 사기전에 세일즈맨의 인격을 먼저 산다"는 말이 있듯이 세일즈맨은 고객의 마음에 먼저 좋은 사람으로 다가 설 수 있어야 한다. 고객은 가족같은 친밀함을 느끼게 하는 세일즈맨에게는 호감과 신뢰감을 갖게 되어, 세일즈맨이 권하는 상품에도 "Yes"로 답하게 되기 때문이다.

2. A-Attention 상대에게 집중하며 경청

대화의 설득력은 "자신의 말을 잘 하는 것보다 상대의 말을 잘 듣는데 있다." 경청하는 세일즈맨에게 고객은 자신이 존중을 받고있다는 느낌을 갖게 되고, 심지어는 자기의 팬으로 인식하게 된다. 결국 고객은 세일즈맨의 제안에 "Yes"가 신뢰의 원칙에 부합하는 것으로 느낀다는 원리이다.

세일즈맨들의 세일즈성공과 실패에 관한 사례연구를 살펴보더라도, "고객보다 많은 말을 한 세일즈맨보다는 고객이 세일즈맨보다 말을 더 많이 한 경우가 세일즈 성공확률이 높은 것"으로 나타났다. 그러고 보면 고객앞에 가서 "내가 무슨 말을 어떻게 할까?"보다는 "고객이 무슨 말을 어떻게 하게 할까?"를 더 많이 연구해야 하는 것이다.

3. M-Me, too 상대의 말에 맞장구를 치고

기분 좋은 고객은 흔히 한 턱을 잘 쏜다. 고객의 마음을 움직이는 것은 역시 고객의 '흥'을 돋우는 것이다. 그런데 고객의 '흥'을 돋우는 최상책 중에 하나가 고객의 말에 대한 맞장구로 고객의 자존심과 기분을 고양시키는 것이기 때문이다. 1단계의 맞장구는 고객의 말 중에 핵심단어 하나를 되풀이 하면 된다. "우리 아들이 취직을 했어" 하는 고객에게 "아, 취직을 ... 축하합니다"하면 된다. 2단계 맞장구는 고객이 하고 싶은 말을 더 많이 할 수 있도록 적절한 질문을 통해 분위기를 잡아 주는 것이다. "우리 아들이 취직을 했어"하는 고객에게 "아, 취직을. 언제? 어디 에요?"와 같이 고객이 취직한 아들을 자랑하고 싶어하는 심리를 읽어 고객이 아들을 취직을 자랑할 수 있는 판을 벌려주는 것이다. 3단계의 맞장구는 고객의 말에 플러스알파를 더해 주는 것이다. "우리 아들이 ○○에 취직을 했어"하는 고객에게 "아, ○○에 취직을 대단하네요. 그 회사가 앞으로 최고 유망한 ○○업종에 ○○을 생산하는 곳이잖아요. 이젠 아들 덕분에 신수가 훤해 지겠네요. 축하드립니다."로 고객의 말에 자신의 생각이나 느낌을 더하여 줌으로 고객의 기분을 좋게 해 주는 것이다.

4. I-Interest 진심으로 관심을 보이며

사람은 누구나 자신의 삶에 참된 동반자, 자기 팬을 찾아 함께 하고픈 마음을 가지고 있다. 그리고 삶의 무대에 주인공이 되고 싶어 한다. 고객은 자신의 삶에 진한 관심과 애정을 주는 자에게 사기의 진한 관심과 애정을 줌으로 "자신이 의리있고 양심적인 사람"임을 증명하고 싶어 한다.

인간관계의 성공이 세일즈의 성공이며, 인간관계의 성공은 상대방에게 진정한 관심과 애정을 보여 줄 때 더불어 오는 것이다.

5. L-Look 항상 상대방의 눈을 보고 웃으며

"눈은 마음의 창이다." 클레어 콘웨어 박사는 "사람의 매력을 8배 이상 높인 비법이 있는데, 그것은 '눈을 맞추라'는 것"이었다. 눈을 맞춘다는 것은 "마음을 열고, 마음의 정을 나누는 것"이기에 얼굴이 웃게 된다. 웃는 얼굴은 매력있고, 호감있는 얼굴, 자기를 좋아하는 사람으로 만든다. 그래서 누군가와 소통을 원한다면 먼저 눈을 맞추고 웃으라고 말한다.

6. Y-You are centered 고객의 이익을 중심으로

고객을 주인공으로 모셔라. 내가 고객에게 권하는 보험상품이 나를 위한 상품이 아니라 고객을 위한 상품임을 확실히 하라. 다시 말하면 고객을 향하여 "도와주세요. 실적때문에 미치겠어요."하는 식의 애걸복걸형의 세일즈는 당장 그만두라. 오히려 내가 권하는 상품에 고객에 왜 필요한지, 고객이 이 상품에 가입하면 어떤 이점이 있는지를 확실히 하라.

"고객은 누구를 위하여 결코 손해보고 싶어하지 않는다"는 점을 명심하고, 고객중심의 세일즈전략과 화법을 연구하고 체득하라.

즉, 대화를 잘하기 위해서는 말하는 상대에게 집중해야 하며, 상대가 하는 말에 적절한 맞장구를 치고, 상대의 말에 진심으로 관심을 가져야 한다. 또한 상대방이 말할 때는 상대방의 눈을 응시하며 들어야 하고, 이야기의 중심은 본인이 아닌 상대방을 중심으로 이뤄져야 한다.

FAMILY 화법에서 중요한 것은 상대의 말에 진심으로 관심을 가지며 반응하고, 상대를 주인공으로 생각해야 한다는 것이다. 예를 들면, 스스로가 말할 때 듣는 이들이 핸드폰 보고 있거나, 말을 하는데 아무런 반응을 하지 않거나, 무시하면 대화 시 기분이 좋지 않을 것이다. 그렇기에 상대방과 대화를 할 때는 FAMILY 화법을 사용하여 가족과 대화하는 것처럼 상대를 배려하며 대화해야 한다.

상대방과 대화를 잘하기 위해서는 FAMILY 화법도 중요하지만, 상대에게 호감을 주는 것이다. 대화에서 상대에게 호감을 주는 것은 중요하다. 호감을 주기 위해서는 대화하는 태도가 중요하다. 바른 대화자세를 위해선 시선을 상대방 얼굴에 두어야 한다. 상대방을 보고 있다면 제대로 경청하고 있다는 의미가 될 수 있기 때문에다. 또한 다리를 떨거나, 손톱을 물어뜯거나, 팔짱을 끼는 등의 행위는 자제하는 것이 좋다. 좋지 않은 버릇은 무의식중에 나오기 때문에 나쁜버릇을 하지 않도록 주의해야 하며 팔짱을 끼는 행위는 자칫 거만하거나 몰상식하다고 생각할 수 있기에 하지 않는 것이 좋다.

대화를 주도적으로 이끌어나가는 데에만 신경을 쓴다면 대화의 흐름은 가져갈 수 있겠지만 듣는 이들에게는 자기 얘기만 하는 사람으로 낙인찍힐 수 있다. 사람들은 자신의 얘기를 들어주는 사람을 더 신뢰하고 좋아한다. 얘기를 들어주는 것만으로도 편안하다고 생각하게 되고 더 가까워질 수 있기 때문이다. 사회학 교수 찰스 더 버Charles Derber는 '대화 나르시시즘Conversational Narcissism'이라는 개념을 발표했다. '대화 나르시시즘'이란, 대화에 자기 자신을 삽입하려는 성향을 뜻한다. 대화할 때 깊은 공감을 하거나 비슷한 경험이 있다면 직접 그 상황을 겪어본 듯한 느낌을 받으며 자기 자신을 대입하려고 하는 경향이 있다. 물론 상대의 이야기에 깊은 공감을 해주는 것은 좋은 일이지만 깊은 공감이 이야기의 주체를 자기 자신으로 돌려서는 안 된다. 대화에 공감하며 '대화 나르시시즘'을 겪지 않기 위해서는 적당한 이입과 공감이 필요하다.

상대가 공감을 위한 고민이나 힘든 상황 등의 심각한 이야기를 하는 목적은 견해나 해결책을 구하는 것이 아닌 진심과 공감을 원하기 때문이다. 그러므로 상대의 이야기에 무심코 자신의 판단을 드러내는 것은 자제하는 것이 좋고, 이는 상대를 무시하거나 공감을 깨뜨리는 대화라는 것을 알아야 한다. 또한 스스로가 하고 싶은 말보다는 상대가 듣고 싶은 말을 해줘야 한다.

상대가 어떤 대화를 하고 싶어 하는지 모르겠다면 역지사지로 상대의 시점에서 질문을 해보면 좋다. 공감 능력을 기르기 위해서는 자기 자신과 이야기 하는 시간을 많이 가져야 한다. 공감을 잘하기 위해서는 이야기에서 어떤 감정을 느끼는지가 중요하다. 감정은 누군가 가르쳐줄 수 없고 책으로 배울 수 없기 때문에 자기 자신과 대화를 하며 감정을 알아채는 연습을 해야 한다. 스스로 잘 이해하고 공감할 수 있다면 타인의 감정을 이해할 수 있을 뿐더러 공감능력을 향상시키는데 큰 도움을 줄 것이다. 미국 시카고 대학교 심리학과 데세티 교수팀에 따르면 공감능력은 반복 훈련에 의해 강화될 수 있다고 하니 공감능력이 부족한 사람들은 최대한 많은 사람과 이야기를 나누며 이야기를 들어준다면 부족한 공감 능력을 기를 수 있을 것이다. 또한 상대방과 대화를 나눌 때 70%는 들어주고, 30%만 말한다면 상대에게 대화만으로 호감을 얻을 수 있을 것이다.

사회란 다른 사람과 함께 살아가는 것이기 때문에 본인을 중요하게 생각하는 만큼 타인을 배려해야 한다. 타인을 배려해주면 타인도 본인의 이야기에 경청과 공감을 해줄 것이다.

32

잘 들어주기만 해도 친구가 된다

신이 인간에게 두 눈과 하나의 입과 두 개의 귀를 주신 것은 많이 보고 적게 말하고 잘 들어주기를 바라는 마음에서 기인하는 것이 아닐까?

"내 남자친구는 벽이야."

얼마 전 친구가 남자친구와 싸우고 속이 상해서 필자에게 넋두리를 풀어놓았다. 친구의 푸념에 따르면 자신이 하는 말에 남자친구는 '응'과 '그래'로 부지런히 맞장구를 치지만 대화를 하고 있다는 생각이 들지 않을 만큼 그것이 건성으로 느껴진다는 것이다. 그래서 마치 벽에 대고 이야기하는 것 같다는 말이었다. 그런 것을 보면 잘 들어준다는 것은 '응'과 '그래' 만으로 되는 일은 아니다. 즉 위와 같은 경우를 사이비경청이라고 한다.

여자는 남자들에 비해 직감이나 감성적인 면이 매우 뛰어나기 때문에 남사친구의 말투나 얼굴표정 및 응답하는 진지함 등을 바로바로 캐치할 수 있다.

사이비경청은 상대방에게 나쁜 인상을 심어주지 않으면서 그럭저럭 대화를 주고받을 수 있다. 말하는 사람의 입장에서는 대화가 가로 막히지 않기 때문이다. 하지만 발언자는 벽에 대고 말하려는 게 아니라 자신의 대화라는 코트에 던진 공을 받기를 원하는 것이다.

상대방에 대한 흥미를 보이는 것이 공감 스피치로 가는 지름길

여자들끼리의 대화에서는 위로받고 싶거나 공감받고 싶은 '말하기의 목적'이 곧 잘 충족이 되는데 남녀 간의 대화에서는 그렇지 못하다고 말하는 여자들이 종종 있다. 아마 친구의 경우도 자신의 말하기의 목적이 충족되지 못했기 때문에 남자친구가 벽처럼 느껴졌던 것 같다. 잘 들어주기 위해서는 단순히 입을 통해 나오는 문장의 뜻을 이해할 것이 아니라 상대방이 왜 그 말을 하는가를 헤아릴 수 있어야 한다.

공감은 사람 사이의 벽을 허문다. 공감을 사전에서 찾아보면, 타인의 생각이나 의견, 감정 등에 대해 자기도 그러하다고 느낌, 또는 그런 감정이라고 정의하고 있다. 심리학적으로 공감은 타인의 사고나 감정을 자기의 내부로 옮겨 넣어, 타인의 체험과 동질의 심리적 과정을 만드는 일인 것이다. 자신의 말을 이해해주는 것만으로 '내편'이라는 느낌을 주는 것이다.

즉 상대의 입장에서 보면 당신이 자신의 처지나 속마음을 털어놓을 수 있는 사람이고, 당신의 말이라면 받아 들이겠다는 마음을 갖는 것이다. 이는 설득에 있어서도 당신이 목적한 바를 상대에게 순순히 받아들이게 하는 유리한 고지를 점하는 것이다.

지혜와 사람을 얻는 적극적 경청

그렇다면 잘 들어주기 위해서는 어떻게 해야 할까? 무성의한 '응'과 '그래'에서 끝나는 것이 아닌, 대화를 주거니 받거니 해야 하는 것이다. 수수방관의 입장이어서는 안 된다는 이야기이다. 구체적인 감정을 표현하는 단어를 써서 반응해주면 상대방은 자신이 잘 이해받고 있다고 느낄 수 있다.

이는 전문적 용어로 '감정이입'이라고 하는 데, 다른 사람의 입장이 되어보려는 자세와 그럴 수 있는 능력을 가리킨다. 그렇다고 다른 사람과 똑같이 생각하고 똑같이 느끼란 말이 절대 아니다. 감정이입은 언제어디서든 일어날 수 있는 것이다.

"당황 했겠네요", "어려운 결정을 해야하니 곤란 하시겠어요", "그런 일을 겪었으니 힘 드셨겠어요"와 같이 어려움에 공감해 주는 말을 하면 묻지 않아도 상대방은 더 깊은 이야기를 이어가게 된다. 자신의 속깊은 이야기를 한다는 것은 대화상대에게 신뢰감이 생겼다는 의미이기도 하다.

또, 상담을 받으려고 작정하지 않은 이상 사람들은 어떤 해답을 구하기 위해 말을 하지는 않는다. 누군가 고민을 이야기를 하면 뾰족한 해답을 주려고 노력하는 경우가 있다. 그러나 자신에 관해서 자기 자신만큼 잘 아는 사람이 또 누가 있겠는가. 가장 적절한 해답은 본인이 더 잘 알고 있을 것이다. 그리고 들어주는 사람 입장에서도 정답을 찾아주어야 한다는 생각을 가지고 있으면 대화를 하는 데 너무 큰 에너지가 필요할 것이다. 상대방의 말을 온전히 들어줄 수 있으려면 상대방을 인정하고 믿어줄 수 있어야 한다. 자신이 어려움에 처한 사람의 구원투수라는 자만을 버려야 한다는 말이다.

어려움을 겪고 있는 어떤 사람은 방향을 잡지 못하고 헤매고 있어서 조언이 필요해 보이기도 한다. 주변에 그런 사람이 있다면 한번 믿어보는 모험을 해 보기를 바란다. 나의 '말하기'의 욕구를 참고 가만히 공감하며 들어만 주어도 그 사람은 스스로 길을 찾아낼 것이다.

우리 모두는 외로운 존재다

나 역시 살면서 무수히 부딪히게 될 돌부리 중 하나에 걸려 넘어져 참담함을 견딜 수 없었던 때였다. 이까짓 일로 뭘 그래? 라며 머릿속으로는 이성적으로 나 자신을 타이르고 있어도 가슴속의 불기운은 차마 꺼지지 않았다. 어찌할 바를 몰라 무작정 핸드폰을 뒤져 친하다고 생각한 사람들에게 전화를 걸기 시작했다.

비로소 통화에 만족감을 느끼게 된건 수많은 동성친구들을 거쳐 마침내 이성친구에게 전화를 걸었을 때였다. 남자이기 때문인지, 아니면 원래도 과묵한 성격때문인지 그 아이는 앞의 친구들처럼 내가 이야기하는 내내 단 한 번도 끼어들지 않았다. 그저 열심히 내 이야기를 경청해 줄 뿐이었다. 나는 속이 후련해지는 느낌이었고, 마음의 짐을 객관적으로 바라볼 수 있었다. 진심으로 그 친구가 고마워 고맙다는 말을 했다. 그는 해준 것도 없는데 오히려 민망하다고 말했다. 그분은 말하기보다 듣기를 잘하는 사람인데, 훌륭한 친구로 손색이 없었던 것이다.

누군가에게 자신의 일들을 이야기해오는 사람들이 진짜 원하는 것은 과연 무엇일까? 따지고 보면 내 인생의 고민조차도 해결하기 어려운 상황에서 전지전능한 신이 아닌 이상 어찌 남의 인생까지 훈수를 둘 수 있을까 싶다. 어차피 문제를 해결하고 나아갈 열쇠를 가진 사람은 당사자이기 때문에 내가 적극적으로 개입하고 도와주려 해보았자 도리가 없는 일이란 것이다. 그럼에도 불구하고 우리가 자꾸만 타인에게 이야기를 하려 하는 것은 '내 이야기를 들어줘'라는 바람때문일 것이다.

'들어준다'는 것이 꼭 해결책을 제시해줘야 하는 것이 아니다

'들어 준다'는 일은 가장 쉽고도 가장 보람 있는 일 중의 하나다. 그저 듣기만 했을 뿐인데 상대로부터 연신 고맙다는 소리를 듣는 게 당황스러울 테지만, 사실 충분히 고마울만한 행동인 것이다. 상대는 자기 머릿속에서 뒤엉켜있던 복잡한 문제들을 입밖으로 끄집어내면서 객관적으로 그것을 검토할 수 있는 시간을 갖는다. 무엇을 해야 이 문제가 해결될지는 누가 말해주지 않아도 대부분의 경우 이야기하는 과정에서 스스로 깨닫게 되는 것이다.

"상담"이라는 것은 별것이 아니다. 굳이 "조언"이 동반되어야만 상담인 걸까? 수많은 상담소에서는 모든 것을 털어내고 이야기하는 사람과 또 그 이야기를 경청하는 상담가로서 관계가 이루어지는 경우가 주를 이룬다. "조언"은 상대방의 이야기를 주의깊게 듣다가 그가 미처 인식하지 못한 중요한 부분을 지적할 때와 같은 꼭 필요할 때만 해주는 것만으로도 충분하다. 그렇게 상담을 받은 사람들은 많은 이야기를 듣지 않았음에도 고마워하며 아까움없이 돈을 지불하기도 한다.

친구를 사귀는 일은 나이가 들수록 어렵게 느껴진다. 살아가면서 이런 저런 사람을 만나다보면 상대방을 믿는 것이 점점 힘든 일이 되기 때문일 것이다. 친구의 말뜻은 오래 사귄벗을 이야기 한다. 오래 사귀기 위해 필요한 것이 바로 신뢰이다.

잘 공감해 주면 상대방에게 신뢰를 얻을 수 있다. 또 상대방의 말을 공감하고 섣부른 판단없이 들어주기 위해서는 그 사람을 먼저 신뢰해야 한다. 결국 잘 들어주는 것은 상대방을 신뢰하고 상대방에게 신뢰를 얻는 일이다. 별것아닌 일이지만 실천하기가 쉽지않아 친구사귀는 일이 힘들다고 말하는 것이 아닐까?

공감의 능력은 여자가 남자보다 조금 더 발달되어 있다고 한다. 그것은 여성이 친구를 만들기에 좀 더 유리한 조건이라는 말이기도 하다. 그 사람의 입장에서 마음을 헤아려 주는 사람이라면 누구라도 기꺼이 친구가 될 것이다. 신이 인간에게 두 눈과 하나의 입과 두 개의 귀를 주신 것은 많이 보고 적게 말하고 잘 들어주기를 바라시는 마음에 기인하는 것이 아닌가 생각한다.

한 번 말해보라. '당신 이야기를 듣고 싶습니다. 우리 친구하자구요.' 세상이 한 뼘만큼 따뜻해질 것이다.

공감으로 가는 지름길은 심리적 유대감 형성이다

우리는 살면서 무수히 많은 사람을 만나지만 나와 통하고 나의 말에 공감해주는 사람을 만나기란 쉽지 않다. 마음을 알아주는 단 한 사람이 그리운 요즘이다. 지극히 개인주의적인 현대 사회에서는 타인에 대한 공감능력은 어떻게 만들까?

"인간의 행동은 마음속의 욕구에서 비롯된다. 그러므로 사람을 움직이게 하는 최선의 방법은 먼저 상대의 마음속에 강한 욕구를 일으키는 것이다. 장사를 하는 데 있어서도, 가정 혹은 학교에서도, 또 정치를 함에 있어서도 사람의 마음을 움직이려고 하는 사람은 이 말을 기억해 두어야 한다. 이것을 할 수 있는 사람은 만인의 지지를 얻어낼 수 있지만 그렇지 못한 사람은 한 사람의 지지를 얻는 데도 실패하고 말 것이다."

'공감'이라는 단어는 사람과의 관계, 대화 등등 사람이라면 누구나 중요하게 여기는 부분이다. 심리상담을 받거나, 어떤 안 좋은 일이 겹치고 겹쳐서 힘들 때 묵묵히 듣고 있던 옆 사람이 손을 잡으면서 '그래요. 나는 당신의 아픔에 공감합니다.' 라는 메시지를 던져주면 많은 사람들이 위안을 받고 힘을 얻는다. 비언어적 몸짓이든, "공감한다."라는 말을 직접 하든 상대방이 '공감'의 메시지를 수신하는 순간 어려움에서 한 발짝 앞으로 나아갈 수 있다. 하지만 근본부터 서로 다른 사람 사이에서 공감을 느끼는 게 쉽지만은 않은 법이다. 공감을 전하고 느끼려면 기본적으로 커뮤니케이션이 잘되어야 하는데, 공감을 하고 싶어도 어떻게 해야될지 몰라서 주저하는 사람들은 본의 아니게 오해를 사게 된다. '저 사람은 어쩌면 저렇게 무심할까?', '나한테 관심은 있는 거야?' 같은 질문을 받게 될지도 모른다. 그렇다면 어떻게 해야 공감을 할 수 있을까?

여기서 말하는 공감은 바로 '심리적 유대감'을 맺는 것에서 출발한다. 심리적 유대감을 형성하면 얻는 두 가지는 바로 '공감'과 '이입'이다. 상대방의 상황이나 마음에 감정을 이입하면 나와 상대방의 연결은 '공감' 안에서 이루어진다. 두 사람 사이, 혹은 개인과 사회사이에서 효과적인 커뮤니케이션의 성공은 마치 공유기나 와이파이wi-fi와도 같은 것이라 하겠다. 와이파이 신호는 여러 곳에서 발신이 되지만 성공적으로 신호를 받으려면 내가 지정한 네트워크를 통해서만 가능하다. 네트워크가 효과적으로 연결되면 나는 그 신호로 막힘없이 업무를 수행하는 것과 같이, 나의 화법이 내가 어필해야 하는 상대방에게 효과적으로 반영되기 위해서는 바로 나와 상대방 사이에서만 공유될 수 있는 와이파이가 잘 발신되어야 하는 것이다. 사람과 사람 사이의 커뮤니케이션 와이파이는 무엇일까? 그것은 바로 '공감'이다.

당신은 오늘 강의실에서 발표를 해야 하는 상황이라 평소 말 잘하고 호감이던 교수님의 강의를 기억하고 그 상황에 스스로를 이입해본다. '교수님이 여기쯤에 서서 강의를 하셨네. 보통 어느 쪽을 주로 보셨더라? 아, 여기를 강조할 때 학생들 호응이 좋았지.' 이왕이면 발표를 잘해서 점수도 얻고 인간적인 호감도 얻고 싶다면, 수업시작 10분 전에 강의실에 들어가서 마이크를 켜고 프로그램을 열며 바로 시작하지 말고 가상상황을 설정한 다음 머릿속에 그린 공간에서 출발을 해보자.

국립국어원 표준국어대사전에 의하면, '유대감紐帶感'이란 '서로 밀접하게 연결되어 있는 공통된 느낌'이라고 정의한다. 밀접하게 연결되어 있다는 것은 '나'와 관계를 맺고 있는 상대방이 있을 때 가능한 것인데, 일상적으로 수다를 떨고 대화를 하는 것은 사실 높은 정신작용이 있기에 일어날 수 있는 활동이다. 첫 번째로 내가 누구인지를 알고, 두 번째로 어떤 상황에 놓여 있는지를 알고, 세 번째로 상대방의 정서와 상황을 알고 있을 때 대화가 가능한 것이다. 이러한 과정은 매우 익숙하기 때문에 내가 상대방과 이야기를 나누며 공감을 하는 것에 대해 굳이 되새기지 않아도 자연스러운 과정이 된다. 하지만 대화의 바탕이 되는 유대감 역시 사회화의 한 부분이기 때문에 어느 정도 노력이 필요하다. 예를 들어 잊을만하면 언론에 등장해 국민들에게 큰 충격을 주는 '사이코패스'의 경우, 타인에 대한 공감능력이 결여되어 있거나 많이 떨어지는 경향을 보인다. 원만하고 성공적인 대화에서 중요한 것은 공감과 이입인데, 이러한 능력이 부족한 사이코패스는 타인과 사회와의 관계가 긍정적이지 못하다. 다만 살면서 누군가와 관계를 맺게 되는 인간이라면 커뮤니케이션을 수행하는데 분명 사회적인 기술의 습득이 필요하다는 점은 확실한데, 여기서 기본조건으로 필요한 것이 바로 '유대감'이다. 이런 유대감을 형성하는 가장 좋은 방법 중 하나는 청자를 화자의 이야기에 끌어들이는 것이다. 강의를 하는 화자라면 청중을 적극적으로 참여하게 만드는 것을 의미하는 것이다. 독백 형식의 발표로는 청중과 와이파이를 형성하기 힘들다. 커뮤니케이션은 쌍방향으로 교류될 때만 가능하다. 송신자는 수신자여야 하고, 수신자는 동시에 송신자라야 한다. 예를 들어 이런 식으로 말해보자. "당신은 어떻게 생각 하시나요?", "여기에 대해 여러분은 어떻게 생각 하나요? 동의 하나요?", "당신은 그 주제에 관심이 많다고 했는데 왜 그런지 간단히 설명해 주시겠습니까?", "여러분도 그런 생각을 해보셨나요?", "요즘 힘들어 보이는데, 내가 뭐 도와줄 건 없나요?" 청자의 긍정적이고 적극적인 참여를 이끌어내는 것은 무엇보다 중요하다. 이는 상대방에 대한 벽이나 두려움이 사라지고 심리적 유대감을 형성하는 중요한 메신저 역할을 하기 때문이다. 상대방의 마음을 읽어내고 상대방과 공동의 화제를 가지고 공감하는 마음으로 커뮤니케이션이 이루어진다면 그 사람은 반드시 성공할 수 있다. 짧게는 메신저로 나누는 친구관계에서부터 직장에서 상사와의 관계 등 어느 순간 나는 나를 경영하는 최고의 CEO가 될 것이다.

자동차왕 헨리포드Henry Ford는 인간관계의 미묘한 갈등에 관해 다음과 같이 말했다. "성공의 비결이라는 것이 있다면 그것은 남을 이해하고 자신의 입장과 남의 입장을 동시에 고려해 사리에 맞게 판단할 수 있는 능력이다." 성공의 비결은 말에 있음을 명심하자.

상대와 정서적 공명상태를 이뤄야 공감대를 형성한다

철강왕 카네기는 원래 매우 가난했고 첫 직장에서 겨우 시급 2센트를 받으며 일했지만 훗날 큰 성공을 거둔 이유는, 젊은시절부터 사람의 마음을 움직여 상대가 원하는 것을 찾아내 이야기해주는 방법을 일찍 깨달았기 때문이라고 한다. 그렇다면 어떻게 해야 공감대를 형성할 수 있을까? 공감대를 형성하려면 상대와 정서적 공명상태를 이뤄야 한다. 상대의 감정을 명확히 파악하고 당신의 감정을 그에 맞추었을 때 비로소 정서적 교감을 이룰 수 있다.

다음 사례를 보자. A와 B 두 사람 중, A의 경우 공감을 읽어내는 데 조금 어려움을 겪고 있다는 것을 느낄 것이다.

A: 나 오늘 힘든 일이 있었어. 그게 뭐냐면…. (오늘 있었던 에피소드를 이야기하기 시작한다.)

B: (묵묵히 듣던 중) 아…. 너 정말 힘들었겠다. 그 상황에서 넌 아예 혼자였겠네.

A: (너무 힘들었는지, 이야기하던 중 눈물을 흘리기 시작한다.)

B: (휴지를 건네며) 여기 휴지 있어.

A: 뭐라구? 너도 내 이야기가 듣기싫은 거야?

B: (당황하며) 응? 그게 무슨 말이야?

A: 너도 내가 싫으니까 빨리 휴지로 눈물닦고 이야기 그만하라는 거잖아!

B: 아니야! 네가 우는 게 안타까워서 휴지로 눈물 닦으면서 울어도 된다는 거였어!

이 간략한 예시는 실제로 있었던 에피소드의 일부다.

프라이버시 보호를 위해 두 사람을 밝히지 않지만, B와 가깝게 지내며 감정을 주고받는 A는 평소에도 상대방의 감정을 읽어내기를 어려워한다.

A의 마음은 실제로 그렇지 않은데 상대방이 보기에는 A가 따뜻한 마음으로 사람을 대하지 않는다는 느낌을 주기도 했다. A 스스로도 공감이 잘 안 된다고 말하는 반면에, 상대방에게 너무 이입이 잘되는 B는 A에게 휴지를 줬던 것이 '계속 울어도 괜찮다.' 라는 사인이었는데 A입장에서는 '휴지 받고 그만 울어라.'라는 메시지로 받아들여졌던 것이다. 두 사람의 메시지가 서로 어긋났던 이유는, 공감의 조건인 '역지사지의 마음가짐'이 자신의 평소 경험에 기초해서 반영되었기 때문이다. A와 B의 마음을 들여다보자. A: 내가 눈물을 흘릴 때 사람들은 항상 그만하라는 뜻으로 휴지를 주었다. 그러니까 B 역시 같은 의미일 것이다. B: 만약에 누군가 슬퍼하거나 힘들어하면 나는 계속 눈물을 흘리도록 하는 게 좋다고 생각한다. 눈물을 흘리면서 치유될 수 있으니까. 그러니까 지지하는 마음으로 휴지를 줘야지. 결국 그 상황에서 두 사람 사이에는 공감대가 잘 형성되지 않았다는 것을 알았고, 이는 공감에 대해 다시 한 번 생각할 수 있는 계기가 되었다. 그렇다면 어떻게 해야 공감대를 잘 형성할 수 있을까? 의외로 많은 사람들이 공감없이 이루어지는 대화와 관계 속에서 살고 있다. 누구나 사람들이 자신에게 관심을 가져주기를 원하고 '집착이라도 좋으니 무관심만 아니었으면 좋겠어.'라는 혼잣말을 하는 사람들도 있다. 하지만 나 혼자 가만히 있는데 관심을 받거나, 상대방에게서 좋은 인상을 받는 것은 불가능하다. 그렇다면 공감의 마음가짐에 이르기 위해서 어떻게 해야 할까? 나의 경험 70%, 상대방의 경험 30%다. 커뮤니케이션의 기본인 나와 상대방의 관계에서 역지사지의 자세는 굉장히 중요하다. 무조건 상대방의 기분을 맞춰주는 것이 아니라, 나의 경험에서 우러나온 진심을 바탕으로 상대방의 마음을 두드리고 울림을 주어야 한다. 억지로 꾸며내는 말보다는 서투른 발화가 차라리 낫다. 그 후, 상대방의 말에서 느껴지는 언어 및 비언어적 요소 이를 테면 사소한 말꼬리 흐림, 표정, 추임새 혹은

단어들의 반복, 상대방이 힘주어 강조하는 단어를 기억하는 것이 중요하다. A와 B의 대화를 토대로 공감을 형성하는 방법은, 서로의 대화에서 사인이 맞지 않았던 경험을 잊어버리느냐, 아니면 기억하느냐에 있다. 부드럽고 원만한 관계형성을 위해 노력한다면 나의 주변에서 일어났던 경험들을 하나씩 되짚어볼 것이고, 반대로 잊어버린다면 상대방이 누구이든 상관없이 비슷한 사건들이 반복될 것이다. 공감대를 형성하고 마음이 가까워지는 커뮤니케이션은 주변 사람과의 관계이외에 공적인 영역에서도 큰 힘을 발휘한다. 커뮤니케이션에서 큰 성공을 거두는 사람들은 스스로를 긍정적으로 어필하고 싶은 욕구를 가지고 어떻게 해야 나와 상대방 모두 와이파이를 형성할 수 있을까 방법을 찾으며 이곳저곳 부딪히며 상대의 입장에서도 생각해보는 사람들이다. 인간의 모든 행위는 무언가를 바라는 데서 비롯되므로, 상대방을 설득하기 위해서는 먼저 상대방의 입장을 충분히 배려해 그가 진정 무엇을 원하는지 파악할 줄 알아야 한다. 미국 심리학자 오버스트리트Overstreet의 명저 『인간의 행위를 지배하는 힘 Influencing human behavior』에 보면 이런 구절이 나온다. “인간의 행동은 마음속의 욕구에서 비롯된다. 그러므로 사람을 움직이게 하는 최선의 방법은 먼저 상대의 마음속에 강한 욕구를 일으키는 것이다. 장사를 하는데 있어서도, 가정 혹은 학교에서도, 또 정치를 함에 있어서도 사람의 마음을 움직이려고 하는 사람은 이 말을 기억해두어야 한다. 이것을 할 수 있는 사람은 만인의 지지를 얻어낼 수 있지만 그렇지 못한 사람은 한 사람의 지지를 얻는 데도 실패하고 말 것이다.”

카네기 스피치

서점이나 도서관에서 '스피치'에 관련된 서적들을 살펴보면 데일 카네기의 수많은 저서들을 발견하게 된다. 너무도 많은 저서들에 필자의 어느 한 지인은 대체 이 사람이 무엇을 하는 사람이냐며 궁금해 하기도 했다. 그에 대해 필자는 이와 같은 답을 해주었다. 데일 카네기는 스피치계의 대부이며, 진정한 대중연설 교육가라고 말이다.

데일 카네기는 1888년 미국에서 태어났으며, 젊은 시절 관심에도 없는 트럭 세일즈를 하며 가난한 나날을 보낸 바 있다. 더 이상 이런 무의미한 생활을 할 수 없었기에 1912년, YMCA에서 대중연설 강좌를 시작했다. 많은 이들은 그의 강좌에 열광했고, 마침내 카네기연구소까지 세워 수많은 연구 및 업적을 남기고 지금의 위치에 서게 된 것이다.

그렇다면, 무엇 때문에 사람들은 그의 대중 연설론에 열광했는가? 또한 그는 어떤 설득력 있는 말하기로 자신의 강연을 효과적으로 표현했는지 알아보도록 하자.

「카네기 대중연설론」의 특징은 단순한 '방법론'을 기계적으로 암기시키는 것이 아니라, 청중–즉 자신의 수강생–의 내면심리를 꿰뚫어 스피치의 근본적인 향상을 꾀한 데에 있다.

실제로 뛰어난 심리분석가이기도 한 그는 「카네기 인간관계론」을 출판할 만큼 타인의 마음을 읽는데 뛰어난 능력을 가지고 있다.

그는 스피치와 인간내면은 뗄레야 뗄 수 없다는 신념을 가진 사람이었다. 그래서 많은 사람들이 스피치를 잘하지 못하는 원인도 '내면의 두려움'에서 찾았으며, 이를 타파하기 위한 많은 방법들을 제시하였다. 이에 대해 그 스스로는 다음과 같이 표현한 바 있다.

"모든 사람들이 스피치 공포심을 극복하고 용기와 자신감을 갖게 하는데 거의 전 생애를 바쳤다"

그러한 노력이 적중하여, 그의 강좌를 들은 많은 사람들은 실제 스피치 공포에서 벗어난 마법 같은 효과를 경험할 수 있었던 것이다. 이것이 지금과 같은 유명세의 가장 큰 원인으로 작용했다.

그렇다면, 그가 말하는 스피치 두려움을 극복하는 노하우란 무엇일까?

그는 공포증의 실체가 아무것도 아님을 깨닫게 하는 것을 첫 단계로 뽑았다. 대중들 앞에서 연설할 때의 공포는 당연한 것이며, 나뿐 아니라 다른 많은 사람들도 그런 경험을 했음을 인지하라고 하는 것이다. 내 엉덩이에만 뿔이 났다면 두렵고 걱정이 되지만, 모든 사람들의 엉덩이에 뿔이났다면 그것은 더 이상 두려움을 불러오지 않는다. 카네기는 이러한 심리를 꿰뚫고, 사람들이 더 이상 스피치를 두려워하지 않도록 심리적인 암시를 걸은 것이다.

다음으로 연단에 서는 일이 낯설기 때문에 공포심을 느끼게 된다고 그는 생각했다. 그러므로 많이 연단에 서본 사람이 그렇지 못한 사람보다 덜 떨리고 말도 더 잘한다는 것이다. 그렇게 수많은 경험을 통해 성공을 맛보다 보면 두려움에서 벗어날 수 있다고 그는 이야기한다.

그런데 이렇게 그의 주장을 단 몇 줄로 설명을 하고 보면 별 다른 것 없는 뻔한 이야기 같다. 결국에는 열심히 연습해서 실력을 쌓으라는 이야기이기 때문이다. 그러나 그의 논리를 집중하여 살펴보면 그 뻔한 듯한 주장이야 말로 가장 단순명쾌한 진리라는 생각에 도달하게 된다. 게다가 '이 사람이야말로 내 마음을 잘 알아주고 있구나' 싶어 친근감까지 느끼게 할 정도이다.

그것은 카네기 자신이 수강생들을 상대로 보다 효과적인 강연을 하였기 때문이다. 같은 내용이라 할지라도 누가 이야기하는지, 어떻게 이야기하는지에 따라 달라지게 된다.

필자는 그 스피치방식을 다음과 같이 세 가지 큰 특징으로 꼽아보았다.

첫째, 그의 강좌를 듣는 사람들 – 즉, 청중의 심리에 걸 맞는 구체적인 스피치 훈련법을 제시한다.

대중연설에 관한 그의 철학에 따르면, 가장 훌륭한 연설은 그 연설자의 혼이 담긴 것이며 그것이 청중들에게 전달된 연설이다. 그러나 이것은 누구나 공감하면서도, 쉽게 실천할 수 있는 것이 아니다. 내 이야기에 '혼'을 담는다니, 이 얼마나 어렵게 느껴지는가?

그는 이에 대해 가장 관심이 있고 흥미 있는 것을 주제로 택하라고 말한다. 그리고 청중들도 그 주제에 흥미를 가질 수 있도록 노력하며 연설하라고 말한다. 즉, 당신이 어떤 아이돌 가수에게 푹 빠져있다면 청중도 그 아이돌 가수의 팬이 되었으면, 하는 열의를 가지고 이야기하는 것이다.

그런데 이것은 생각보다 어렵지 않고 적절한 방법이다. 많은 사람들은 자신이 열광하는 것을 타인과 공유하고픈 욕망을 가지고 있기 때문이다. 재미있는 영화를 보고 오면 그 영화가 얼마나 재미있는지 친구에게 설명하고 싶어지고, 관심분야가 있으면 보다 많은 이들과 그것을 나누기 위해 동호회에 가입한다. 사람들은 다른 사람과 공통점을 가지고 있거나, 생각이 통한다고 느낄 때 카타르시스를 경험한다. 카네기는 이러한 심리를 스피치에 도입하여 이와 같은 훈련법을 제시한 것이다.

물론, 완성된 스피치를 하기 위해서는 구체적인 어휘다듬기와 같은 보다 세부적이고 전문적인 기술을 갖추어야 한다.

하지만 위의 훈련법은 '스피치 공포'를 가지고 있는 청중들이 심리적으로 보다 가깝게 스피치에 접근할 수 있다는 데에 의의가 있다. 그리고 그는 단계별로 훈련방식을 제공하고 있기 때문에 이러한 단계가 성공하고 나면 보다 전문적인 내용을 또 청중들에게 제공한다.

둘째, 설득력을 높이는 매우 풍부한 정보와 자료를 제공하고 있다.

그는 자신의 체험이나 다른 사람들의 사례는 물론이고, 수많은 유명인들의 인용구나, 통계학적으로 밝혀진 사실까지 주장을 뒷받침하는 자료로 제시한다. 예를 들어 '저명한 심리학자 윌리엄 제임스 교수의 이야기에 따르면'이나 '위대한 테너가수 잔드 레케는 이렇게 말했다'와 같은 방식으로 '다른 많은 유명인들도 나와 같은 생각을 하고 있다'는 메시지를 전달하는 것이다.

또한 무대공포증을 누구나 가지고 있다는 주장을 피력하기 위해서 '각 대학에서 조사한 바에 따르면, 화술과정에 등록한 학생들 가운데 80퍼센트~90퍼센트가 무대공포증으로 고민하고 있다'와 같은 객관적 자료를 제공하기도 했다.

그것을 살펴보면, 그가 얼마나 다양한 정보와 지식을 섭렵했는지 알 수 있어 감탄사가 나올 정도이다. 각 주장마다 그가 제시하는 모든 것들은 한 두 가지 정도의 근거 자료가 아니다. 마르지 않는 샘을 연상시킬 만큼 매우 다양하고 무궁무진한 것이다. 이렇게 주장의 타당성을 위해 많은 것들을 증명해보인 사람에게 청중은 설득될 수밖에 없다. 박학다식함이 스피치의 성공을 좌우한다는 것이 카네기를 통해서도 증명되는 것이다.

둘째, 그 많은 정보들을 제공하는 방식이 몹시도 실감이 나서 고개를 끄덕이게 된다. 특히 여러 개들 중 가장 흥미로운 것은 본인 및 수많은 사람들의 경험담들이다. 이 사례들을 접하다 보면 생생함이 살아있어 빨려들 뿐 아니라, '아, 정말 이 세상에는 나처럼 스피치를 두려워했으나 극복한 사람들이 많구나, 나도 할 수 있겠다'라는 생각이 절로 들게 한다.

이러한 말하기의 비결은 바로 '스토리텔링'에 있다. 단순히 '누가 그런 적이 있었다' 방식으로 얼버무리는 것이 아니라, 옛날 이야기를 들려주듯 재미있게 풀어내어 설득력을 보다 극대화시키는 것이다.

그는 모든 사례들을 설명할 때, 신문기사처럼 구체적인 정보를 제공하여 생동감을 주고 있다. '몇 해 전, 시카고의 콘라드 힐튼호텔에서 우리 강좌강사들의 지구별 집회가 열렸을 때' 또는 '수년 전, 뉴욕 로터리클럽 모임의 주요 연사에 저명한 정부고관이 지명되었을 때'와 같이 육하원칙에 의거하여 말이다. 이러한 구체적 말하기 방식은 보다 사람들의 신뢰감을 높여 주는데 큰 역할을 한다. 또한 대화체를 사용해 가며 그 사례를 실감나게 재구성한다. 마치 텔레비전에서 재연 배우들의 상황극을 보듯이 말이다. 예를 들어, "칼텐본이라는 유명인이 하버드 대학시절 웅변대회에 나가기 위해 연설문을 모두 암기했는데, 오히려 그 부담감 때문에 공포심만 더 커지고 말았다"라는 이야기를 카네기는 다음과 같은 방식으로 스토리를 입혔다.

> 대회당일 그는 "Gentlemen, the king"이라고 제목을 크게 외쳤다. 그런데 그 순간 그만 머릿속이 텅 비면서 앞이 캄캄해진 것이다. 필사적으로 암기해 두었던 글을 기억하려 했지만 아무 생각도 나지 않았다
>
> –카네기의 저서 『카네기 스피치 & 커뮤니케이션』 중

마치 자신이 1인칭 전지적 작가시점이 되어 그 당사자의 심리까지 매우 세심하게 표현하고 있는 것이다.

마지막으로 카네기는 청중의 이해를 도울 수 있는 모든 표현을 총동원하여 쉽게 설명하고 있다. 카네기는 대중연설 강좌를 개설하여, 다른 이들에게 그 정보를 제공한 사람이다. 그러므로 본인이 얼마나 뛰어난 스피치방법을 알고 있는지 뻐기기 위해 현란한 표현으로 거들먹거리며 이야기할 수도 있었다. 그것이 어느 정도의 광고효과를 낼 수 있기 때문이다.

하지만 '대중연설은 누구나 쉽게 할 수 있는 것'이라는 자신의 철학에 맞게 실생활에서 뽑은 비유 및 사례들로 이해를 돕고 있다. 그것이 바로 성공의 비결이 된 것이다.

대중연설은 웅변가나 변호인, 직업 연설가들만의 전유물이 아니라 일반 대중들에게도 필요하다. 일상적으로 자신의 생각을 정확하고 효과적으로 표현하길 원하고 또한 그것을 다른 사람들이 제대로 이해해주기 위한 요구가 넘쳐난다. 넘치는 정보의 시대, 자신의 생각과 아이디어를 일순간 사람들의 뇌리에 각인시키는 커뮤니케이션 능력은 성공의 필수조건이 되었다. 한순간에 모든 것을 바꿀 수 있는 커뮤니케이션의 원칙과 기술을 기억하면 좋겠다. 인격을 갖추고 연설에 자신감을 가지고 열정적으로 청중과 대화하듯 말하여 이야기에 생기를 불어 넣는 것이다. 자신감 넘치는 태도를 견지하고 타인의 경험에서 배우고 성공을 확신하고 연습을 통해 무대 공포증을 극복하고 나아가 청중과 교감하는 것이다. 커뮤니케이션 능력이 성공을 결정한다!

제5부

성공을 불러오는 스피치 -매력 스피치의 절대조건 2 - 心 가짐

33

말하기에도 마음의 내공이 필요하다

상대방을 높여 말하는 사람은 그 사람도 함께 올라가지만, 상대방을 비난하고 욕을 하는 순간 자신도 추락한다는 것을 명심해야 한다.

모 TV프로에서 한 여대생의 '키가 180cm가 안 되는 남자는 루저라고 생각한다'라는 발언이 무제가 된 일이 있었다. 최근 예능프로그램의 추세가 이른바 폭로전-숨김없이 모든 것을 말하는 것이라고는 하지만, 대다수의 남성 시청자들의 키가 180cm가 안 된다는 것을 무시하고, 도를 넘어선 발언을 하고 말았다. 결국 시청자들은 그녀의 출신대학교를 '루저 대학교'라고 조롱하기까지 했다. 자신의 생각을 거침없이 말하는 것이 자신감 넘쳐 보일 때도 있지만, 상대방을 배려하는 마음이 뒷받침되어 있지 않으면 한 순간에 무례한 사람이 된다.

마음의 내공다지기

새해를 시작할 때마다 늘 새로운 계획을 세우고 며칠 지나면 언제 그랬냐는 듯 작심삼일이 되어버린다. 그러기를 반복하다 어느덧 한 해가 저문다. 한해 두해가 지나면서 느끼는 점은 시간이 너무 빨리간다는 점이다. 시간의 가속도 법칙이 존재하는 듯, 두 배 이상 빨리가는 듯한 느낌이다. 한해를 마감하는 즈음에는 '그동안 내게 서운하게 했던 사람에게

조차도 너그럽고, 여유롭게 대하자'라는 마음이 절로 생기니 분명 마음도 세월 따라 커져가는 느낌이다.

마음의 내공 때문일까? 웬만한 일에는 끄덕하지 않고 그 상황에서 최선의 방법이 무엇일까를 생각하는 걸 보면, 어릴 적 감정에만 몰입해서 행동했던 유치함은 벗었으니 말이다.

하지만 안타깝게도 주변을 돌아보면 나이가 많든 적든 상관없이 마음의 내공이 부족한 이들이 참 많다. 이런 얘기를 하는 필자 역시 언제나 부족함을 느끼고 살지만, 정말 아닌 사람들에게는 한마디 해주고 싶다. 왜냐하면 올바른 대화를 하지 못하는 이들은 그 만큼 마음의 내공이 부족한 경우가 많기 때문이다. 그래서 5부에서는 많은 부분, 스피치를 잘하기 위한 마음의 자세에 대해 다루고자 한다.

어떤 분야가 됐든 오랜 기간 정성을 들여 자신만의 능력을 갈고 닦은 사람이 성취한 전문가적인 식견이나 지식, 더불어 그 이상의 힘이나 능력을 '내공'이라 한다. 내공은 원래 무술세계에서의 오랜 시간 지속적인 수련을 통해 특정 무술을 연마하면 보통사람이 상상할 수 없을 정도의 놀라운 힘이나 능력을 소유하는 것을 말한다. 하지만 사회생활에서 '내공'이라 함은 '개인이 축적한 지적, 감성적 능력의 총체'란 의미로 바뀐 것이다. 그렇다면 스피치에도 내공이 필요할까? 이에 대한 대답은 '물론 그렇다'이다.

상대방에게 늘 비수를 꽂는 말만 골라서 하는 사람이나, 늘 허풍을 떠는 사람, 빈정거리는 사람, 늘 남 얘기를 하고 다니는 사람, 상대방의 체면이나 인격의 상처를 입히는 말을 거침없이 내뱉는 사람, 쌍스러운 말을 입에 달고다니는 사람은 문제가 심각하다. 즉, 마음의 내공이 부족한 이들이다. 마음에 어떤 스토리를 담고 있느냐는 곧 그 사람의 말이나 행동을 통해 드러나기 마련이다. 이는 나이가 먹는다고 저절로 마음이 성장하는 것이 아니다. 마음을 단련시켜야만 스피치도 세련되어진다.

남에게서 들은 이야기를 다른 사람에 전하는 것 역시 철저히 삼가야 한다. 설령 들은 이야기가 사실일지언정 이야기의 주인공인 당사자가 자신의 얘기가 다른 이들 사이에서 돌고 있다는 것을 알게 되면, 기분이 불쾌해지는 것은 당연하기 때문이다. 게다가 당사자로부터 직접들은 이야기가 아닌 제 3자로부터 들은 이야기라면 그 진위를 알 수 없기에 자칫하면 헛소문을 퍼트리는 일이 되는 것이다.

하지만 사람들 중에는 남의 얘기하길 좋아하거나 헛소문을 퍼트리기 좋아하는 사람들이 있다. 또 사실을 확인하지 못한 채, 마치 사실인양 쉽게 말하는 이들도 있다. 잘못된 정보를 퍼트리는 이는 처음에는 들어줄지 모르지만, 그것이 그 사람의 습성이고 인격이라면 그 사람과의 대화를 많은 사람들이 싫어하게 된다. 거짓말쟁이나 허풍쟁이는 어디서든 신뢰받지 못하는 것이다. 이런 사람들일수록 자기 과시욕이 강하며, 남들에게 우쭐한 마음을 드러내려 하는 것이다. 적어도 자신이 다른 사람에게 말을 건넬 때는 확인되지 않은 잘못된 정보를 옮기는 것은 금물이다. 남의 말을 무책임하게 옮기는 것 역시 좋지 않다.

내가 어떤 말을 하고 있는가는 나의 '내공'으로부터 나온다

사람의 입 밖으로 나오는 모든 말들은 그 사람의 인격이다. 그 사람의 마음과 사상을 대변하는 것이다. 더 나아가 그 사람 전부이며, 그 사람의 브랜드가 되는 것이다. 말은 단순히 말이 아니다. 말은 그 사람의 생각이고 철학이다. 생각과 철학, 사상이 입 밖으로 표현되어 나오는 것이 말이다. 그러므로 커뮤니케이션을 잘 하기 위해서는 무엇보다도 자신의 생각과 철학을 잘 다듬는 것이 우선이다.

늘 남 얘기를 하며 험담하는 사람은 자신 스스로에게 자신감이 없는 이들이다. 늘 부정적인 말을 달고 다니는 사람은 부정적인 사고가 그를 지배하는 인격을 가진 이다. 늘 남에게 상처를 주고 비판하는 사람은 스스로 완벽하지 못한 사람이고 자신의 단점을 보지 못하는 이들이다. 늘 사람을 불쾌하게 하는 말을 일삼는 사람은 자신의 사상이 불쾌함으로 가득찬 사람이기 때문이다.

상대방의 욕을 일삼는 사람은 당사자에게 당당히 말을 못하고, 늘 다른 사람에 대한 욕을 퍼트리고 다니는 사람이다. 정작 본인은 더더욱 허물이 많은 사람이면서도 불행히도 자신의 잘못을 보지는 못하는 사람이다.

내가 퍼트리는 잘못된 소문으로 인해 다른 사람들이 나를 좋아하고 이야기의 당사자를 싫어하게 되겠지 생각하면 오산이다. 자기가 내뱉는 모든 말 버릇을 많은 사람들은 기억할 것이고, 상대방을 기억하는 데, 절대적 영향을 끼치는 것이다. 부정적인 말은 하지도, 듣지도, 전하지도 말라고 했다. 여러 사람을 파멸시키는 지름길인 것이다.

흔히, 사람들이 많이 쓰는 '죽겠다', '피곤해', '짜증나' 등의 말은 모두 자신의 심층심리에서 나온 말로써 언어심리학에서는 '심층언어'라 부른다. 따라서 심층언어에서 나온 이런 말들을 자주사용하면, 자기도 모르는 사이에 실제로 그런 사람이 되고 만다. 그러므로 그 사람이 평소에 쓰는 말버릇이나 말하는 스타일은 그 사람의 성격을 100% 반영하는 것이다.

늘 나서기 좋아하고, 기분 나쁜말로 남 험담하는 사람의 내면이 얼마나 성숙되었겠는가? 마음의 그릇도 작고, 생각의 내공도 얕은 사람이며, 진정성도 떨어지는 사람들인 것이다.

내공이 스피치 스타일을 결정한다

진정한 마음의 내공을 가진 이는 남 욕하는 데 급급한 사람이 아닌, 당사자에게 직접 다가가 부드럽게 충고할 수 있는 사람인 것이다. 충고와 조언이 완벽한 효과를 얻으려면, 처음에는 칭찬을 통해 분위기를 부드럽게 만들고 난 후 하는 것이 더욱 효과적인 것이다.

상대방을 높여 말하는 사람은 그 순간 나도 함께 올라가지만, 상대방을 비난하고 욕을 하는 순간 자신도 추락하고, 남을 향해 쏘아올린 화살은 다시 되돌아와 자신의 가슴에 명중된다는 사실을 꼭 기억해야 할 것이다.

그렇다면 스피치의 내공은 어떻게 쌓을 것인가? 자신의 가치관을 정립하고 될 수 있다면 더 많은 것을 경험하고 느껴야 한다. 경험을 하는 만큼의 그 상황에 대한 몰입, 즉 집중력이 필요하다. 직접 경험뿐 아니라 시간상 이유로 간접 경험을 넓히는 것도 중요하다. 이는 '책'을 통해서 얻는 것이 최고이다.

언제 어디서나 어떤 경험을 하고 어떤 사람을 만나더라도 '진지하고 성실함'을 더해보라. 자기중심적 우물 안에서 벗어나 더 큰 세상을 볼 수 있어야 한다. 그런 '진정성'을 가지고 살아가는 이들에게는 언제나 노력하고 삶을 치열하게 살기위해 정진한다.

언젠가 학교선배가 필자에게 건네는 말이 참 인상 깊었다. 지금 당장 '유서'를 써 보라했다. 이는 삶을 마감하는 즈음에 많은 사람들이 '자신을 어떻게 기억하는가?'를 떠올리지 않을 수 없는 순간이기 때문이다. 그 순간 필자는 눈물이 왈칵 쏟아질 뻔 했다.

내가 죽을 때 내옆에 있는 사람과 나를 기억하는 수많은 사람들의 기억에 '나란 존재'는 과연 무엇일까? 그런 순간에도 우리는 '내 위주', '이기적인 자기중심'의 모습에서 머물러 있을 것인가? 속세의 편협함과의 타협을 벗어던져야 한다. 더 큰 사람이 되어야 스피치의 그릇도 커진다. 스피치는 인격을 반영할 수밖에 없기 때문이다. '에토스'가 설득에서 큰 요소로 차지하는 것을 보면 이해할 수 있을 것이다.

한 해를 맞을 때마다, 새해 계획도 세우고 많은 일들을 준비하겠지만, '마음의 내공다지기'도 목록에 넣어두는 건 어떨까 한다. 아니, 365일 훈련해야 할 과제이다. 화자의 내공, 마음의 크기가 그 사람의 말에 반영되기 때문이다.

34

자기 암시의 힘

매일매일 힘차게 나에게 말해주세요. "모든 면에서 나는 매일매일 더 나아지고 있습니다"
–에밀쿠에 (자기암시요법의 창시자)

몇 년 전 미국의 닉 시즈맨이라는 역무원이 사망한 사건이 있었다. 어느 날 그가 냉동차량에서 홀로 작업을 할 때, 직원들이 냉동차 문을 잠궈버린 것이었다. 냉동차량 안에 갇힌 것을 알게된 닉이 소리를 질렀지만, 이미 직원들은 퇴근해버린 뒤였고, 죽음의 공포가 엄습하자 그는 칼로 바닥에 "너무 추워서 온 몸이 마비되어 가고 있다. 그냥 잠들어 버렸으면 좋겠다. 이게 나의 마지막이 될 것이다"라는 글을 새겼고, 결국 사망했다. 다음날 역무원들은 냉동차 문을 열고 경악을 금치 못했다. 냉동차는 고장이 나 있었고, 내부의 온도는 섭씨 14도였기 때문이다. 닉은 추위로 얼어 죽은 것이 아니라, 냉동차 안에서 얼어 죽을 지 모른다는 공포에 얼어 죽은 것이었다.

암시의 힘은 불가능을 초월한다

커피값이 파죽지세로 치솟아 오르면서 지금보다 가격거품에 대한 논쟁이 심각했던 때가 있었다. 그런 상황에 맞추어 보다 저렴하지만, 질적으로는 큰 차이가 없음을 강조하는 커피들이 속속들이 나타나기 시작했는데, 다음의 선전은 그런 제품의 특성을 잘 나타낸 것 중의 하나이다.

테이블 앞에 한 여인이 앉아 있다. 그 여인앞에는 두잔의 커피가 놓여 있는데, 한잔에는 2천원, 다른 잔에는 4천원이라고 쓰여 있다. 여인이 각 커피의 맛을 보고 나자, 진행자가 묻는다. "어떤 커피를 선택하겠습니까?"

여인이 말하기를 4천원짜리 커피가 원두의 향도 풍부하고 맛도 진한 것 같으므로 그것을 택하겠다고 한다. 그런데 사실은 두 커피 모두 2천원 짜리의 같은 제품이었다.

위의 광고는 '자기 암시'에 따른 '최면효과'를 잘 나타내 주고 있다. 일반적으로 비싼커피가 더 좋은 원두를 쓸 것 같고 그만큼 맛이나 향도 풍부할 것이라 생각한다. 그러한 암시 때문에 같은 커피임에도 불구하고 더 비싼것이 더 맛있는 것처럼 느껴지는 것이다.

이러한 '자기 암시'의 상황들은 텔레비전 프로그램에서도 많이들 보아 왔을 것이다. 한때, 연예인들을 상대로 한 최면이나 전생체험이 그 대표적인 사례이다. 반팔을 입고 에어컨을 잔뜩 틀어 놓은 방안에서도 덥다고 암시를 주면, 그 사람은 비오듯 땀을 흘린다. 또한 마늘을 주면서 맛있는 아몬드라고 암시를 주면, 그 사람은 너무도 맛있게 오도독오도독 마늘을 씹어먹는 것이다.

이토록 암시의 힘은 불가능을 초월하는 엄청난 것이다. 잘못 사용한다면, 사람을 죽게 할 수도 있겠지만, 잘만 사용한다면 얼마나 좋은 결과를 가져올 수 있을까? 예를 들어, 스피치를 하기 앞서 여러분이 <자기 암시의 힘>을 활용한다면 당신의 "청중들 앞에 서는 두려움"이나, "말하기에 대한 자신감 부족"은 쉽게 극복될 수 있을 것이다. 그렇다면, 구체적으로 어떤 실천방법이 있을까?

뚜렷하게 이미지화 한다

우리는 앞서 긍정의 힘에 대한 이야기를 한 적이 있다. 긍정적으로 생각하면 결과 역시 그렇게 바뀐다는 것이다. 그런데 이 긍정적인 생각이라는 게 말처럼 쉽지가 않다. 아무리 봐도 안 좋은 상황임이 확실한데, 그럼에도 긍정적으로 생각한다는 것은 보통 낙천주의자가 아니고야 어렵기 때문이다. <자기 암시>는 그래서 필요하다. 아무리 절망적이고, 희망이 불가능한 상황에서도, 당신이 그것을 포기하지 않게 만들어 주기 때문이다.

1995년 대한민국의 잊지 못할 아픔이 된 끔찍했던 '삼풍백화점 붕괴사건'. 그 사건의 최후 생존자중 한 사람인 유지환 양은 여린 여자의 몸이었다. 게다가 당시 그녀의 나이는 19살! 그런 그녀가 13일 만에 극적으로 구조될 때 온 국민이 뜨거운 눈물을 흘리며 생존을 가능케 한 원인에 큰 관심을 가졌던 건 당연한 일이었다. 그런데 생존자 삼인방 중 가장 여유 있는 모습을 보였던 유지환 양의 대답은 다음과 같았다.

"내가 아이스커피를 너무 좋아한다. 그래서 갇혀있을 때 아이스커피가 너무도 먹고 싶었다. 다시 밖으로 나가 아이스커피를 마실 수 있을거란 생각만 계속했다."

당시 뉴스를 보며 유지환 양의 이러한 대답을 듣고 몹시도 충격을 받았던 일이 아직도 생각난다. 아이스커피는 고사하고, 빗물조차도 아쉬워 양말에 물을 받아 입안에 짜 넣는 등 극한의 상황에서 13일을 버텨야했던 그녀. 과연 그런 상황 속에서 "밖에 나가 아이스커피를 마실 수 있다"는 긍정적인 마음을 가질 수 있을까? 그러나 구체적인 상상의 힘이 지환 양을 살렸다. 얼마나 수많은 시간동안 그녀는 아이스커피의 맛과 물이 송글송글 맺힌 차가운 유리잔의 감촉, 찰그랑 찰그랑 소리를 내며 맑게 부딪치는 얼음의 소리를 상상하고 또 상상했겠는가? 그 상상이 바로 긍정적 생각을 할 수 있는 원천이 된 것이다. 그리고 이것이 바로 '자기 암시'의 힘이다.

삼풍백화점의 붕괴와 같은 치명적인 상황에 비하면 지금 당신의 스피치에 대한 두려움은 상대적으로 부담감이 덜한 위기임에 분명하다. 당신은 내일있을 강연만 생각해도 현기증이 나고 심장이 쿵쾅쿵쾅 뛸지 모른다. 그런 당신의 머릿속엔 바로 다음과 같은 이미지가 떠오를 것이다. 넓은 홀. 그 안을 꽉 채운 수많은 사람들. 바들바들 떨며 연단위로 올라가는 당신의 가녀린 두 다리. 그런 당신을 뚫어져라 쳐다보는 날카로운 시선들……. 그러나 다음과 같이 상상을 바꾸어 보자.

'연설당일 날, 침대에서 눈을 떴을 때 전날의 숙면으로 당신의 몸상태는 몹시도 개운하다. 당신이 가장 아끼는 하이힐을 신고, 연단을 향해 올라갈 때 당신에게 쏟아지는 수많은 눈길들은 부러움과 동경의 눈빛이다. 지금 당신은 눈부시기 때문이다! 당신은 연단앞에 서서 똑바로 허리를 펴고 청중들을 바라본다. 당신의 연설을 듣기 위해 여기까지 찾아온 수많은 사람들의 기대가 느껴진다. 당신은 그 기대와 주목에 스타가 된듯 피가 끓어오르며, 반드시 부응하겠다는 열정으로 퍼펙트하게 연설을 마친다.'

이러한 구체적인 상상을 지속적으로 유지하는 것은 당신의 스피치에 있어서 매우 큰 도움이 될 것이다. 어쩌면 당신은 연단으로 향하는 나무계단에 구두 밑바닥이 닿는 감촉까지도 선명하게 상상해 낼 수 있을지 모른다. 그리고 홀안에 울려퍼지는 당신의 낭랑하고 듣기 좋은 목소리도 함께……. 그러면 그럴수록 당신의 성공은 더욱 당신과 가까워 질 것이다.

구체적인 글로 남겨라

그러나 사람에 따라서는 상상력이 매우 부족할 수도 있다. 아무리 구체적으로 이미지화를 시키려 해도 잘 안 되는 경우 말이다. 그럴 때는 자신의 생각을 구체적으로 작성하는 것이 큰 도움이 된다.

일본의 어느 시골마을, 이제 22세가 된 한 젊은이는 드디어 자기 소유의 작은 오토바이 공장을 설립했다. 그 공장의 이름은 "dream", 언젠가는 이 작은 공장을 세계 최대의 회사로 만들겠다는 꿈이 있었기 때문이다. 그러나 당시 일본에는 도쿄발동기, 메꾸로 제작소와 같은 쟁쟁한 오토바이 회사들이 시장을 석권하고 있었고, 그에 대적하고도 남을 최고가 되기엔 그의 공장은 너무도 작고 보잘 것 없었다. 그런 불가능한 상황에서 그가 실행한 획기적인 방법은 다음과 같다. 책상에 <세계 제일의 회사>라고 써놓고 매일보면서 자기 암시를 한 것이다. 그리고 마침내 그의 작은 공장은 책상위에 쓴 글처럼 세계 제일의 회사가 되고야 말았다. 그가 바로 혼다소이치로 그 유명한 혼다사의 창립자인 것이다.

당신도 혼다 회장처럼 화장대 거울에 "나는 할 수 있다"라고 써놓은 종이를 붙이고 매일매일 꾸준히 본다면 큰 도움이 될 것이다. 그러나 필자는 보다 구체적인 방법을 제안한다. 종이 쪽지가 아니라 노트한권을 준비하는 것이다. 이왕이면 희망찬 노란색이나, 보기만 해도 사랑스러워서 자꾸 보고 싶은 핑크색이라면 더욱 좋을 것이다. 그리고 그 안에 당신의 스피치에 대해 매일 한장한장 자기 암시의 내용을 적어가는 것이다. 그런데 그 내용은 단순한 것보단 구체적일 수록 더 좋다.

예를 들어, '나는 내 남사친구와의 언쟁을 매력적인 대화로 바꿔나갈 수 있다' 라고 쓰는 대신 '나는 오늘 크게 싸우고 헤어진 남자친구와 내일 다시 만나 대화할 때에, 일단 그의 마음을 먼저 이해할 것이다. 그리고 나 자신도 잔뜩 화가 난 마음을 누그러뜨릴 것이다. 그리고 대화도중 아무리 화가 나도 언쟁을 높이지 않을 것이며 거친말도 쓰지 않을 것이다. 내가 먼저 그렇게 한다면 남자친구와의 대화는 순조롭게 잘 풀릴 것이다' 라고 쓰는 것이다.

청중앞에 서서 말하는 것에 대한 두려움도 이와 같은 방식을 이용한다면 효과적으로 해결할 수 있을 것이다.

'내가 연단위에 오를 때 나를 바라보는 청중들의 시선은 내가 얼마나 잘하는지 두고보자는 시선이 아니다. 그들은 나의 말을 열린 마음으로 경청할 자세를 가지고 있다. 그러므로 어쩌다가 실수를 한번 한다해서 이때다, 하고 성난늑대처럼 달려들지는 않을 것이다. 내가 침착하기만 하다면 순간의 실수도 유연하게 대처할 수 있을 것이고, 그런 나의 위기극복에 그들은 함께 안도하며 기뻐해 줄 것이다. 그들은 연설내내 속으로 나를 응원해 줄 것임에 틀림없다.'

이렇게 구체적으로 써 놓는다면, 아무리 상상력이 부족한 사람이라 할지라도 효과적인 자기 암시를 하지 않을 수 없을 것이다.

매일 입버릇처럼 말하라

여기에 금상첨화의 방법이 하나 더 있다. 쓰는 것에만 그치지 말고 큰 소리로 따라 읽는 것이다. 그것도 입버릇처럼 말이다.

사이토 히토리씨는 일본 최고의 부자상인이자 독서광으로 유명하다. 그런 그는 대형트럭 운전수의 조수로 사회생활의 첫 발을 내디뎠다고 한다. 그러나 지금은 개인 사업자로서 지난 9년간의 세금납부액만 해도 1천 381억 9천 100만 원에 해당한다고 한다. <운 좋은 놈이 성공한다>라는 저서를 내기도 했던 그는 자신의 운을 키우는 방법으로 다음을 꼽았다.

"입버릇처럼 다음과 같이 말하라. 나는 행복해. 내가 해서 안 되는 일이란 없어. 하지 않으면 이룰 수 없는 거야. 나는 풍족해."

중요한 것은 이러한 말버릇은 사이토 히토리씨 한 사람만의 특징이 아니란 사실이다. 수많은 성공하는 사람들이 자신의 성공비법으로 이러한 말버릇을 꼽았기 때문이다. 그래서 그 정신을 본받고자, 매일 아침조회 및 회의시간마다 전 직원이 모두 일어나 큰 소리로 "나는 오늘기분이 좋다! 나는 오늘 너무 멋있다! 나는 오늘 반드시 성공할 수 있다!"를 외치게 하는 중소기업들도 많이 있다. 이처럼 자신이 되고 싶은 모습을 입 밖에 꺼내어 말하면, 좀 더 그 암시는 구체성을 띤다. 더욱이, 단순한 종이쪽지가 아닌 노트한 장에 정성껏 쓴 당신의 구체적 계획을 큰 소리로 말한다면 그 효과는 배가 될 것이다. 게다가 이 자기 암시방법을 나음과 같이 활용할 수도 있다.

당신이 지금 노트에 쓴 스피치에 관한 희망찬 내용을 연설문 삼아, 많은 사람들 앞에서 연설한다고 생각하고 큰소리로 말을 하는 것이다. 이렇게 꾸준히 해나간다면, 우주 저 멀리에서 당신의 스피치 성공을 기원하는 에너지를 끌어올 뿐 아니라, 구체적인 스피치 연습을 할 수 있을 것이다. 많은 사람들은 항상 스피치의 불안을 자신은 준비가 덜 되었기 때문이라고 생각하지만 실은 마음을 콘트롤 하지 못하는 경우가 대부분이다. 인생이란 전투에서 늘 빠르고 센 사람이 이기는 것은 아니듯, 늦거나 빠르긴 해도 인생에서 이길 수 있다고 생각하는 사람이 이기는 것은 당연하다. 바로 자기 암시의 힘이나.

35

역지사지

성공적인 스피치는 말하는 사람 스스로가 감동하는 스피치가 아니다.
당신이 감동시켜야 할 사람은 당신 자신이 아니라 청중인 것이다.

할리우드의 톱스타 린제이 로한이 출연한 <프리키 프라이데이>는 '끔찍한 금요일'이라는 뜻을 가진 코미디 영화이다. 그런데 코미디 영화의 제목이 '끔찍한 금요일'이라니 심상치가 않다. 희대의 살인마 제이슨이 나오는 '13일의 금요일'과 연관이라도 있는 걸까?

이유인 즉, 그 날은 딸과 어머니의 몸이 서로 바뀐 기념비적인 날이기 때문이다. 물론, 하루 아침에 서로의 몸이 바뀌었다면 누구에게나 끔찍한 일이 될 것이다. 그러나 이 영화에는 더 특별한 사연이 있다. 록커를 꿈꾸는 자유분방한 고등학생 딸 애나와 정신의학 박사인 고지식한 어머니 테스는 서로 다른 가치관으로 하나에서 열까지 끊임없이 충돌했기 때문이다. '서로의 몸이 바뀐다'는 설정으로 시작되는 영화는 위에서 뽑은 <프리키 프라이데이>뿐만이 아니다. 일본의 톱배우 히로스에 료코가 출연한 영화 <비밀>에서부터, 유쾌한 코미디 영화 <핫칙>에 이르기까지 일일이 열거하자면 지면이 모자랄 것이다.

역지사지에서 오는 통쾌함

그렇다면 이런 설정들이 왜 영화의 단골소재로 사랑받는 것일까? 그것은 '역지사지'에서 오는 통쾌함 때문일 것이다. 역지사지란 상대방과 처지를 바꾸어 생각하라는 뜻의 한자성어이다. 세상을 살다보면 수없이 많은 분쟁과 싸움에 얽일 위험이 있는데, 그 모든 것은 결국 서로에 대한 부족한 이해가 원인이다. 그것은 얼마나 답답한 노릇인가?

그런데 영화 <프리키 프라이데이>는 엄마와 딸의 몸이 바뀌어 각자의 입장에 놓이게 됨으로써, 서로를 이해하게 된다. 그것은 영화를 바라보는 관객들에게 통쾌한 대리만족을 준다. 내 가슴이 뻥 뚫린 듯한 후련함! 이해하기 어려워 가슴이 답답했던 인간관계의 큰 부분이 영화 속이지만 시원하게 풀렸기 때문이다.

요즘 많은 인기를 끌고 있는 <남녀 탐구생활>역시 같은 맥락의 방송일 것이다. 남녀 사이만큼 서로 이해하기 어려운 관계가 또 있을까? 오죽하면 <화성에서 온 남자, 금성에서 온 여자>라는 유명한 책제목이 탄생했겠는가. 그런 남녀 각각의 현실적으로 꾸며진 상황극을 보며, 시청자들은 남자의 입장에 또는 여자의 입장에 몰입하게 된다. 그러면서 깊은 공감과 이해를 하게 되는 것이다. 그러한 역지사지가 주는 후련한 쾌감이야말로 그 프로그램을 성공시킨 일등요인일 거라 필자는 믿어 의심치 않는다.

청자의 입장이 되어 말하라

스피치란 결국 '소통'이 가장 큰 관건이다. 나 혼자만 떠들면 다 되는 것이 아니기 때문이다. 그리고 '소통'에는 반드시 '이해'가 따라야 한다. 서로를 이해할 수 없는데 어찌 소통할 수 있겠는가?

자, 눈을 들어 지금 당신앞에 앉아 당신이 무슨 말을 할지 기대하고 있는 그 사람을 바라보자. 당신은 그 사람과 소통해야만 하고, 그 소통을 위해서 그토록 스피치 기술을 익히고 연마했던 것이다. 그러므로 당신은 그 사람을 '이해'할 줄 알아야 한다. 성공적인 스피치를 위해선 역지사지의 자세로 청자의 입장이 되 보는 마음가짐이 반드시 필요하기 때문이다.

대령숙수의 칼을 차지하기 위한 치열한 요리경합을 다룬 영화 <식객>에서 '쇠고기탕'을 놓고 벌이는 마지막 경합은 두 요리사 성찬과 봉주의 승패를 가름하는 가장 중요한 과제가 된다. 그러나 아무런 쇠고기탕이나 끓여도 되는 것이 아니다. 대령숙수가 순종 임금을 감동시켰던 특별한 '쇠고기탕'을 똑같이 재현해야 하는데, 그것이 어떤 쇠고기탕인지 알 수 없다는 것이 문제. 봉주는 한 나라의 임금을 감동시킬 만한 음식이라면 매우 현란한 요리일 것이라 생각하여 운암정 대대로 내려온 요리비법을 찾는데 혈안이 된다. 반면 주인공 성찬은 순종임금의 입장이 되어 그 음식을 알아 맞히기 위해 노력한다. 결과는 성찬의 승리! 그가 끓인 '육개장'이야 말로 순종임금을 감동시킨 쇠고기탕의 정체였던 것이다.

대령숙수는 조선의 마지막 황제순종의 직속요리사였다. 일본에 의해 나라를 잃게 된 설움 속에서 대령숙수는 마지막으로 순종임금에게 '육개장'을 올린다. 육개장은 전혀 화려하지도 않고 고급스럽지도 않은 서민들이 장터에서 즐겨먹던 음식이다. 그러나 육개장 안에 들어 있는 고사리는 한민족의 끈질긴 생명력을, 쇠고기는 소처럼 묵묵히 일하는 한민족의 성실함을, 고추기름은 매운맛 그대로 조선의 강인함을, 토란은 외세에 쓰러지지 않을 한민족의 항일의지를 뜻하고 있다. 나라의 풍전등화같은 위기 앞에 순종임금은 오랫동안 식음을 전폐하고 입에 물 한 모금 대지않았다고 한다. 그런 왕을 걱정했던 대령숙수의 육개장 안에 담긴 뜻을 알았기에, 순종임금은 국물 한모금도 남기지 않고 그릇을 다비우고는 끝내 눈물을 흘렸던 것이다.

순종임금의 입장이 되어 그의 마음을 가장 잘 달래줄 수 있는 음식을 만들었던 대령숙수. 그렇기 때문에 그가 만든 '육개장'은 한 나라의 임금을 감동시킨 최고의 음식이 된다 비록 대령숙수의 수제자였던 할아버지의 가르침이 큰 힌트이긴 했지만, 순종임금의 처지가 되어 생각하려 했던 성찬도 그 역지사지의 정신 때문에 대령숙수의 칼을 차지할 수 있었다.

스피치에서 역시 마찬가지이다. 요리하는 사람에게 있어 자신의 요리를 먹어주는 손님이 없어서는 안 될 중요한 존재라면, 스피치를 하는 사람에게 있어서는 자신의 이야기를 들어주는 청자가 그런 존재가 될 것이다. 요리사가 자신의 요리로 음식을 먹어 주는 사람과 소통을 한다면, 스피치를 하는 사람은 '말'로써 이야기를 들어주는 사람과 소통한다. 그런데 최고의 요리사는 그 손님이 무엇을 원하는 지를 잘 알고 내놓는 사람이다. 무조건 기름지고 현란한 음식이 가장 좋은 음식이 아닌 것이다. 인기만화 <요리왕 비룡>에서 기름지고 화려한 온갖 음식들에 질려 버린 황제가 비룡이 만들어낸 담백하고 평범한 숙주나물 요리를 최고로 뽑은 것도 그러한 이유에서다.

스피치 역시 요리와 마찬가지이다. 자신이 하고 싶은 이야기를 하는 게 아니라, 청중의 입장에서 청중의 입맛에 맞는 이야기를 해야 한다. 그렇다고 요즘 트렌드의 주제들만 말하라는 것이 아니다. 십대아이들을 두고 정치에 대해서 가르쳐야만 하는 자리라면, 십대아이들의 입맛에 맞도록 알아듣기 쉽게 정치이야기를 하라는 것이지 무조건 그들이 좋아할만한 연예인 이야기만 하라는 게 아닌 것이다. 십대아이들의 입장이 되어 어떻게 하면 어려운 정치를 잘 이해할 수 있을까 생각하여 말한다면, '정치'의 '정'자에도 관심없던 어린청중들은 눈을 빛내며 당신의 말에 귀를 기울일 것이다.

어디 그 뿐인가? 그런 역지사지 정신이 갖춰진다면 한 나라의 대통령 앞에서 말한다 해도 어려울 것이 없을 것이다. 역지사지의 정신은 그 어떤 상황에서라도 당신이 훌륭한 말하기를 해낼 수 있는 비장의 무기가 될 것이다.

상대방을 배려하지 않는 스피치는 죽은 스피치

그러나 말을 하다보면 스피치에 있어서 가장 중요한 그 핵심을 잊게 되는 경우가 많다. 가장 대표적인 예는 화자 스스로 자신의 말하기에 도취되었을 경우이다. 어느 날 TV에서 한 예능인 사회자가 자신의 과거일화를 밝힌 적이 있다. 당시 그는 한창 물오른 입담으로 전성기를 구가하고 있었다. 말하기에 있어서 자신감을 가졌음은 물론이요, 스튜디오가 안방처럼 편하게 느껴지기 시작했다고 한다.

그날도 사회자는 방송을 하며 자기 스스로도 아, 방송 진짜 잘하고 있구나 라고 생각했다고 한다. 스스로 생각해도 지금 던지는 이 멘트가 너무 유머러스하고 감각적이라 자기가 말해 놓고도 막 웃으며 리액션을 취했다고 한다. 그렇게 만족스러운 방송을 마치고 의기양양하게 내려와 프로듀서에게 "형, 나 오늘 어땠어요? 괜찮았지요?"라고 물어봤는데 웬 일인지 싸늘한 프로듀서, "방송 한번 확인해봐." 한 마디하고 가더란 것이다.

왜 그러지? 싶어 의아해 하던 사회자는 텔레비전을 통해 그날 방송을 모니터했다. 그리고 쥐구멍에라도 숨고싶은 심정이었다고 한다. 당시 스튜디오에서 자신이 체감한 것과는 달리 실제방송은 그 사회자 혼자서만 웃고 떠드는 일인극이 되어버렸던 것이다. 줄곧 자신에게 도취된 사회자는 청중들의 반응을 살피지 않았고, 그 때문에 가장 중요한 대상인 청중과의 의사소통이 단절되어 방청석은 그 어느 때보다도 썰렁했던 것이다.

이러한 경우가 비단 이 MC만의 일일까? 이야기를 하다보면, 스스로도 열정에 불타올라 그 이야기에 몰입하게 되는데 그러한 집중력은 물론 환영할만한 것이다. 하지만 그런 와중에도 청중은 끊임없이 살펴야만 한다. 그렇지 못하면 이야기를 잘하고자 하는 의도였던 그 몰입이 커뮤니케이션의 단절을 가져와, 자기 혼자만 벽에 대고 이야기하는 듯한 꼴사나운 모습을 연출할 수 있기 때문이다.

앞서 잠깐 언급했던 <요리왕 비룡>을 다시 들어보자. 중국을 배경으로 한 이 만화에서 비룡과 그의 라이벌 요리사는 중국 황제를 모시고 동서양을 망라한 최고의 요리를 뽐낼 기회를 갖는다. 라이벌 요리사는 때는 지금이다라는 생각에 자신이 지금껏 연마한 요리 중 가장 자신있고 현란한 요리들을 내놓으며 화려한 기술을 뽐냈다. 그러나 결과는 어떠했는가? 기름진 음식에 질려있던 황제에게 가장 알맞은 숙주나물 요리를 내놓은 비룡의 승리였다. 라이벌 요리사는 황제의 입장은 생각하지 않고 자신의 요리에만 심취해 있었기에, 스스로는 만족해도 남은 만족시킬 수 없는 요리를 선보였던 것이다.

스피치 또한 마찬가지이다. 스피치는 이야기를 듣는 사람을 만족시켜야 함을 항상 잊지 말아야 한다. 자기 혼자만 자신의 입담에 도취되지 말아라. 혼자만 만족스런 그런 스피치는 아무리 좋게 보려 해도 그 가치를 매겨주기 어려운 것이다.

역지사지의 스피치는 상대방의 욕구를 알고 반영하는 것

앞서도 말했지만 성공적인 스피치는 말하는 사람 스스로가 감동하는 스피치가 아니다. 당신이 감동시켜야 할 사람은 당신자신이 아니라 청중인 것이다. 청중이 진정 당신의 말에 감동했을 때, 그때 가서 당신이 감동을 해도 늦지 않았다. 그런데 청중을 감동시키려면 어떻게 해야 할까? 화려한 어휘력구사? 남성관객들을 사로잡을 만한 뛰어난 옷맵시? 그러나 진정한 감동은 가슴으로 먼저 와 닿는 법이다.

현대사회에서 서비스업이 각광을 받게되자, 누구보다도 서비스업의 일선에서 뛰고 있는 세일즈맨의 성공사례들이 주목을 받게 되었다. 그래서 판매왕이라는 커다란 명예를 얻게 된 세일즈맨들의 수많은 수기들이 책으로 만들어져 베스트셀러가 되기도 한다. 그런데 그들의 이야기를 잘 들어보면 하나의 공통점이 있다. 바로 '고객의 마음이 되어 살핀다'는 전략이다.

판매왕 A씨는 의욕과 노력에도 불구하고 판매실적이 오르지 않자, 고객에 대한 자신의 마음가짐을 먼저 바꾸었다고 한다. 그 전에는 고객을 '돈'으로만 보고 어떻게 해서든 이익을 얻어내기 위해 현란한 온갖 말들로 꾀었다. 그러나 오히려 고객들은 그의 진정성 없는 말에 신용을 잃고 돌아섰다. 그러나 A씨가 고객을 '내 사람'으로 보기 시작하자 상황은 바뀌기 시작했다. A씨는 고객의 작은 기념일조차 빼놓지 않고 챙겨주었음은 물론이요, 사소한 안부전화와 작은 행동 하나하나에도 배려하는 마음을 잊지 않았다. 마침내 진정으로 감동한 고객들이 전폭적인 신뢰를 보내게 되자, A씨는 판매왕까지 오를 수 있게 된 것이다.

가족, 내 애인을 생각할 때는 그 사람의 입장이 되어 그 사람이 무엇을 원하는 지를 고민하고 연구하게 된다. 똑같이 고객의 입장이 돼서 생각한 것이 A씨의 성공 포인트임은 더 말할 필요도 없으며, 이것은 스피치에서 또한 마찬가지이다. 진정 당신앞의 청중을 감동시키려면 그 청중의 입장이 되어 생각해야 함을 잊지말아야 하는 것이다.

건설회사를 다니고 있는 전도유망한 B씨는 막중한 임무를 맡아 어깨가 무겁다. 바로 대한민국 최고의 미술관을 지으려고 계획중인 저명한 과학자 H씨를 만나, 자신의 회사에 그 일을 맡길 수 있도록 설득해야 하기 때문이다. 국내는 물론이요, 해외에서도 명성이 드높은 H씨는 자신의 이름을 내건 이번 미술관건설에 많은 기대를 하고 있다. 그렇기 때문에 소문을 들은 수많은 대기업들의 러브콜을 신중하게 검토하고 있던 중이었다. 그런데 중소기업일 뿐인 B씨의 회사로써는 계약을 따내기가 힘들 것만 같았다.

궁리에 궁리를 거듭하던 B씨는 H씨에게 남모를 아픔이 있었음을 알게 된다. H씨의 아들이 15년 전 삼풍백화점 붕괴사고로 목숨을 잃었던 것이다. H씨의 입장에서 생각을 하려던 B씨는 미술관의 아름다움이며, 친환경과 같은 핫한 아이템을 내건 대기업들과는 달리, 튼튼함을 강조한 프리젠테이션을 했다. 단순히 디자인에 치우치기보다는 안전을 먼저 고려하여 혹시라도 모를 위급한 상황에서는 신속하게 대처할 수 있는 장치에 많은 노력을 기울일 것을 약속한 것이다.

그러자 H씨는 눈물을 주르륵 흘리며 말했다. 예전, 삼풍백화점 붕괴사고로 목숨을 잃은 아들이 화가를 꿈꾸었다고 말이다. 그러나 당시에는 지금의 명성은 커녕 입에 풀칠하기도 어려웠기에 그는 아들을 위한 장례에서도 무엇하나 해줄 수 있는 것이 없었다. 그것이 한이 되어 어떻게 해서든 열심히 연구에 매진했고, 부와 명예를 얻을 수 있었던 것이다. 그리고 훗날, 드디어 아들의 한을 풀어주기 위한 미술관건립을 추진했던 것이다.

B씨가 쟁쟁한 대기업들을 물리치고 H씨로부터 일을 맡을 수 있었던

것은 물론이다. B씨는 H씨의 입장이 되어 생각함으로써 H씨를 진정으로 감동시킬 수 있었기 때문이다. 현란한 말기술이 아니라, 듣는 사람의 가슴에 진정으로 와 닿을 만한 스피치를 했던 B씨 그의 성공적인 스피치의 요인에 역지사지의 정신이 있었음은 더 말할 필요가 없을 것이다.

36

비움의 미학

스피치 상황은 언제든지 바뀔 수 있다. 이미 준비한 것에 대한 집착은 언제든 버릴 수 있어야 하는 것이다. 그것은 마음을 비우는 데서 출발한다.

꿈에도 그리던 아름양과 드디어 사귀게 된 한정훈 군은 첫 데이트의 성공을 위해 일주일 전부터 완벽한 계획을 세웠다. 주변을 수소문하여 이름난 데이트장소를 알아본 것은 물론이요, 사전에 답사하여 세 번도 넘게 데이트코스를 오가기까지 했다. 한군의 계획은 이러하다. 점심때 만나 아름양이 좋아하는 와플과 커피로 배를 채우고, 잠시 한가로이 산책한 다음 패밀리 레스토랑에서 근사한 저녁식사를 하는 것!

드디어 데이트 당일날, 한군은 두근거리는 마음을 진정시키며 아름 양을 첫 번째 코스인 카페에 데리고 갔다. 그런데 와플과 커피를 주문하려 하자, 아름양의 안색이 굳어지는 것이다. 한군은 다른 것을 먹고 싶냐고 물어보려했으나 순간, 일부러 와플이 유명한 카페를 찾기 위해 고생했던 것이 아깝다는 생각이 들었다. 그래서 이런 것은 원래 남자가 리드하는 것이라 생각하며 그냥 주문을 밀고 나갔다.

그런데 아름양은 그토록 좋아하던 와플과 커피를 반도 먹지 않는 것이다. 한군은 자신의 계획 중 하나가 틀어지는 것인가 싶어 초조해졌다. 그래서 나머지 계획만큼이라도 성공적으로 실행하고 싶어, 박력있게 밀어붙였다. 산책도 하고 사진도 찍고, 패밀리 레스토랑에서 스테이크도 먹은 것이다.

마지막으로 아름양을 집까지 바래다주고 나서야 한군은 안도를 했고, 그날밤 숙면을 취할 수 있었다. 그런데 다음날, 아름양은 한군에게 이별통보를 하는 것이다! 영문을 알 수 없었던 한군, 아름양의 친구를 햄버거로 매수해 겨우 알게 된 그녀의 속마음은 다음과 같다.

갑작스럽게 찾아온 위염으로 컨디션이 좋지 않았던 아름양 그런데 처음부터 한군이 데리고 간 곳은 위장에 무리를 주는 밀가루 음식과 커피를 파는 카페였다. 아름양은 의견을 묻지도 않고 주문한 한군이 언짢았지만, 평소 자신이 좋아하던 음식이라 그랬을 거란 생각에 꾹참고 먹었다. 그런데 한군의 일방적인 행동은 그 다음부터도 계속되는 것이다. 그동안 죽밖에 먹지를 못해 기운이 없는 아름양은 앉아서 쉬고 싶었으나, 한군의 강요에 어쩔 수 없이 산책을 해야 했고, 겨우 아픈다리를 쉬나했더니 이번에는 스테이크를 먹어야 했다. 한군은 이집 스테이크가 유명하다며 웃었지만, 아름양의 위에는 아무리 맛있다 할지라도 거북하기만 한 기름진 음식일 뿐이었다.

무리해서 식사를 마친 아름양은 결국 속이 불편한 것을 느꼈고, 화장실에 가고 싶었다. 그러나 첫 데이트인데 남자친구 앞에서 그럴 수는 없는 법 아름양은 빨리 한군과 헤어지려 했다. 그러나 눈치도 없는 한군이 반드시 아름양을 데려다 줘야한다고 우기는 바람에 집에 도착하는 내내 곤욕을 치러야 했던 것이다!

한군이 이런 치명적인 실수를 저지른 것은 자신의 계획에 대한 '집착'

때문이다. 카페에서 아름양의 표정이 좋지 않음을 포착했던 그 순간, 자신의 계획을 일부 수정할 줄 아는 융통성을 보였어야 했다. 허나 그러기엔 그동안 들인 공이 아까웠던 것이다. 그래서 아름 양의 반응이 시원치 않음을 느끼면서도 원래 이런 건 남자가 리드하는 것이란 핑계를 대며 무시했던 것이다. 이와 같은 실수는 데이트할 때만 적용되는 것이 아니다. TOP에 따라 전략을 수정하고 스피치도 수정되어야 센스있는 말하기인 것이다.

비움으로써 오히려 행복해질 수 있다

최고 인기의 걸 그룹을 모델로 내세워 눈길을 끌었던 모 기업의 핸드폰, 그러나 이 핸드폰이 화제가 된 것에는 또 다른 이유가 있다. 전면의 버튼을 완전히 제거하고 측면의 조작버튼도 최소화한 파격적인 디자인을 선보인 것이다. 기존의 고정관념을 깼다는 호평을 받은 이 핸드폰 디자인의 컨셉은 바로 '비움의 미학'.

평소, 창조적인 광고들로 유명했던 모 카드사에서도 독특한 광고를 지하철역에 게재하여 다시한번 화제가 되었다. 내용을 게재할 수 있는 지하철역 한 벽면을 모두 백지로 채우고 상징 이미지와 기업의 CI만 내세운 것이다. 그 광고의 컨셉 역시 '비움의 미학'이라고 한다. 그뿐만이 아니다. 요즘 텔레비전을 보면 유명인, 일반인 가릴 것 없이 남에게 선행을 실천한 사람들을 모델로 내세운 광고들이 주를 이루고 있다. 하도 많아서 대한민국의 선행 실천자들은 모두 텔레비전 광고 속에 등장한 것만 같을 정도다.

비움의 미학은 곧 나눔의 미학이라 했다. 그러므로 광고 속에서 자신의 출연료 전액을 결식아동을 위해 기부한 연예인이나, 바쁜학업을 이어가면서도 시간을 쪼개 복지기관의 벽화를 그려준 미대생 역시 비움의 미학을 실천하고 있는 것이다.

이토록, 붐 아닌 붐을 일으키고 있는 '비움으로써 오히려 행복해진다'는 것은 고故 법정스님의 '무소유'와 일맥상통하는 것이다. 오랜 수도생활을 통해 느낀 깨달음을 글로써 승화시켜 수많은 독자들을 감동시켰던 무소유정신 역시 깊이 있는 가르침은 단순한 베스트셀러들과는 확실히 다른가 보다. 일반적인 책들이 한 때 폭풍같은 반향을 일으키고 기억속에 묻혀 지는 것과 달리, 90년대에 반향을 일으킨 무소유정신이 지금까지도 계속 이어지는 것을 보면 말이다. 그 위대한 진리인 비움의 미학, 그것은 광고주들에게만 통용되는 핫한 아이템이 아니다. 스피치에서 역시 비움의 미학은 중요한 마인드로 작용되기 때문이다.

비움의 미학은 마음을 여유롭게 한다

앞서 밝혔듯 비움의 미학은 곧 나눔의 미학이다. 내 것을 비워내는 대신 그것을 상대와 나누기 때문이다. 스피치를 할 때 역시 이러한 나눔과 관용의 정신은 깃들어져야 옳다.

대화를 할 때에 자기말만 계속하여 남이 이야기할 기회를 주지않는 사람은 상대의 눈살을 찌푸리게 한다. 자기가 말할 기회를 조금 비워내고, 대신 다른 사람과 그 기회를 나눈다면, 대화며 토론은 한층 풍부하고 즐거워질 것이다.

이것은 비단 대화뿐만이 아니다. 강연을 할 때도 청중들과 화제를 함께 나눌 수 있도록 기회와 여유를 주어야 한다. 학창시절을 살펴보면 다음과 같은 선생님이 한분쯤은 꼭 계셨다. 매번 정해진 이야기를 앵무새처럼 외워와 학생들이 듣든 말든, 수업에 참여를 하든 말든, 자기할 이야기만 꿋꿋이 하다가 종이 '땡'치면 나가버리는 선생님. 물론, 우리나라 교육 현실을 생각하면 그럴 수밖에 없을지 모르나, 단 몇 명의 학생들이라도 수업을 함께 나눌 기회를 주셨더라면 얼마나 좋았을까 하는 안타까움이 지금도 많이 든다.

이것이 비단 강연뿐인가? 내 주장을 강하게 펼쳐야 하는 자리에서는 청중들에게 쉼없이 자신의 주장을 몰아붙여야 할 것 같겠지만 그것은 보다 좁은 생각이다. 정말, 청중들에게 내 주장이 옳음을 인식시키기 위해서는 그들과 화제를 나누려는 시도를 해야 한다. 이해되지 않는 부분에 대해서 질문을 할 수 있도록 기회를 주거나, 당신의 주장을 강하게 비난하는 청중이라 할지라도 그 사람의 이야기를 잘 듣고, 그에 대한 해명을 차근차근 해주는 것이다. 이렇게 이야기에 적극 참여할 수 있는 기회를 나누게 되면, 청중들은 혼자서 속사포같이 밀어붙이는 경우보다 훨씬 더 당신의 주장을 가슴으로 받아들이게 될 것이다.

마음을 비우는 것이 스피치의 자연스러움을 만든다

초등학교를 다니는 J군은 타고난 재능으로 각종 웅변대회를 나가며 상을 휩쓸었다. 마침내 전국대회에 어린이 대표로 출전하게 된 J군! 투지에 휩싸인 그는 자신의 생각을 청중들에게 정확히 전달하겠다는 신념을 가지고 평소보다 두 배는 큰 목소리로 열변을 토했다. 그런데 유력한 수상 후보였던 J군의 이름은 대회가 끝날 때까지 불려지지 않았다. 오랫동안 J군을 가르쳤던 웅변학원 선생님의 안타까운 한 마디는 다음과 같다.

"J야, 너는 네 생각을 명확하게 전달해야 한다는 강박관념 때문에 같은 말만 여러 번 반복을 했어. 청중들이 충분히 알아들었는 데도 말이야. 게다가 말의 강약이나 호흡을 생각하지 않고 시종일관 강조만 하던 너의 태도는 청중들을 부담스럽게 만들었어. 수많은 대회들을 나가며 많은 경험을 쌓은 네가 이런 초보적인 실수를 저지르다니, 선생님은 이해가 되지 않는구나."

아무리 어머니가 달래도 멈추지 않는 J군의 울음소리로 시상식장은 떠나갈 듯하다. 이 부분에서 기억해야 할 것이 있다면 스피치에서도 '자연스러움'이 가장 중요한 것이다. 이 자연스러움이란 보는 사람이 편해야 하는 것을 말한다. 보는 사람이 편한것은 말하는 사람도 편해야 하는 것을 말한다.

반드시 성공하고 싶은 연설이나 중요한 발표를 앞두고 있다면, 평소보다 더 열심히 매진해야 함은 사실이지만 그것이 보는 이로 하여금 '불편하고 부자연스러움'이 과하면 안 된다. 누가 봐도 말 잘하는 사람들의 스피치의 공통점은 여유가 있다는 것이다.

비료를 너무 많이줘서 나무가 죽게 된 것은 너무 많은 열매를 맺고자 했던 당신의 욕심때문이요, 스피치에서 너무 잘하려 했던 당신의 욕심으로 부자연스럽다면 그것이 화근이다. 그것이 당신의 말하기의 전반적 완성도를 떨어뜨리는 독이 될 수 있음을 명심하라.

당신은 내일 있을 중요한 연설이나, 협상을 앞두고 반드시 성공하겠단 일념에 어깨에 힘이 들어가 있는지도 모른다. 차라리 그 마음을 비우고 여유를 가져라. 그 여유가 당신의 마음을 차분하게 만들어 오히려 평소의 기량보다 배로 진가를 발휘할 것이다. 가장 자연스러운 스피치가 호소력과 설득력을 높이는 것이기 때문이다.

집착을 비우고 우회하라

당신은 중요한 연설을 앞두고 많은 준비를 하게 될 것이다. 청중들을 집중시킬 수 있는 효과적인 오프닝이며, 중간중간 긴장을 풀어 줄 센스 있는 유머들, 그리고 멋들어진 미소를 지을 타이밍까지! 그러나 그런 완벽한 계획들이 실제 스피치에 있어서도 그대로 적용되리란 보장은 없다. 당신이 준비를 하며 생각했던 청중들의 반응이 예상외로 시원찮을 수도 있는 것이다.

예를 들어, 그날의 연설을 위해 한달동안 지료를 이 잡듯이 뒤져 멋들어진 유머를 찾아냈다고 하자. 그 유머로 오프닝을 하리라 계획했던 당신. 그런데 공교롭게도 그날 아침, 지진으로 수많은 인명피해가 났다는 속보를 듣게 되었다. 숙연한 분위기로 연설장에 모인 청중들에게 당신은 계획했던 오프닝을 그대로 빌어붙일 것인가? 당신은 당연히 계획을 바꿀 줄 알아야 한다! 그것이 아무리 오랫동안 준비한 히든카드라 할지라도 말이다.

스피치만큼 돌발 상황이 많이 발생할 수 있는 경우도 없다. 필자는 생방송을 하면서 뉴스나 프로그램을 진행할 때, 피디가 이어 리시버를 통해 갑자기 바뀐 상황을 일러주면, MC는 이에 자연스럽게 대처해야 한다. 그러나, 아나운서 초년병시절엔, 귀로 듣는 이야기를 바로 입으로 내뱉은 적도 있고, 순서가 뒤바뀌는 통에 생방송도중 대본을 뒤적이며 머뭇거리는 모습이 잡히기도 했다. 지금에야 능청스럽게 임기응변으로 대응할 수 있는 여유로움이 생겼지만 예전 실수를 생각하면 아찔하다.

예전, 3MC로 진행하는 시상식행사에서 동선을 서로 잘못 파악하고 있는 통에 또 다른 여자 MC가 적잖게 당황을 했고, 이를 남의 탓으로 돌리고 나쁘게 표현하는 바람에 다른 MC와의 조화를 깬 적이 있다. 하지만 진정한 프로라면, 돌발상황에 따라 바뀔 수 있는 제반사항에 대해 두려워하기 보다는 의연하게 대처해야 하는 것이다.

청중은 그런 돌발상황에 냉정한 것이 아니라, 화자의 태도가 의연한가 그렇지 않은가가 더 중요한 것이다. 상황은 언제든지 바뀔 수 있는 것이다. 이미 준비한 것에 대한 집착은 언제든 버릴 수 있어야 하는 것이다. 그것은 마음을 비우는 데서 출발한다. 말랑말랑하게 그 어떤 돌발상황도 자연스럽게 대응하고 변경할 줄 아는 것은 마음의 욕심을 비우는 데서 시작하기 때문이다.

37

유머로 맞받아치는 유연함

적절한 유머는 사교무대에서 당신이 차려입은 의상보다
훨씬 멋지고 화려한 장식이다. -사커레이
인간이란 뭔가 재밌는 이야기를 듣고 한바탕 웃고나면
서로의 관계가 더욱 좋아지는 법이다. -블루스 버튼

집에서 한가롭게 TV토크쇼를 보고 있을 때였다. 사회자며 게스트까지 모두 연예인들로 구성된 예능프로그램이었는데, 그날따라 코미디언 출신 사회자가 게스트에게 짓궂은 농담을 건넸다.

"어디서 맛있는 냄새가 나지 않아요? 삼겹살 냄새가 나는 것 같은데……"

사회자는 이런 말을 하며 코를 킁킁대고 냄새를 맡더니, 급기야 게스트 근처에 멈춰서 계속 킁킁대는 것이었다. 토크쇼에 나왔던 게스트는 백킬로그램도 넘는 거구였고, 사회자는 그의 뚱뚱한 체구를 삼겹살에 빗대어 조롱한 것이다. 그러자 게스트는 사회자가 입고있던 후드티를 가리키며 말했다.

"그래요? 여기 고추장에 찍어 먹으면 맛 있겠네~"

그날 MC가 입고있던 후드티는 고추장처럼 새빨간 색이었던 것이다. 그러자 좌중에는 웃음이 터졌고 사회자도 웃음을 터뜨리며 굴복하고 말았다.

사람이 하는 말 중에 외모를 가지고 하는 비하만큼 기분상하는 것은 없을 것이다. 예능프로그램이라 좌중을 웃기기 위해서 그런 것일 테지만, MC의 말과 행동은 게스트를 충분히 기분 나쁘게 할 수 있는 것이었다. 그러나 게스트는 유연한 태도를 가지고 여유있게 맞받아쳤다. 그러면서 화제를 자신의 거구에서 MC의 자칫하면 촌스러울 수도 있는 튀는의상으로 자연스럽게 옮겼다. 일순간 긴장감이 돌았던 객석도 게스트의 행동으로 인해 긴장감이 풀리며 큰 웃음이 유발되었고, 또한 그 게스트의 재치있는 행동은 그의 거구를 상쇄시키고도 남을 만큼의 호감을 불러 일으켰다.

유머를 스피치로 녹여내는 사람들

유머의 힘이 얼마나 큰 지에 대해 사람들이 말하기 시작한 것은 오늘 내일의 일이 아니다. TV프로그램만 살펴봐도 예능프로그램이 차지하는 비중은 압도적이며, 예능프로그램이 나은 스타들도 수두룩하다. 예능돌이라 하여 아이돌 가수조차도 뛰어난 유머러스함을 보여주기 위해 망가지는 모습을 아끼지 않는다.

그뿐인가? 아무리 심각한 영화나 사극이라도 유머코드는 반드시 들어가야 할 필수적인 요소이다. 아무리 긴장감이 고조되고 진지한 이야기라 해도 중간 중간 유머를 풀어내어 관객들의 긴장감을 이완시켜주는 감초캐릭터들은 반드시 존재한다.

유머를 스피치에 녹여내는 사람들은 모든 상황에서 분위기를 좋게 만든다. 유머가 얼마나 중요한 지는 누구보다도 독자들이 더 잘 알 것이라 생각한다. 유머가 사람을 매력적인 사람으로 거듭나게 하는 요소임은 두말 할 나위없다.

난감한 상황에서 당신을 구명해주는 가장 효과적인 힘, 유머

스피치를 논할 때 역시 어떻게 유머를 빼고 말할 수 있겠는가? 무엇보다 타인을 상대로 하는 스피치는 강하게 그 사람을 끌고나갈 땐 카리스마 있는 모습을 보여야 하지만, 긴장을 완화시킬 땐 유연하게 풀어 줄줄도 알아야 한다. 그렇다고 해서 스피치를 배우는 당신에게 탁월한 유머감각을 익히라고 주장하는 것이 아니다. 우리는 코미디언이 되고자 하는 것이 아니기 때문이다. 그러므로 당신은 유머에 있어서 지나친 심적 부담감을 가질 필요가 전혀 없다.

다만, 많은 사람들 앞에서 하는 연설이든 중요한 프리젠테이션이든, 사랑하는 사람과의 대화에 있어서든 곤란한 상황은 분명있을 것이다. 상대방이 내가 아직 자신없는 부분을 필요이상으로 지나치게 물어온다거나, 노코멘트하고 싶은 부분을 끈덕지게 파고들려 한다거나, 아니면 작정을 하고 나를 물어뜯을 기세로 공격적으로 나올 때, 당신은 어떻게 할 것인가? 순간 말문이 막혀 당황하는 기색을 보일것인가? 같이 맞서서 화를 낼 것인가? 아니면 결국 체념하고 끝까지 밝히고 싶지 않았던 부분을 털어놔 버리고야 말 것인가?

그런 상황에서 유머로 유연하게 맞받아 칠줄 아는 능력은 당신에게 꼭 필요할 것이다. 백마디 말로 상대에게 대항하는 것보다, 단 한마디 유머로 오히려 커다란 효과를 불러올 수 있기 때문이다.

만약 누군가가 당신을 근거도 없이 양다리를 걸치고 다닌다고 비난한다 가정해보자. 순간 울컥한 당신은 그 말이 틀렸음을 해명하기 위해 누가, 언제, 어디서, 어떻게, 왜를 외치며 일일이 대응할 것인가?

"근거도 없이 그런 말을 하는 것은 나보고 지금 다리하나를 잘라내라는 소리인가? 나는 날 때부터 양다리로 태어났는데."

위와 같은 농담 한마디면 상대방이 지금 얼마나 터무니없는 소리를 하고 있는지에 대해 반박하고도 남음이다. 백 마디 말로 땀 뻘뻘 흘려가며 수고를 할 필요가 없는 것이다.

단순히 상대방의 공격을 효과적으로 맞받아 칠 때에만 유머의 힘이 필요한 것은 아니다. 스피치를 하는데 있어서 예상치 못한 돌발상황은 셀 수도 없이 많을 것이다. 게다가 그것이 중요한 사람앞에서라면 어떻게 할 것인가? 다음의 영국 수상 처칠의 일화는 그런 점에서 많은 것을 생각하게 해줄 것이다.

제2차 세계대전 초기, 영국 수상 처칠은 미국의 루즈벨트 대통령에게 원조를 받기 위해 그를 만나러 갔다. 미국에 도착한 처칠수상은 루즈벨트 대통령을 만나러 가기 전, 숙소에서 짐을 풀고 목욕을 하고 있었다. 그리고 목욕이 끝난 뒤 수건 한 장으로만 몸을 가리고 밖으로 나왔는데 예상치 못했던 상황이 벌어졌다. 바로 루즈벨트 대통령이 숙소에 와서 기다리고 있었던 것이다. 깜짝 놀란 처칠은 자신도 모르게 손을 떼었고, 가리고 있던 수건이 흘러내리면서 그의 알몸이 공개되었다. 당시 루즈벨트 대통령은 격식에 맞춰 정장을 차려입고 있었다. 그런데 한 국가의 대통령 앞에서 영국의 수상은 알몸을 드러내고 있었던 것이다. 루즈벨트 대통령도 처칠수상도 모두가 당혹스럽던 그 일촉일발의 순간, 처칠은 다음과 같이 말했다. "보다시피 영국수상은 미국의 대통령 앞에서 숨길 것이 아무것도 없습니다." 그러자 루즈벨트 대통령은 크게 웃음을 터뜨렸고, 중요한 회담은 순조롭게 마무리 되었다고 한다.

제2차 세계대전을 앞두고 양 국간의 회담이 이루어져야 할 중요한 순간에서 처칠수상은 생각도 못한 돌발상황을 맞게 된다. 그 누가 이런 상황이 생길 수도 있음을 예상할 수 있었겠느냐 말이다. 그러나 그런 돌발상황도 무리없이 헤쳐나갈 수 있게 해준것은 단 한마디 유머의 힘 때문이다.

늘 유머스럽고 상황의 반전을 통해 큰 인기를 끌고있는 장경동 목사! 웃음으로 목회를 하는 장목사의 경우도 마찬가지로, 유머의 힘을 제대로 알고 있는 사람이다. 늘 엄숙하고 고요해야 한다는 교회의 분위기를 확 뒤집어 놓은 목사이기에 비기독교인들까지 기독교로 끌어들이는 그의 매력을 가진 셈이다.

당신이 코미디언처럼 탁월한 재능을 익혀야 할 필요는 없다. 하지만 이 정도의 유머를 구사할 줄 아는 여유로움은 언제 닥칠지 모를 온갖위험 속에서도 성공적인 스피치를 이끌어 낼 수 있는 든든한 백만군사가 되어 줄 것이다.

당신의 여유를 보여주는 유머의 힘

그뿐인가? 유머는 그 말을 하는 사람이 얼마나 여유가 있는지를 가장 잘 보여주는 기표중 하나이다. 여유롭다는 것은 그 사람의 그릇이 얼마나 넓은지를 보여주는 하나의 근거로 작용할 수 있다. 그릇이 작은 사람은 별것아닌 일에도 쉽게 부화뇌동하고 안절부절 못하여 쩔쩔매지만, 그릇이 넓은 사람은 웬만한 일로는 쉽게 마음의 동요를 일으키지 않는다.

어떤 당혹스러운 상황앞에서도 여유롭다는 것은 그만한 일로는 흔들리지 않을 만큼 나는 그릇이 넓은 사람임을 보여주는 것이다. 그리고 그 여유로움을 가장 잘 드러나게 해주는 것이 바로 유머감각이다. 그래서 예로부터 대중을 사로잡는 매력적인 사람들은 상황에 유연하게 대처하는 유머감각으로 자신의 여유로움을 보여 주곤 했다. 유머가 뛰어난 리더는 대개 정신적으로 매우 유연한 사고를 하는 경향이 많다. 또 이러한 리더가 효과적인 성과를 내거나 높은 실적을 올릴 가능성이 높다. 리더라면 다양한 상황을 돌파할 유머구사력을 잘 키워야 한다. 다음의 일화를 살펴보자.

[링컨이 상원위원 후보로 올라 더글라스 후보와 겨루게 되었을 때의 일이다. 뛰어난 연설로 거침없이 승승장구해 나가는 링컨에게 화가 난 더글라스 후보는 링컨의 이미지를 깎아내고자 다음과 같은 발언으로 공격했다.

더글라스 후보: 여러분, 링컨은 말만 그럴 듯 하게 할줄 아는, 두 얼굴을 가진 이중인격자입니다!

링컨: 좋습니다. 그렇지만 여러분, 제가 진짜 두 얼굴의 사나이라면 왜 오늘같이 중요한 날, 하필이면 이런 못생긴 얼굴을 가지고 나왔겠습니까?]

이 유머를 통해 좌중에 웃음이 터졌음은 말할 것도 없으며, 어느 모로 봐도 링컨의 명백한 승리임을 인정하지 않을 사람이 없을 것이다. 링컨은 더글라스의 공격적인 발언에 대해 정면으로 맞서서 반박하지 않았다. 그저 단 한마디 유머를 사용하여 그런 말도 안 되는 소리는 받아칠 가치도 없다는 것을 보여줌과 동시에, 그 정도 네거티브 따위엔 흔들리지 않을 만큼 얼마나 자신이 여유있는 사람인지도 청중들에게 충분히 보여주고 있다. 유머는 상대를 무장해제 시키는 특효약이고 링컨을 돋보이게 만들었다.

링컨의 유머에 더글라스가 씩씩대며 분했을 것은 물론이며, 그럼에도 불구하고 링컨은 얼굴에 웃음을 띄고있을 것이다. 자칫 화가 날 수도 있는 상황에서 조차 농담을 구사할 줄 아는 그의 여유로움 사람들은 더글라스보다 링컨이 훨씬 그릇이 큰 사람임을 명백히 느꼈을 것이다.

유머의 핵심 중 하나는 비유에 있다. Figurativeness 비유해 말해보자. 그러니까 말을 아주 빨리 잘하는 사람을 만나면 "말이 달리기 선수같네요" "전화 통화료가 늘 적게 나오겠어요"라고 하면 되고 흉내를 잘 낸다 싶으면 "안윤상인 줄 알았어요" "댁에 복사기를 한대 갖추고 있는 셈이네요" 이렇게 말하면 된다.

유머에도 질이 있다

그러나 오히려 유머로 대처했다가, 분위기가 더욱 싸늘해지고 어색해지는 경우도 있다. 처음에 언급했던 MC와 게스트의 경우들 나시 한번 살펴보자. 유머에도 고급유머와 저급유머가 있다.

> MC: (자꾸 킁킁 냄새를 맡으며) 어디서 자꾸 삼겹살 냄새가 난다했더니, 여기서 나는 것 같네요? 킁킁
> 게스트: 성냥개비처럼 말라 비틀어진 당신보다는 나아요.

위의 예문의 경우, 게스트는 MC의 마른몸을 성냥개비에 비유하여 똑같이 인신공격으로 맞받아쳤다. 당신은 위의 예문을 보고 어떤 느낌을 가졌는가? MC의 행동에 게스트가 순간 발끈했다는 인상을 줌으로써 그 게스트가 그다지 여유로워 보이지 않다는 느낌을 받지는 않았는가? 또한 MC의 인신 공격적 행동은 비난받을 만한 잘못된 것이었다. 그런데 똑같이 인신공격으로 맞받아친 게스트는 동등한 수준에서의 대처를 보여주었

다. MC뿐만 아니라 그 게스트 역시 인격적인 면에서 평가가 깎이게 된 것이다. 진정한 유머리스트는 상대방을 배려할 줄도 알아야 한다. 내가 좋아하는 주제말고 듣는 사람이 좋아하는 이야기를 하라.

유머에도 질이 있다. 똑같이 상대를 공격하는 것은 내가 동요되었음을 보여주는 그다지 수준 높지 못한 방법이다. 똑같이 동요된 모습에서 어떻게 여유로움을 느낄 수 있겠는가? 결국엔 그 사람이나 비슷한 수준이라는 것을 보여주는 셈이다. 또는 그 자체로 수준이 떨어지는 유머는 그 상황에 대처할 수 있게 해주기는 커녕 오히려 상황을 악화시킬 수도 있는 것이다.

질 떨어지는 공격으로 내 품위를 손상시키려고 하는 사람에게는 그 페이스에 휘말리지 않는 고급스러운 유머로 대처해보자. 고급스러운 유머라고 해서 부담가질 것 하나없다. 어려운 어휘와 철학적인 내용을 가지고 말하라는 것이 아니기 때문이다. 아무리 상대방이 나의 품위를 손상시키려 해도, 나만은 그 사람의 품위를 깎아내리려 하지 않을 때 그것은 고급스러운 유머대처법이 된다.

실제로 게스트는 질 낮은 인신공격으로 자신의 품위를 손상시키려고 했던 MC의 붉은 옷을 가리키며 "여기 고추장에 찍어 먹으면 되겠네~"라고 함으로써 상황에 대처했다. 그러한 행동은 전혀 상대방과 똑같이 그 사람의 품위를 깎아 내리려고 한 행위가 아니다. 누워서 침 뱉기에 불과한 이런 행동들을 하는 대신 오히려 게스트는 자신이 뚱뚱하다는 어쩔 수 없는 사실을 은연중에 인정했다. 그러한 모습은 그의 너그러움을 보여준다. 그러면서도 그것에 동요되지 않는 그의 모습은, 나는 그런 수준에 놀아날 사람이 아니다, 라고 말하는 것처럼 보인다. 즉, 그 MC보다 게스트가 한수 위에 있는 것을 보여주는 것이다.

또한 그 말은 말 그대로 상황을 유머러스하게 풀어낸 것일 뿐이었기에

코미디언 출신 MC보다 훨씬 위트있는 모습이었다. 이것이 바로 수준높은 유머를 구사하는 방법인 것이다. 그리고 어떠한 상황에서도 자신의 매력을 손상시키지 않고자 하는 당신이 꼭 알아야 하는 방법인 것이다.

요즘은 누구랄 것도 없이 유머스럽고 재미있는 사람에게 호감을 나타낸다. 유머는 인간관계를 부드럽게 해주는 윤활유이다. 재치있는 말 한마디로 누군가에게 한바탕 웃음을 터트리게 하는 사람, 그 웃음으로 온몸에 엔돌핀을 돌게 하는 사람, 이런 사람이 이 시대에 필요한 진정매력적인 사람인 것이다.

38

사물을 보는 긍정의 힘

부정적 말하기와 긍정적 말하기를 구사하는 사람의 차이는 하늘과 땅 차이가 난다. 전자는 희망의 순간에도 고통을 미리 겪고, 후자는 고통의 순간에도 희망을 찾는다.
-이서영

어느 두 사내가 사막을 걸어가고 있었습니다. 그런데 물은 각자 반병밖에 가지고 있지 않았습니다. 그러자 한 사내는 "물이 반밖에 남지 않았네?" 라며 투덜거리고 속상해 했습니다. 그리고 물이 반병밖에 남지 않았으니 곧 자신은 목말라 죽게 될 것이라고 비관했습니다. 그러나 다른 사내는 "와, 물이 아직도 반병이나 남았네?"라고 생각하며 사막여행을 무사히 빠져 나올 수 있을 것이라 낙관했습니다. 같은 상황이지만 생각의 차이에 따라 한 사내는 물을 반병밖에 못 가진 것이고, 다른 사내는 물을 반병이나 가진 것입니다.

어디서 많이 들어본 익숙한 이야기일 것이다. 사실 이 이야기는 긍정의 힘에 대해 말할 때 가장 많이 응용되는 빼놓을 수 없는 단골손님이다. 아마 모르긴 몰라도 <긍정의 힘>을 이야기 할 때 쓰이는 레퍼토리 중 최다인용을 자랑하며 부동의 1위를 차지하지 않을까 싶다. 요즘은 EBS 프로그램에 나오면서 어린 꿈나무들로 하여금 긍정적인 사고방식을 가져야 한다고 부드럽게 타이르는 이야기로서도 자주 쓰이는 것을 보았을 것이다.

그렇다. 당신이 살아오면서 한번쯤은 들어 봤을, 아니 이제는 너무 많이들어 식상함을 느낄 수도 있을 이 몇줄의 이야기가 바로 홍행돌풍을 일으켰던 <더 시크릿>과 일맥상통하는 이야기인 것이다.

유인력의 법칙

2007년도에 발행되어 수많은 화제를 낳으며 DVD로도 발매되었던 론다번의 저서 <더 시크릿>은 당신도 이미 잘 알고 있는 책일것이다. 혹자는 그 책이 무슨 내용을 말하고 있는지 잘 모르겠다, 어렵다고도 한다. 그도 그럴것이 '유인력의 법칙'이라는 듣도보도 못했던 이야기를 마치 전문용어인 것처럼 장황하게 설명해 주고 있기 때문이다. 게다가 책의 첫 장부터 '수 세기 동안 단 1%만이 알았던 부와 성공의 비밀'이라는 몹시 구미당기는 문구로 시선을 압도하고 있다. 그래서 무언가 엄청난 비밀이 담겨있는 판도라의 상자라도 열게 된 것처럼 독자들은 기대했겠지만, 결국 그 책이 이야기하는 1%의 비밀이란 이것이다. 바로 긍정의 힘!

<더 시크릿>에서 이야기하는 유인력의 법칙이란 것은 스티븐 호킹의 <양자우주론>이나 아인슈타인의 <광양자설>같이 듣기만 해도 머리가 아프고, 평범한 사람은 이해도 못할 것 같은 그런 장황한 법칙이 아니다. 유인력의 법칙이란 결국 '내가 생각하는 대로 이루어지니 긍정적인 마인드를 가지고 그에 따른 행동들을 하다보면 인생이 그렇게 바뀐다'라는 법칙이다. 누구나 쉽게 이해할 수 있고 많이도 들어왔던 그 이야기 바로 긍정의 힘에 대해서 말하고 있는 것이다. 그러나 이러한 말은 단지

2007년도에 <더 시크릿>에서만 꺼낸 것이 아니다.

'삶에 대한 긍정'은 성공으로 가는 엘리베이터

다음의 이야기를 보자.

이야기 1. [한 사내가 냉동창고에 갇혀서 자신은 이제 얼어죽어 버릴거라며 겁에 질려 떨다가 다음날 동사시체로 발견되었다. 그런데 알고 보니 그 냉동고는 고장난 것이었다]

이야기 2 . [원효대사가 동굴에서 잠을 자다가 너무 목이 말라 바가지의 물을 맛있게 마시고 다시 잠들었는데 아침에 깨어나 보니 그 전날 그토록 맛있게 먹었던 물이 해골에 고인 썩은 물이었다.]

이 이야기들은 한결같이 <긍정의 힘>에 대해 이야기 하고 있다. 첫 번째 이야기의 경우 사내는 고장이 나 제대로 작동하지도 않은 냉동고 안에서 곧 죽어버릴 것이란 너무도 강한 신념을 갖고 있었기에, 유인력의 법칙처럼 부정적인 에너지를 당겨와서인지 다음날 아침 실제로 동사된 시체로 발견된 것이다. 반대로 말하자면 실제로 작동되는 냉동고 안에서도 이 냉동고는 고장난 것이라고 아주 굳게 믿었다면 다음날 아침 멀쩡하게 살아있는 모습으로 발견될 거란 이야기이기도 하다. 두 번째 이야기 또한 어떠한가? 해골 안에 고인 썩은 물도 긍정적인 마인드를 가지고 있었을 때에는 매우 맛있는 꿀물처럼 나에게 적용되는 것이다!

게다가 인기리에 방영되었던 <지붕뚫고 하이킥>이라는 시트콤에서 주인공 정보석의 일화를 다루는 소재로 긍정의 힘을 차용하기도 했다. 우울증에 걸린 정보석이 아버지의 말씀대로 긍정의 힘을 믿고 삶을 바꾸려 노력하는 것에 관련된 헤프닝을 다룬 것이다.

이토록 수세기 동안 '긍정의 힘'은 너무도 많은 사람들이 이야기해오고 숱한 화제의 중심소재로 차용해 왔기에 당신은 이미 귀가 닳도록 들었을 것이다. 그런데 그렇게 지겹도록 들어온 이야기를 왜 이 책에서 또 하느냐고? 그것은 바로 스피치에서 역시 '긍정의 힘'이 크게 작용되기 때문이다. 스피치에서 역시 빠지지 않고 큰 영향력을 발휘할 만큼 그 위력이 어마어마한 '긍정의 마인드'. 그러나 중요한 것은 당신이 긍정의 힘을 얼마나 잘 아느냐가 아니라, 그것을 응용하고 직접 실천하는 데에 있어 얼마만큼의 노력을 했느냐에 있다.

그전까지 당신은 긍정의 힘에 대한 수없이 많은 이야기를 들을 때마다 한귀로 듣고 한귀로 흘러버리지 않았는가? 또는 '말이야 쉽지' 하며 무시해 버리거나 다음날 아침이 되면 까맣게 잊어버리는 작심삼일로 끝나지 않았는가? 당신뿐이 아니다. 실제로 수많은 사람들이 그렇게 한다.

예를 들어 <더 시크릿>의 경우 처음에는 이 책대로 했더니 실제로 내 인생이 달라졌어요!를 외치는 수많은 독자들로 유명세를 끌었다. 그러나 시간이 흐르자, 시크릿대로 했지만 전혀 내 인생은 달라진 게 없다며 불평불만 및 책의 사기성에 대해 의문을 제기하기도 하는 독자들로 시끄러워지게 되었다. 그래서 존 디마니티라는 사람이 <시크릿실천법>이라는 책을 지어 사람들이 긍정적 마인드를 실제생활에 응용할 수 있도록 고려했고, 뉴욕타임즈 베스트 셀러 1위를 차지한 조엘 오스틴의 '긍정의 힘' 역시 '긍정의 힘 실천 편'을 뒤이어 출간했다.

이 모든 것이 '긍정의 힘'에 대한 것은 알고 있지만 그것을 실질적으로 응용하고 사용할 줄 아는 사람은 별로 없기 때문에 일이난 일이다. 긍정적인 마인드나 유인력의 법칙이 마치 요술램프의 지니처럼 한마디만 하면 알아서 해주는 주문이라거나, 자판기에서 콜라버튼을 누르면 내가 원하는 콜라를 내주는 그런 것과 일맥상통한 것으로 착각하는 사람들이 많기 때문이다. '긍정의 힘'을 제대로 활용하기 위해 노력하고 궁리하는 자세가 있어야 당신의 인생도 정말 시크릿처럼 바뀔 것이다! 그렇다면 그 긍정의 힘을 어떻게 스피치에 활용해야 나의 스피치가 좋아지는 것일까?

너무도 놀라운 긍정의 힘, 스피치에 활용하는 방법

긍정의 힘이 스피치에 미치는 영향은 여러 가지가 있겠지만 우선 말을 하는 연설가에게 미치는 영향과 말을 듣는 청중에게 미치는 영향의 두 가지로 나눌 수 있겠다. 그렇다면 이 두 경우에 '긍정의 힘'이 어떤 식으로 활용될 수 있는지 구체적으로 살펴보도록 하자.

첫째, 연설자의 경우를 살펴보면 긍정적인 마인드는 그가 원하는 성공적인 연설을 마칠 수 있는 커다란 원동력으로 사용될 수 있다. 당신이 잘 알다시피 유인력의 법칙, 즉 긍정의 힘은 내가 생각하는 데로 이루어진다는 것이 핵심이다. 즉, 당신이 이 연설을 잘 마칠 수 있다는 긍정적인 믿음은 곧 그대로 이루어져 현실로 돌아온다는 것이다. 그러나 당신은 생각할 것이다. "에이, 말이야 쉽지! 연설이 얼마나 무섭고 어려운데. 과연 내가 잘 할 수 있을지 나도 확신이 없단 말이야!"

그래서 당신의 마음을 누구보다도 잘 아는 스피치의 신, 데일 카네기는 연설의 공포를 물리치는 법으로 '적극적으로 성공을 확신하라!'고 말했다. 카네기는 말한다. 절대 부정적인 상상을 하지말라고. 연설을 시작하기도 전에 갑자기 말문이 막힌다거나 주제에서 벗어나는 이야기를 할지도 모른다는 부정적인 상상은 곧 자신감을 잃는 길로 연결된다고 말이다. 연설의 공포를 물리치기 위해서는 곧 죽어도 연설이 성공할거란 강한 긍정적 믿음으로 자신감을 가져야한다는 것이다.

말에는 자기최면의 효과가 있다. 나는 그동안 우리나라와 미국에서 성공한 사람들을 아주 많이 만났다. 그들의 공통점은 아무리 큰 어려움이 닥쳐도 "큰일 났다"고 말하지 않는다는 것이다. 성공한 사람들은 같은 일을 당하면 "걱정마, 그 정도는 아무것도 아냐, 우리는 이 문제를 해결할 수 있어."라고 말한다. 맞는 이야기다. 말에는 자기 최면효과가 있기 때문에 연설이 반드시 성공할 것이란 긍정적인 자기최면을 걸어야 하는 것이다. 그리면 그대로 될 것이니! 이러한 긍정의 에너지는 앞에서도 말했듯 청중들에게도 많은 영향을 미친다. 긍정적인 마인드를 담은 말은 그 안에 담겨 있는 긍정의 에너지를 말하는 사람뿐 아니라 듣는 사람에게도 똑같이 전달해 주기 때문이다.

미국 정치계에 지대한 영향력을 미쳐왔던 두 거물들, 힐러리와 매케인을 누르고 최초의 흑인대통령으로 선출된 오바마 역시 긍정의 힘을 스피치에 활용할 줄 알았던 한 사람이다. 그는 대통령선거를 앞두고 한 마지막연설에서 "지금이 4년 전보다 더 못사느냐를 따질 것이 아니라 4년 후가 지금보다 더 나아질 것이냐를 따져보고 투표해 주시기 바랍니다." 라고 말했다. 그 말은 선거를 앞둔 중요한 순간, 유권자들의 마음을 긍정의 에너지로 움직인 엄청난 파급효과를 가져왔다. 수많은 국민들을 근심 속으로 몰고갔던 당시의 경제위기 속에서 치루어진 대통령선거. 오바마는 경제위기로 인해 미래에 대한 불안감으로 어두웠던 국민들의 마음을 긍정의 에너지를 이용해 희망으로 바뀌도록 한 것이다. 반면, 낙선한 오바마의 라이벌 메케인은 [워싱턴 타임스]인터뷰에서 "부시 행정부가 이라크전, 지구온난화, 과도한 예산집행 등을 통해 모든 것을 완전히 손 쓸 수 없도록 망가뜨려 놓았다."고 불평했다. 매케인이 오바마에게 진 것에는 여러 가지 이유가 있겠지만 이러한 '부정적 말하기'는 빼놓을 수 없는 중요사안이다. <더 시크릿>대로 인생이 변하지 않는다고 징징댈게 아니라 지금 알려준대로 '스피치'에 응용하여 매력적인 사람으로 다시 태어나 보는건 어떨까?

성공할 수 있다는 자기최면을 걸고 부정적인 생각은 버린다. 생각을 정리하고 긍정적 마인드로 예행연습을 해보라.

윌리엄 제임스 교수는 이런 충고를 하였다. 인간의 행동은 감정의 상태에 따라 이리저리 움직이는 것처럼 보이기도 하지만 사실 행동과 감정은 함께 평행선을 달리고 있다고 봐야 한다. 감정은 행동만큼 직접적으로 의지의 지배를 받지않고 감정을 다스릴 수 있다. 마찬가지로 용기있는 사람처럼 보이려면 용기있게 행동하는 것이 필요하다. 실제로 용감해지기를 원한다면 당신의 정신적인 의지와 힘을 최대한 발휘해야 한다. 당신이 노력할수록 증대되는 용감한 열정은 두려움과 공포따위는 쉽게 물리칠 수 있는 것이다.

39

화를 다스리는 법

화를 잠재우는 스피치

마음이 바다와 같이 넓다면 뒷산의 바위 돌을 던져도 물결하나 일어나지 않는다.
그러나 간장종지만큼 좁은 마음에는 작은 조약돌 하나도 큰 풍랑을 일으킨다.

현대사회에서 스트레스를 안 받고 살아간다는 것은 거의 불가능한 일인 것처럼 보인다. 그래서 어떻게 하면 화내지 않고 우아하게 살아갈 수 있을까를 고민하게 된다. '화내지 말아야지, 말아야지' 하면서도 물리적으로 화가 나는 것을 가라 앉히는 것이 참으로 어려운 것이 사실이다. 당신이 만약 억울한 일을 당했는데도, 속상한 일이 생겼는데도 참고사는 것이 미덕이라고 생각하며 살아간다면, 오히려 화병에 걸릴지도 모른다. 그렇기에 화가 날 땐 화를 내야 한다. 그렇지만 'anger'에 한글자만 더하면 'danger'가 된다.

화를 잘 내야지 잘 못내면 굉장히 위험해진다. 이는 부부간, 형제간, 부자간, 친구간에도 마찬가지이다. 심지어 나라간의 전쟁도 욱하는 마음에서 비롯된 경우가 많다. 성격이 욱하는 사람은 모든 것을 일순간에 뒤집는다. 평소에는 아무렇지 않게 살아가는 사람도 일순간 욱하는 마음에 물건을 집어던지고, 폭력으로 사람을 대하고, 욕설을 퍼붓는 것이다.

하지만 정말 위험한 일이다. 필자가 아는 혹자는 애인사이의 여인에게 저녁시간에 문자가 왔다는 이유 하나로 화를 버럭내고 상대방 번호로 전화를 걸어 '도대체 당신이 누군데 이 시간에 전화를 하느냐? 당신이 누구냐?'고 다그쳐 묻는다고 했다. 정말 몰상식한 행동이고, 자신의 감정을 다스리지 못하는 사람인 것이다. 물론 순간 화는 나겠지만 상대방의 이야기를 듣고 반응해야 할 텐데, 그럴 만한 마음의 여유가 없는 사람인 것이다.

그런 사람은 다른 일을 처리함에 있어서도 마찬가지의 행동을 보인다. 모든 일에서 감정이 앞서기 때문에 다른 사람과의 관계가 불편해 질 일이 많아지는 것이다. 또한 평소에 하는 말 자체가 사람들에 대한 불만불평이 많은 것이다. 이런 상황에서는 오히려 "누구기에 이 시간에 전화에 문자가 오는거야? 누군지 모르지만 급한일이 아니라면 앞으론 그런 일 없겠지. 난 믿어" 라고 말을 건넨다면 그 믿음을 더 지켜주고 싶은 마음이 들것이다.

그런데, 전자의 경우처럼 버럭 화를 내며 욱하는 마음에 전화기를 뺏어들고 발신자에게 전화를 걸어 다그쳐묻는 매너는 오히려 사람을 질리게 하는 요인인 것이다. 이렇게 욱하고 급하게 행동하는 사람들일 수록 자신감이 없고 두려움이 큰 경우가 더 많다. 쓸데없는 자존심은 내세울 필요가 없다. 진정으로 자존심을 지킬 곳은 따로 있는 것이다.

병은 입으로 들어오고 화는 입으로 나간다

언젠가 네이버 포털사이트에 <화기를 내리는 체조>라는 동영상이 오른적이 있다. 혹하는 마음에 바로 클릭을 했는데 생각 이외로 엄청난 조회수와 댓글들이 달려 있었다. 그것을 보고 화를 다스리는 것에 대한 고민이 나 혼자만의 것이 아님을 알게 되었다.

하긴, 그것이 어떻게 나 한사람만의 고민이 될 수 있을까. 사회생활을 하고 인간관계를 유지하다보면 받는 건 스트레스고, 느는 것은 울화뿐이다. 그것들이 고스란히 몸에 쌓이게 되면 몸이 망가지고 능률이 떨어지는 것은 시간문제다.

참는 것을 미덕으로 여기던 한국에서 스트레스의 중요성이 화두에 오르기 시작한 것은 아마 우울증에 대한 경각심이 일어나고부터가 아닐까 싶다. 특히 주부들 사이에서 많이 발생한다는 '화병'은 유독 한국에서만 볼 수 있는 특이 질병으로 유명하다. 화병에 걸리면 괜히 먹은 것도 없는데 속이 더부룩하고, 체한것 같고, 머리가 아프고, 열이 끓어올라 숙면을 취할 수 없으며 심한 경우에는 불면증까지 생긴다. 이렇게 글로만 늘어놓으면 별것 아닌 것 같지만 그 고통은 상상 이상이다. 몸이 쉽게지쳐 금방 피로해 지는 데다 침착하지 못하여 작은 업무도 제대로 처리하지 못하는 결과를 낳기 때문이다.

몸의 병은 마음의 병에서 온다고 건강의 근간은 마음에 있는 바, 원인을 알 수 없는 각종 육체적 질환들에 시달릴 경우 의사들은 '신경성'이라는 꼬리표로 간단히 처방해 버리는 것이다.

현대인의 제일 큰 화두는 화를 다스리는 것

이러한 홧 병의 심각성은 사실 아무리 강조를 해도 경각심이 잘 생기지 않았었다. 그러던 것이 수면위로 떠오르게 된 것은 우울증에 의한 연예인 자살사건이 이어지면서 우리사회 경각심을 불러일으켰다. 처음에는 TV브라운관을 통해 익숙하게 보아왔던 연예인들이 우울증에 의해 자살하면서 그 충격으로 대한민국이 흔들렸었다.

그러나 이제는 연예인뿐 아니라 숱한 일반인들의 자살, 국내외에서 우울증에 의한 자살보도가 넘쳐나면서 더 이상은 예전만큼 충격을 불러일으키지 못할 정도가 됐다. 대수롭지 않게 여기고 넘겨버렸던 울화병, 그것이 결국 우울증을 불러와 대한민국 전체를, 아니 세계를 비상에 걸리게 만든 것이다.

예전에는 <신경정신외과>에 가는 것을 수치스럽게 여기거나 큰 흉이되는 것처럼 여기는 풍조가 강했으나 지금 우울증 때문에 병원을 찾는 것은 감기에 걸려서 병원을 찾는 것과 마찬가지의 인식을 심어주고 있다. 정신의학의 발전과 한국인의 정신건강을 생각할 때, 잘못된 선입관을 깬 이러한 풍조는 환영받아 마땅할 일이지만, 그만큼 한국인들의 정신건강이 위태로운 지경에 놓인것 같아 참으로 안타깝다.

사실 화를 다스리는 법에 대한 이야기는 최근에 화두가 되었던 일이 아니다. 그 옛적, 우리선비들은 모든 것은 내 마음에서 시작된다고 하지 않았던가? 그래서 나라의 위기도 내 마음을 먼저 다스려야 해결할 수 있다고 말했다. 식물의 뿌리를 캐낸다는 뜻으로, 입에는 쓰지만 몸에는 좋은 가르침들을 담고 있는 <채근담>에는 다음과 같은 구절이 있다.

> [냉안(冷眼)으로 보고, 냉이(冷耳)로 듣고, 냉정(冷情)으로 사물을 느끼고, 냉심(冷心)으로 이치를 생각한다.]

풀이를 하자면 냉정한 눈으로 사람을 살피고 냉정한 귀로 사람의 말을 듣고, 냉정한 감각으로 사물을 대해야 올바른 판단을 할 수 있다는 뜻이다. 이 말처럼 모든 일에 있어서 감정이 격해져 있을 때는 정확한 판단이나 행동을 하기가 어렵다. 그러므로 순간적인 판단력이 정확해야 대처할 수 있는 돌발 상황에서도 유연하게 대처할 수 있다.

그뿐인가, 마음이 화기로 어지러우면 원래 준비했던 역량마저 다 발휘하지 못할 공산이 크다. 그래서 아무리 큰일을 앞두고 마음의 평정과 고요를 먼저 찾는것이 제일 중요한 것이다.

나라의 위기와 같은 커다란 문제앞에서도 그러하니 스피치에서 역시 마찬가지 일 것이다. 아무리 중요한 프리젠테이션을 앞두고 있을지라도 울화 때문에 내 맘이 어지럽고 체열이 상승하게 되면 성공적인 스피치를 마칠 수 없는 법이다.

필자도 중요한 일을 앞두고 스트레스로 고생을 한 적이 있다. 여러 상황들이 좋지 않아 스트레스를 만들었고 울화가치밀자, 그 다음부터는 건강에 적신호가 오기시작했다. 바로 신경성 위염에 걸린 것이다. 속이 아프고 식사를 할 때마다 소화가 안 되고, 기운이 빠지고 쉽게 피로해져 삭은 일도 효과적으로 처리하기 힘들게 되었다. 진작에 화를 다스려 컨디션을 유지했더라면 훨씬 힘들지 않았을 텐데 생각하며 얼마나 안타까워했는지 모른다.

화를 다스릴 줄 아는 사람이 진정 큰 인물

말하기에 있어서 화를 다스릴 줄 아는 능력은, 그 사람의 스피치 역량을 가늠할 수 있는 하나의 기준이 되기도 한다. 그뿐인가? 그 사람자체의 타고난 능력과 자질 또한 이것하나로 평가받을 수 있다.

이 시대 최고의 리더로서 많은 관심과 기대를 받고있는 오바마 대통령 역시 그렇다. 그는 인종이며 정체성 등 여러 가지 면에서 경쟁자들로 하여금 표적이 될 만한 사람이었다. 그러나 오바마는 화를 다스리는 뛰어난 능력을 가졌다.

2006년 민주당 연방상원의원 후보가 된 오바마는 민주당 전당대회연설에서 앨런 키스후보와 맞붙게 되었다. 미국은 기독교정신이 매우 중요한 이념으로 작용되고 있는 나라다. 그런 나라에서 기독교이념이 약한 정치인은 유권자로 하여금 여러 가지 불이익을 받을 수밖에 없다.

공교롭게도 오바마는 기독교정신이 매우 투철하다고는 볼 수 없는 정치인이었다. 게다가 그는 정치인들의 공약 중 중요한 부분을 차지하고 있는 <낙태찬반론>에 대한 의견에서 찬성을 지지하는 쪽을 택했다. 기독교인들에게 있어 <낙태>란 단순히 범죄에 대한 관점이 아닌 종교적 죄악으로 받아들여지는 어마어마한 행위이다. 그래서 낙태시술을 행한 의사를 살인하고, 그 병원을 불에 태운 극단적 종교주의자의 범죄사건도 있었다.

그런 점에서 취약한 약점을 가지고 있던 오바마에게 앨런 키스는 "예수 그리스도는 오바마에게 표를 주지않을 것이다."라며 모욕적인 말을 했다. 사실 공화당에서 엘런키스를 내 보낸것은 오바마를 화나게 만들어 그의 마음에 동요를 일으키려 했기 때문이다.

그러나 오바마는 화를 잘 누르고 의연하게 대처했다. 그러나 그가 화가나지 않았던 것은 아니다. 후의 자서전에서 그는 "앨런 키스처럼 화나게 만드는 사람은 없었다"고 회고했을 정도이니까. 만약 그가 전당대회연설에서 화를 못 참고 동요하는 기색을 보였다면 지금 그가 대통령이 될 수 있었을까? 대통령은 커녕 후보에도 오르기 어렵지 않았을까?

반면, 한순간의 화를 참지 못하고 분노를 표현하여 정치인으로서의 생명에 위협이 된 사례들도 찾아 볼 수 있다. 유인촌 전문화체육관광부 장관이 화가 난 나머지 욕설을 내뱉어 그동안 <전원일기>로 쌓아올린 반듯한 농촌총각의 이미지를 크게 실추시키고, 품위며 자격논란에 까지 오른것도 좋은 예일 것이다.

특히 우리나라에는 그 위력을 자랑하는 YTN <돌발영상>이 있다. 너무도 많은 정치인들이 감정을 억누르지 못하고 욕지거리는 둘째고, 주먹다짐까지 하는 것을 보면 어째서 '화를 다스리는 능력'이 중요한지 잘 알 수 있을 것이다.

한 순간의 감정을 참지 못하여 돌이킬 수 없는 치명상을 입은 경우는 정치인들만의 이야기가 아니다. 중요한 연설이나 토론에 있어서도 그렇지만 기업 간의 협상이나, 옆집 아주머니와의 논쟁에서조차 화를 참지 못하는 것은 즉, 지는 것이다.

기업에서는 한 순간의 감정조절을 하지 못하여 중요 거래처의 심기를 불편하게 하는 직원은 아무리 스펙이 뛰어나다 해도 믿지 않는다. 하물며 옆집 아주머니와의 논쟁에서조차 화를 참지못하고 머리채를 붙들고 싸우게 된다면, 마을주민들은 그 사람이 이사할 때까지 그 때 본 인격의 실체를 잊지 않을 것이다.

화를 다스리기 위해 가장 먼저 마음을 다스려야 한다

이렇듯 '화를 다스리는 능력'이 중요한 만큼, 그것을 다스리기 위한 갖가지 노력들은 온 사방에 넘쳐나고 있다. 도서관이나 서점에는 '화'와 관련된 서적이 어마어마한 출판부수를 올리고 있고, 인터넷에서는 스트레스 해소를 위한 동호회나 카페가 가득하다. 필자도 그 많은 정보들을 섭렵하며 안 따라 해본 것이 없다. 쇼핑하기, 맛있는 것 먹으면서 수다떨기,

잔잔한 음악듣기, 명상하기, 노래방에서 소리지르며 노래부르기, 아로마 입욕제로 목욕하기, 걷기, 운동하기 등등…….

그러나 필자의 경험에 의하면 이러한 방법들은 도움이 될 때도 있지만 언제나 효력을 발휘하는 것은 아니다. 어느 때는 위에 열거한 모든 방법들을 다 동원해보아도 화가 가라앉지 않을 때도 있다.

네이버에 올라왔던 <화기를 가라앉히는 동영상>의 경우, 그 밑에 달려있는 수많은 리플중엔 "화기 가라앉히려 왔는데 효과가 없어서 화만 더 난다"라는 내용들도 많이 있었다. 이러한 경험은 분명 이 책을 읽는 독자들도 공감할만한 것이라 생각한다. 아무리 화기를 가라앉히는 체조를 열심히 따라해도 힘들어서 화만 더 나던경험, 아무리 많이 먹어도 살만쪄서 화만 더 나던경험은 누구나 한번쯤 있지 않을까?

그리고 익히 알려진 방법들이 모두 처방전이 된다면 지금 화를 다스리기 위해 노력하는 사람들은 한 사람도 없어야 마땅할 것이다. 그것은 화를 다스리는 법, 즉 마음을 다스릴 줄 아는 능력은 쉽게 얻을 수 있는 일이 아니기 때문이다. 이러한 일들이 단순히 도구적인 방법으로 해결될 수 있는 일이라면 인격을 성숙시켜 마음을 넓혀나가는 행동은 할 필요가 없을 것이다.

너무도 화가 나는데 어떻게 해도 풀리지가 않을 때 일단 내 마음부터 바꿔보려 노력한다. 긍정적인 생각을 하고, 이성적으로 나를 제어할 수 있도록 노력하는 일에 제일먼저 힘을 쓰는 것이다. 그것이 화를 다스리는 가장 기본적인 자세임을 깨달았기 때문이다. 즉, 내 마음의 성숙에 먼저 신경을 쓰는 것이다. 마음이 바다와 같이 넓다면 뒷산의 바위에 돌을 던져도 물결하나 일어나지 않는다. 그저 꿀떡삼키고는 잠잠할 뿐이다.

그러나 간장종지만큼 좁은 마음에는 작은 조약돌 하나도 큰 풍랑을 일으킨다. 심한 경우에는 그 종지마저 깨버리게 된다. 간장종지와 같은 마음의 소유자들은 작은 일도 큰 스트레스가 되지만 마음이 바다와 같이 넓은 사람에겐 그곳에서 고래가 떼를지어 헤엄친다 한다한들 그것이 얼마나 스트레스로 작용이 되겠는가?

화를 다스릴 줄 알아야 마음의 평온이 온다

화를 내지 않고 멋지게 대응하는 스피치를 하면, 오히려 그 사람의 가치는 높아진다. 당신의 감정을 드러 낼수록 적대적인 분위기만 고조되기 때문이다. 심한 경우 상대방에 대한 욕설과 함께 폭력으로 이어지는 경우도 있다. 즉각적으로 반응을 보일 경우, 결국 더 큰 상처를 상대방에게 안겨줄 뿐 아니라 두 사람과의 관계는 멀어질 뿐이다. 주변에도 욱하는 성격에 이혼하는 부부도 많이 봤다. 또 헤어지는 커플도 상당수이다. 둘 사이의 관계가 진정 굳건해질 수 있는 기회조차도 위기로 만들기 때문이다.

이제부터는 말하기 전에 생각한다는 목표를 정해보자. 언어적, 심리적 공격을 받았쓸 때, 즉각적으로 반응하지 않고 잠시 생각하는 여유를 갖는 것이 좋다.

공자는 '더 많이 알수록 더 많이 용서하게 된다' 라고 했다. 무엇때문에 내가 이런 행동을 하는 지, 다시한번 더 생각해 보고 자신에게 상대방을 이해하기 위한 역지사지의 마음을 가져보자. 욱하는 마음을 죽이고 잠깐 상대방의 입장을 생각해보고 헤아린 뒤에 마음의 평화를 찾고 말을 하는 것이 순서인 것이다. 성질을 내봐야 자신의 성격만 나빠질 뿐이라는 걸 알아야 한다. 감정을 쉽게 드러내고 욱하면 자신의 모습만 추해지고 대접도 못 받는다.

그런 상황에서는 돌려서 자신의 마음을 표현하거나 따끔한 일침의 언어를 세련된 방법으로 한다면 본인의 가치는 올라간다. 사실, 화를 잘 내는 사람들은 내면에 의심과 조바심, 남탓을 잘하고, 교만하며 자존심이 많은 사람들이다. 화를 자주내는 것도 습관이다. 마음속 대들보가 크게 바로 서있는 사람이라면 결코 사소한 것에 흔들리지 않는 법이다.

현대사회의 성공은 원수를 많이 만들어서는 안된다. 인간관계가 복잡해지는 현대사회에서 오늘의 적이 내일의 동지가 된다. 따라서 당신이 적과 동지를 확실하게 구분하면 당신의 인간관계에는 구멍이 뚫릴 것이다.

진정한 매력을 소유한 사람이라면 화기를 다스리지 못해 자신의 가치를 떨어뜨리는 일을 하면 안 된다. 필자 역시 노력하고 있는 부분이지만 어지간히 화나는 일에도 자기마음의 평정을 찾을 수 있어야 겠다.

40

배려의 스피치

내가 말하기 편한 방법을 찾는 것이 아니라, 청중이 듣기에 편한 방법을 찾아야 한다. 늘 자신보다 상대를 먼저 챙기는 배려의 마음이 스피치에 묻어나와야 한다.

한 남자가 빌딩 문을 열고 나오며 잠시 문손잡이를 잡고 서 있는다. 왜 그런가 하고 봤더니 뒤따라 나오는 여자를 배려해준 것이다. 여자는 진심으로 감사해하며 사라진다. 화면이 바뀌고, 이제 버스정류장에 서있는 그 남자가 보인다. 버스가 도착하고 남자가 천천히 올라타더니, 기사에게 이 버스가 지하철 역 앞에 확실히 내려주느냐고 묻는다. 그때, 헐레벌떡 버스로 뛰어오르는 학생이 보인다. 그제야 남자는 웃으며 자리에 앉는다. 뒤에서 쫓아오는 학생을 위해서 일부러 시간을 끌어준 것이다.

위의 내용은 필자의 기억에 강하게 남았던, 예전 텔레비전 광고 중 하나이다. 그 남자가 문손잡이를 잡고 있어준 약 3초의 시간, 버스에서 잠시 운전사의 시선을 끈 길어봤자 3초의 시간. 그 잠깐의 시간 때문에 여자와 학생은 남자를 향해 너무나도 고마운 미소를 지어 보였다. 작은 배려가 사람들에게 큰 기쁨을 준 것이다. 시청을 하고 있는 내 눈에도 뛰어난 미남이 아닌 그 남자가 몹시 멋있게 보였음은 당연하다.

청중의 입장을 언제나 생각해라

'남을 위한 배려'는 이제 어디를 가나 당연히 생각해야 할 기본에티켓이 되었다. 단지 문손잡이를 잡아주거나, 버스를 좀 기다려주는 것으로 다른 사람에게 큰 기쁨을 줄 수 있다면 스피치에서 역시 '배려'는 당연히 갖춰야 할 자세가 아닐까?

그렇다면 스피치를 할 때 가장 배려해야 할 상대는 누구일까? 바로 내 앞에 있는 사람이다. 우리는 언제나 청중을 그리고 청자를 배려하는 말하기를 잊지 말아야 한다.

그런 면에서 방송인 유재석씨는 '배려하는 말하기'의 대표주자라고 할 수 있을 것이다. 그의 말하기는 '겸손의 말하기'로도 아주 유명하다. 언제나 자기 자신을 낮추고, 게스트나 방청객들을 높여주기 때문이다. 이제는 누구나 인정하는 최고의 진행자가 되었으므로 조금은 거만해질법도 하건만, 한 번도 그런 모습을 방송에서 포착한 적이 없다.

또한 예능프로그램을 진행하는 도중에도 시청자들을 향하여 '죄송합니다', '양해부탁드립니다' 하고 말하는 그의 모습을 자주 볼 수 있다. 과잉경쟁으로 인해 게스트들이 서로의 끼를 발산하는 데에만 혈안이 되어 방송이 부산해지는 경우가 종종 있는데, 그런 혼잡한 상황을 원활히 하느라 고군분투하는 동안에도 유재석씨는 항상 시청자들을 잊지 않고 있었던 것이다. 예능프로이기 때문에 미소짓고는 있지만, 정중히 배꼽사과하는 그의 모습에서 우러나오는 진정성은 충분히 느낄 수 있을 정도다.

단지 시청자들에게 국한된 것이 아니라, 프로그램에 참석한 게스트들에게까지도 그의 배려심은 세심하게 적용된다. 대표적인 예로 같은 프로그램의 멤버인 정준하씨가 요리미션을 수행하는 도중 건방진 행동을 보여 시청자들의 눈총을 받게 된 일이 있다. 그런 경우, 정준하씨가 야속할 법도 하건만 그는 오히려 "미안해 송"의 아이디어를 내어 시청자들의 심사를 풀어주는 것은 물론이요, 정준하씨의 이미지 개선에도 도움을 주었다. 그리고 그런 세심한 배려들은 결국 높은 시청률과 국민들의 사랑이란 결과로 다시 유재석씨에게 돌아왔다. 그래서 그는 여전히 최고의 자리를 놓지 않고 있는 것이다.

아나운서 이금희씨 역시 배려하는 말하기로 유명한 분이라 할 수 있겠다. 처음에는 "촌스러운 아나운서"로 유명했던 이금희씨가 그토록 많은 시청자들의 사랑을 받는 이유는 언제나 상대를 배려하는 듯한 편안한 목소리때문일 것이다. 사람을 존중해주고 따스하게 감싸안는 그 부드러운 목소리는 정이 묻어난다. 안타까운 이유로 헤어져, 평생 그리움을 품고 살아온 사람들을 친어머니처럼 어루만져주고 안아주는 그녀의 목소리는, 비록 가족을 찾지 못하게 됐을지라도 사연 신청자들에게 커다란 위안이 되었음에 분명할 것이다.

청중의 눈높이를 맞춘 설명

대학병원에 근무하고 있는 폐질환전문의 임경수씨는 <만성폐쇄성 폐질환>에 대한 강연을 준비중이다.

"COPD는 유해한 입자나 가스의 흡입에 의해 '렁'에 비정상적인 '인플레머토리' 반응이 일어나면서 이로 인해 점차 기류제한이 진행되어 '렁'의 기능이 저하되고 '다이스프니아'를 유발하게 되는 호흡기질환입니다. 치료

방법으로는……"

'COPD', '인플레머토리', '다이스프니아'……. 의사인 임경수씨가 이런 의학용어를 자유자재로 구사할 수 있는 것은 물론 당연한 일이다. 그러나 그의 이야기를 듣게 될 청중들 또한 그처럼 의학용어를 잘 알고 있는 동료의사들인가? 아니면 가르침을 받고 있는 의대생들인가? 그렇다면 그의 말하기에는 크게 잘못된 것이 없을 것이다. 오히려, 의사들에게는 한국말보다도 익숙한 의학용어들을 사용함으로써 의사소통에 더 효율성을 가져올 수 있을 것이다. 그러나 임경수씨의 이야기를 들을 청중들이 <만성폐쇄성 폐질환>을 가진 환자의 가족들이라면 이야기는 전혀 달라진다. <만성폐쇄성 폐질환>이라는 병자체도 발음하기 어려울 만큼 생소한데, 그에 대한 설명까지 저런 의학용어를 곁들이고 있다면 어떻게 이해할 수 있겠는가? 그럴 경우 임경수씨의 말하기는 다음과 같이 달라져야 할 것이다.

"만성폐쇄성 폐질환은 유해한 입자나 가스의 흡입에 의해 폐에 비정상적인 경련반응이 일어나면서 이로 인해 점차 기류제한이 진행되어 폐의 기능이 저하되고, 호흡곤란을 유발하게 되는 호흡기질환입니다. 치료방법으로는……"

그러나 이렇게 의학용어를 풀어 설명했음에도 잘 이해하지 못하는 사람들이 많을 것이다. 그 유해한 입자나 가스의 흡입이 구체적으로 무엇인지, 또 기류제한이란 무엇인지 잘 모를 것이기 때문이다. 그럴 경우 임경수씨는 그에 대해 쉽게 풀어쓴 적절한 설명도 반드시 곁들여야 할 것이다. 그러나 청중이 충분히 이야기를 알아들을 수 있는 의학관계자인데, 굳이 그런 설명을 덧붙인다면 그것은 친절한 것이 아니라, 흐름을 늦추는 부적절한 행동이 될 것이다.

이렇게 당신이 이야기할 청중에 따라 당신의 말하기 방식은 그 적절함의 기준이 바뀌게 된다. 그러므로 내 이야기를 들어줄 청중에게 어떤 말하기가 더 적합하고 쉽게 이해될 수 있을지를 항상 생각하고 준비해야만 한다. 내가 말하기 편한 방법을 찾는 것이 아니라, 청중이 듣기에 편한 방법을 찾아야 하는 것이다.

구체적인 '사례'를 곁들인 설명 또한 청중들의 이해를 돕는데 아주 좋은 방법 중 하나이다. 임경수씨가 환자의 가족들에게 <만성폐쇄성 폐질환>의 치료방법 중 하나로 '금연'을 들었다고 하자. 이럴 경우 다음과 같은 말하기는 훨씬 청중들의 이해를 도울 것이다.

"<만성폐쇄성 폐질환>은 앞서 말했듯 유해한 입자나 가스의 흡입이 주요 원인입니다. 그러므로 담배연기는 이 병의 원인이라고도 할 수 있습니다. 무조건적으로 환자들이 금연을 할 수 있도록 도우십시오. 작년 우리병원에 입원했던 임모씨와 송모씨는 모두 상태가 위급했었습니다. 그러나 송모씨는 건강한 모습으로 퇴원할 수 있었고 임모씨는 결국 숨을 거두고야 말았습니다. 그것은 바로 '금연' 때문이었습니다. 송모씨는 금연을 했기 때문에, 그 이후의 약물치료가 효과를 볼 수 있었습니다. 허나, 임모씨는 간호사들 몰래 계속 담배를 피웠기 때문에, 아무리 약물치료를 해봤자 흡연으로 폐는 계속 나빠지고만 있었으니까요. 임모씨가 금연에 성공했더라면 송모씨처럼 건강해질 수 있었을 것입니다."

어떠한가? 내가 만약 이 이야기를 들었다면, 흡연 때문에 죽어간 임모씨를 생각해서라도 사생결단을 하고 가족이 금연을 도울것 같다. 그러나 무턱대고 담배를 끊으라고만 한다면 약물치료받기도 힘든데 내 아버지가 얼마나 담배를 피우고 싶으실까, 한대 정도로 위안을 달래시는 것이 크게 문제가 되진 않을거야. 라고 생각하게 될 수도 있을 것이다.

배려하는 마음이 담긴 스피치는 '큰 사람'으로 만든다

오늘 당신은 <성공한 사람들의 100가지 마음자세>에 대한 강연을 했다. 이름만 대면 알만한 유명인들을 직접 만나 인터뷰한 자료며, 의상에 악세서리까지 철저하게 준비한 것이 무색하지 않을 만큼 당신은 만족스러운 연설을 마쳤다. 그렇게 강연장밖을 나온 당신은 그 다음부터 청중을 까맣게 잊어버릴지 모른다. 당신의 강연은 그것으로 끝났기 때문이다.

그러나 청중을 배려하는 연설자는 남다르다. 그들은 '내 강연을 듣고 강연장을 빠져나간 청중들의 삶에 그 이후 어떤 변화가 있을지'도 생각하는 것이다.

당신이 오늘 말해야하는 주제는 <성공한 사람들의 100가지 마음 자세>였다. 그러나 더 중요한 주제는 '그 이야기를 듣고 난 청중들이 얼마나 성공한 사람들의 마음자세를 가지게 될까' 하는 것이다. 1시간 내지 2시간 동안 이끌어내야 하는 강연을 얼마나 매끄럽게 끝마칠 수 있을 것인가를 생각하기에 앞서, 이 강연을 듣고 나가는 청중들에게 내가 얼마나 도움이 될 수 있을까를 더 신경 써야 하는 것이다. 강연을 준비하는 동안에도 그것을 생각하며 자료를 모으고 정리한다면, 당신의 강의는 훨씬 사람들의 가슴에 감동을 주는 명품강의로 업그레이드 될 것이다.

그러므로 강연도중이나, 강연이 끝나고 난 뒤 "지금 이 강의가 얼마나 도움이 되었는가?" 내지는 "이 강의를 실생활에 적용하기 위해 어떤 팁을 더 해주기를 원하는가?"에 대해 청중과 자유롭게 이야기를 나누는 자리를 마련하는 것도 효과적일 것이다.

그러면 청중들은, 아 이 사람이 단 1시간만 잘 떼우고 가려는 것이 아니라 진정 내게 도움을 주고싶어 하는 구나를 느끼게 될 것이고, 죽어도 잊지못할 평생의 명 강의로 가슴에 간직하게 될 것이다. 그런 것이 진짜 배려심이 넘쳐나는 훌륭한 강의가 되는 것이다.

필자가 방송을 할때도 같이 진행하는 MC나 패널기자 가운데에서도 늘 배려하는 자세로 말하는 이가 있는가하면 그렇지 않고 '안하무인' 격으로 늘 자기중심적으로 말하고 행동하는 이들도 있다. 그렇지만, 후자의 경우 더 이상 보고싶지 않을 정도로 인격적 실망을 하게 된다. 자신의 잘못은 늘 남탓으로 돌리고, 자신이 잘한것은 자신 때문이라는 사람들이다. 하지만 결국에는 '늘 자기중심적으로 사는 사람'들은 외면당하게 되는 것이다. 진정 매력적인 사람이라면 상대방을 편하게 해주기 위해 노력하며 늘 자신보다 상대를 먼저 챙기는 배려의 마음이 있는 이들인 것이다.

41

두려움에 맞서는 법

적절한 긴장감은 사람을 투지에 불타오르게 해주고,
그 사람의 진가를 발휘할 수 있게 해준다.

순발력이 있어 임기응변에 능하기로 소문난 자동차 판매사원 K씨. 좋아하는 여성이 클래식 동호회 회원이기에, 그녀와 가까이 있을 수 있는 기회를 잡고자 무턱대고 따라서 가입했다. 그러나 그는 클래식의 '클' 자도 모르는, 그 분야에 관한한 무지렁이였다. 그런데 모임에 나간 첫날, 사회자는 바흐의 <브란덴부르크 협주곡>에 대한 견해를 말하는 자리를 마련했다. 게다가 사회자가 지목한 첫 번째 사람은 바로 K씨였다!

눈앞이 캄캄해진 K씨. 어떻게든 이 위기에서 벗어나고자 평소의 뛰어난 화술과 순발력을 총동원하기로 마음먹었다. 그러나 이야기를 이어나가기 위해 그의 입에서 나온 말들은 오히려 그를 초라하게 만들었다. 평소 판매하며 습득한 방대한 지식들이 산더미처럼 쏟아져 나왔지만 정작, 그 중에 클래식에 관한 것은 하나도 없었던 것이다. 머릿속에 있는 것을 탈탈털어 낼 정도의 필사적인 노력은 눈에 보였으나, 그럼에도 불구하고 클래식에 관한한 일자무식임을 모두가 알아차렸다. 이제 K씨의 노력은 초라함을 넘어서 안쓰러울 정도였고, 그를 보기 민망해진 그녀는 아예 시선을 돌려버렸다고 한다.

클래식에 대한 기본정보도 없는데다, 그런 일이 있을거라곤 생각도 못했던 K씨는 총없이 전쟁터에 뛰어든 것만큼 준비성 제로상태였다. 그렇기 때문에 아무리 화술이 뛰어났어도 처절한 참패를 맞봐야했던 것이다.

그러나 경험부족과 두려움으로 기술은 능숙하진 못하지만 자신이 이야기하고자 하는 것을 잘 알고 있다면 어떻게든 연설을 끝낼 수는 있다. 제 아무리 바느질 솜씨가 뛰어나도 재료가 없으면 아무것도 못하지만, 일단 구슬과 실이 있으면 아무리 엉성해도 무언가를 완성해 볼 수는 있는 것이다. 비록 좌중을 압도하진 못했을 지라도 그렇게 최선을 다한 당신에게 기꺼이 청중은 박수를 보내줄 것이다. 그리고 그런 경험이 한번, 두번 쌓이다 보면 어느새 당신은 용감해 질 것이다.

철저한 준비가 자신감을 부른다

2부에서 잠깐 언급한 바 있듯이, 스피치 불안감에서 벗어나는 것은 성공적인 스피치를 위해 극복해야 할 가장 일차적인 관문이다. 청중들 앞에서는 것이나, 다른 사람과 이야기 하는 것을 두려워한다면 성공적인 스피치는 불가능하기 때문이다. 그것은 물을 두려워하면서 수영을 잘하고 싶어하는 것이나, 고소공포증이 있으면서 번지점프를 잘하고 싶어하는 것과 다를 점이 없다.

그러나 그것을 잘 알면서도, 말처럼 쉽게 되지 않기에 많은 사람들이

고통받고 있음을 필자 역시 잘 알고 있다. 두려움이란, 뜻대로 되지 않기 때문에 '두려움'이다. 내 뜻대로 충분히 제어할 수 있는 일이라면 사람들은 '두렵다'는 표현을 쓰지 않을 것이다.

사람은 누구나 자신이 잘 알고 있는 분야, 재능이 있는 분야에는 자신감을 느낀다. 그러나 자신이 잘 모르고 관심없는 분야앞에서는 주눅이 들게 마련이다. 주식투자나 펀드에 관해서는 처음보는 사람들 앞에서도 술술 말을 이어나갈 만큼 자신감이 넘치던 경제학박사가, 오페라나 발레같이 잘 모르는 예술분야 앞에서는 절로 입이 다물어지는 것과 같은 이치이다. 아무리 박사라한들 모르면 똑같은 것이다.

철저한 준비는 그래서 더 필요하다. 준비를 열심히 한 만큼, 내가 말하고자 하는 것에 대해 더 잘 알게 되기 때문이다. 그리고 알게 된 만큼 자신감도 생기기 마련이다. 아브라함 링컨은 "아무리 경험이 풍부한 사람일지라도 철저하게 준비하지 않으면 연설하는 도중에 때로 당황하게 된다."라고 말했다. 이 말이 얼마나 맞는 말인지를 몸소보여준 필자의 지인 K씨의 이야기를 들어보자.

스피치를 생활화하라

당신은 날때부터 한국말을 잘 했는가? 갓난 아기때부터 이렇게 한국말을 잘하였던가? 날때는 옹알이도 못하고 울기만 바빴던 당신이 지금 이렇게 한국말을 잘하게 된 것은 그 말을 익힐 수 있는 환경을 제공받았기 때문이다. 그렇게 한국말이 생활화가 되었기에, 지금처럼 언어를 자유자재로 구사할 수 있게 된 것이다.

스피치 역시 마찬가지다. 이러니 저러니 해도 결국 가장 많이 해본 사람이 두려움도 적고, 기술도 늘게 마련이다. 그러나, 무턱대고 아무연설이나 강연에 도전하라는 것은 아니다. 그런 식으로 대책없이 나섰다가 더 큰 두려움을 맛보게 되면 재기할 자신감이 남지않게 될지 모른다. 게다가 아예 연단근처에도 못 가는 당신의 마음을 필자 역시 충분히 이해하고 있다.

그런 당신에게 필자는 스피치를 생활화부터 하라고 권한다. 스피치를 가까이 두고 익숙해지는 훈련을 먼저하는 것이다. 그러나 훈련이라고 해서 겁먹지는 않아도 된다. 당신이 충분히 할 수 있는 일이기 때문이다. 필자는 지나가는 행인을 붙잡고, 길을 물어보는 것조차 두려워하는 사람을 많이 보았다. 혹시 이 책을 읽고 있는 당신도 그렇지 않은가?

"저기, 실례지만 이 근처에 편의점이 어디있나요?"

이 말 한마디 물어보는 게 그렇게 어려워 같은 자리만 뱅뱅 돌았던 경험이 있지는 않았나? 그럴 경우, 자연스럽게 사람들을 붙잡고 길을 물어보는 것부터 먼저 시작하라. 별것 아니지만 막상 하려면 쉽지 않은 그 일은 당신의 스피치 생활화에 많은 도움이 되어 줄 것이다.

자, 이번에는 이미지화 훈련법을 소개해 보고자 한다. 그런데 이 훈련은 당신의 생활패턴과 취향을 고려하여 결정하는 것이 중요하다.

민정씨의 경우, 출근을 위해 화장을 하는 시간을 자신의 훈련시간으로 정했다. 평소 화장발에 죽고 못 살아 풀메이크업을 고수하므로 남들보다 훨씬 일찍 일어나기 때문이다. 이제 세수를 마치고 화장대앞에 앉은 민정씨의 눈에 새로 장만한 파운데이션이 보인다. 민정씨는 그 파운데이션을 스피치 주제로 정한다. 그리고 잡티가 덮인 맨얼굴이 비치는 거울속을 바라본다. 그리고 그 거울뒤편으로 수많은 청중들이 모여있는 상상을 시작한다. 지금 민정씨는 자신없는 맨얼굴로 수많은 청중들 앞에 서 있는 것이다. 당연히 땀이 많이 나오고 입이 바싹마른다. 그러나 민정씨는 화장품에 대해 잘 알기 때문에 그것은 그녀의 자신있는 화제 중 하나이다.

민정씨는 용기를 내어 파운데이션을 바르며, '파운데이션의 기능'이라든지, '파운데이션의 장단점'과 같은 것을 연설하기 시작한다. 연설시간은 파운데이션을 다 흡수시킬 동안의 1분 연설을 끝내고 거울을 보면 그 전의 자신없던 맨얼굴이 한 단계 화장으로 조금 더 예뻐진 것이 보인다.

이것은 일종의 최면효과인데 화장때문이 아니라 연설을 끝냈기 때문에 예뻐진것 같은 착각이 드는 것이다. 민정씨는 이러한 훈련을 스킨, 로션, 립스틱, 마스카라로 옮겨가며 매일매일 꾸준히 해나갔다. 연설이 끝날때마다 좀 더 예뻐진 자신의 얼굴에 자신감을 가지면서 말이다.

민정씨의 방식을 참고로 하여, 자신의 생활패턴과 관심에 알맞게 스피치 방식을 설정해 보자. 당신은 민정씨와 달리 퇴근 후, 메이크업을 하나하나 지우면서 스피치를 할 수도 있다. 예를 들어 눈화장을 지우며 "아이리무버의 역사'에 대해 연설해 볼 수도 있겠다. 그리고 클렌징을 끝낸 뒤 개운해진 얼굴을 바라보며, 성공적인 연설후의 후련함을 이미지화 시키는 것이다.

또한 스피치를 게임으로 승화시키는 방법도 있다. 예전에 인기리에 방영된 드라마 <공부의 신>에서 선생님들은 학생들의 공부 두려움증을 없애기 위해 "공부를 놀이로 생각하라"고 다들 입을 모아 말했다. 게임이나 놀이는 누구나 두려워하지 않고 기꺼이 즐기려하는 일이기 때문이다.

인기배우였던 더글러스 페어뱅크스는 찰리 채플린, 베리 빅포드와 함께 매일 밤 다음의 게임을 즐겨했다고 한다.

[게임의 방법:
1. 우선 종이에 각자 하나의 주제를 기록한다.
2. 그 종이를 접어모은 뒤 섞는다.
3. 각자 종이 한 장씩 집어들어 종이에 적혀있는 주제에 대해 1분씩 이야기 한다.]

<아메리칸 매거진>의 수필을 통해 그가 밝힌 그 게임에서의 가장 위기의 순간은 '전기스탠드의 갓'이란 주제를 뽑았을 때라고 한다. 그러나 덕분에 연설이 더 이상 두렵지 않게됐음은 불보듯 뻔한 일이다. 그에게는 이제 연설이 게임처럼 친숙한 일이기 때문이다.

두려움을 적절한 긴장감으로 바꿔라

그러나 아무리 스피치가 생활화되어 백번, 천번의 경험을 가지게 되었다 해도 누구나 두렵지 않을 수는 없다. 20년이 넘게 무대에 서온 베테랑 뮤지컬배우 최정원씨 역시 아직도 무대에 나가면 떨린다고 밝혔다. 다음은 인터뷰에서 그녀가 한 말의 일부이다.

"아직도 무대에 나가려면 떨려요. 배우라면 누구나 새로운 인물로 변신할 때의 그 떨림을 사랑할 겁니다. 다만 프로라면 충분한 연습을 통해 그 떨림을 에너지로 발산해야겠죠."

바로 이 말이 정답이다. 스피치에서도 그 떨림을 에너지로 승화시켜 발산하는 것이 관건인 것이다. 사람은 너무 풀어져 있어도 안 된다. 적절한 긴장감은 사람을 투지에 불타오르게 해주고, 그 사람의 진가를 발휘할 수 있게 해준다.

그렇다면 이제 당신의 그 두려움을 적절한 긴장감으로 바꾸는 과정을 이야기 해보겠다. 우선 당신이 연단에 서기에 앞서 명심해야 할 것이 있다. 지금 가지고 있는 두려움이 너무나도 당연하다는 것을 말이다. 누구나 다 두려워한다. 그러므로 당신의 공포는 당신만의 것이 아니다. 그러면 어느 정도는 부담감이 사라질 것이다.

그리고 작은 북 두드리듯 요동치는 심장의 고동을 행진곡의 반주라고 생각해라. 장군이 전투에 나가기 위해 백만대군을 이끌고 지나갈 때 군악대가 연주하는 행진곡 반주말이다. 그리고 장군을 응원하는 수많은 백성들의 환호성! 말위에 올라탄 장군의 심정은 어떻겠는가? 전투에 나가는 그의 마음에 두려움이나 긴장감이 없겠는가? 허나, 장군은 지금 그것을 즐기고 있다. 그 두려움과 긴장감을 짜릿짜릿한 스릴로 생각하고 있는 것이다.

비록, 이 싸움이 목숨을 잃을 수도 있는 무서운 것이지만, 백만대군과 함께 반드시 적을 무찔러 당당히 돌아오겠다는 포부를 가지는 것이다. 그럴 때에 전쟁에 대한 두려움은 하늘을 찌르는 '사기'로 변한다. 당신 역시 그 장군처럼 이 스피치를 무사히 끝내고 멋지게 개선문을 통과하는 모습을 상상해 보아라. 온몸이 사기로 충만하여 짜릿짜릿함이 느껴지지 않은가?

그러나 위의 방식으로 어느 정도 두려움을 극복했다 할지라도 막상 연단에 오르게 되면 다시금 머릿속이 하얘질지도 모른다. 그럴 경우를 대비한 스페셜 팁! 자신의 체험담을 위주로 이야기의 운을 뗄것을 권한다.

사람은 자신이 잘 알고 있는 화제를 이야기 할 때에 가장 편안함을 느낀다. 그리고 체험담만큼 당신이 가장 잘 알고 있는 이야기는 없다. 지금 머릿속에 아무생각도 나지 않는 이유는 극도의 긴장감으로 마음이 붕떴기 때문이다. 지금은 그 마음을 먼저 가라앉히는 것이 관건이다. 일단, 심호흡을 하고 가장 자신있는 체험담부터 말해보아라.

경제학의 권위자로서 인지도를 쌓아가고 있던 윤박사는 세계 경제위기를 맞아, 그에 관한 대처방법에 대해 연설을 하게 되었다. 앞으로의 경제상황을 걱정한 수많은 청중들이 그의 이야기를 듣기 위해 걱정스러운 얼굴을 하고 구름떼처럼 몰려든 데다, 텔레비전 방송까지 하고 있는 상황이다. 연단에 오른 윤 박사는 그동안 자신이 연구하고 공부해온 십여년간의 학문이 하나도 생각나지 않을 만큼 가슴이 콩닥콩닥 뛰고 심장소리만 크게 머릿속을 울렸다. 그 순간, 윤 박사의 눈에 방청석에 앉아 있는 한 부인이 개나리처럼 노란스웨터가 들어왔다. 윤박사는 옛 추억이 아련히 떠오르면서 자신도 모르게 운을 떼었다.

"저희 어머니는 자상한 분이셨습니다. 추운겨울날 학교에서 놀아오면 부엌에 계시던 어머니가 언제나 웃으며 맞아주셨지요. 밖이 아무리 춥다할지라도 어머니의 부엌만큼은 따스하고 행복했습니다. 마치 개나리가 피는 봄날처럼요……"

이야기를 하는 동안, 자신도 모르게 회상에 잠기며 윤박사는 마음이 평온해지는 것을 느꼈다. 다시 어머니의 부엌으로 돌아간 것같은 편안한 기분이었다. 그러자 긴장이 가라앉고 연설내용도 조금씩 생각나기 시작했다.

난데없는 부엌이야기에 어리둥절해진 관객들. 윤박사는 박력있게 다음 운을 떼었다.

"그런 봄날처럼 행복한 부엌을 우리는 지켜내야 합니다. 지금 자녀들을 두고 계시는 분이라면 내 자녀에게 언제나 그런 부엌을 제공하고 싶을 것입니다. 경제위기로부터 우리의 여유로운 부엌을 지키기 위해 가장 먼저 해야 할 일은……"

윤박사는 그 다음부터 술술 이야기를 풀어나갈 수 있었다. 누구나 한번쯤 이런 경험은 있을 것이다. 화자가 교수든, 박사든, 의사든 공부를 아무리 많이 한 사람이라도, 대중앞에서 떨리는 두려움은 어쩔 수 없을 것이다. 하지만 이런 두려움을 적당한 긴장감으로 활용하면 오히려 약이 된다.

42

감사의 마음

'감사합니다'라는 말은 기적의 언어이다. 말할 때마다 당신의 마음에는 빛이 나고, 몸에는 생명력이 샘솟는다.

뇔르 C 넬슨과 지니 르메어 칼리비는 작가이자 정신치료 전문가로, <소망을 이루어 주는 감사의 힘>이라는 책을 쓴바 있다. 그들이 이 책을 집필하게 된 데에 결정적인 역할을 한 실험이 하나있다. 넬슨이 감사의 마음을 빌고 있는 동안 지니가 그 뇌파를 측정했는데, 그 결과 건강상 매우 유익한 변화가 일어났음을 발견한 것이다.

극심한 스트레스가 건강에 매우 안 좋은 영향을 미친다는 것은 이제 누구나 알고 있는 사실이다. KBS에서 방영하는 <생로병사의 비밀>에서도 암환자들의 대부분이 스트레스가 원인이었음을 전국적으로 밝혔다. 그와 반대로 감사한 마음을 가지면, 넬슨과 지니의 실험처럼 소화작용이 촉진되며 면역체계가 활성화된다.

이러한 놀라운 사실은 에모토 마사루씨의 <물은 답을 알고 있다>에서도 밝혀진 바 있다. 전 세계를 충격과 감동에 휩싸이게 했던 그의 실험은 긍정적인 말과 부정적인 말을 각각 들려준 뒤, 물의 결정사진을 비교해 본 것이다. 그 결과, 긍정적인 말을 했을 때는 물의 결정이 아주 아름답게 바뀌어 있는 반면 부정적인 말을 했을 때는 오염된 물처럼 모양이 일그러져 있었다. 특히나 감사하다는 말을 전했을 때의 결정체는 신비로운 아름다움을 가지고 있었다.

우리가 가진 감사한 마음은 그 순간만 반짝하고 사라지는 것이 아니라, 나 자신과 내 주변에 모든 영향을 미친다. 물의 결정이 바뀌고, 뇌파가 건강하게 바뀌었듯이 사물을 바꿀 수 있는 놀라운 힘이 거기 숨어있는 것이다.

상황을 바꾸는 감사의 위력

1954년 인종차별이 심했던 남부 미시시피 주에서 어느 가난한 미혼모가 흑인 사생아를 낳았다. 그 아이는 할머니 손에 맡겨져 하루세끼보다 매를 더 많이 맞고 자랐으며, 9살 때 처음으로 사촌오빠에게 성폭행을 당했다. 그 이후에도 끊임없는 성적학대를 당해온 결과 14세 때는 미숙아를 출산하였고 아이는 2주 만에 사망하였다. 이런 끔찍한 상황 속에서 삶의 희망을 놓아버려 237파운드약 107kg이나 살이 쪄버렸으며 마약중독자로까지 변모했던 여인, 그녀의 이름은 오프라 윈프리이다.

그녀의 인생에 전환점이 온 것은 친아버지를 만나고 나서부터이다. 그 만남으로 인해 세상을 보는 눈이 긍정적으로 바뀌게 된 그녀는 모든 상처를 딛고 열심히 노력하여 마침내 앵커의 자리에 오르게 되었다. 그러나 정감넘치는 말투가 뉴스와는 어울리지 않는다는 이유로 아침방송으로 좌천을 당해야 했다. 또다시 그녀에게 시련이 온 것이다. 그런데 억울하고 힘들었을 첫 방송을 끝내고 그녀가 한 말은 다음과 같다. "하느님, 감사합니다. 저에게 이런 기회를 주셔서요."

이러한 남다른 마음가짐으로 그녀는 프로그램을 성공리에 진행할 수 있었으며, 이것이 그 유명한 <오프라 윈프리 쇼>를 맡게 될 초석이 되었다. 그 이후, 그녀의 삶은 어떠한가? 98년 포춘지 선정 미국 최고 비즈니스 우먼 2위, 인콰이얼러지 선정 '세계 10대 여성'의 선두에 선정되는 등 현재 우리가 알고있는 익숙한 그 모습대로이다.

감사한 마음을 가지게 되면 어떠한 역경도 긍정적인 마음으로 받아들일 수 있게 된다. 그리고 긍정적인 마음은 그러한 에너지를 끌어당겨, 상황을 바꿀 수 있다. 오프라 윈프리처럼 말이다.

그러나 오프라가 좌천된 상황에 악담을 퍼부었다면, 그 상황의 에너지는 더욱 칙칙하고 어둡게 변했을 것이다. 그런 에너지는 다시 그녀에게로 돌아오므로, 오프라는 매일아침 그 방송을 진행하는 것이 짜증나고 싫었을 것이다. 당연히 근무태도도 불성실했을 것이며 그녀는 결국 시청자의 항의에 일자리를 잃게 되었을지도 모른다.

모든 상황은 이처럼 마음먹기에 따라 달라질 수 있다. 다음을 가정해 보자. 당신은 중요한 스피치를 앞두고, 그전날 문상을 다녀오는 바람에 과음을 하게 되었다. 지끈지끈 아파오는 머리로 시계를 보니 자칫 잘못하면 늦게 생겼다. 핏발선 눈은 아무리 노력해도 가라앉을 기미를 보이지 않고, 허겁지겁 차를 타는데 하필이면 교통정체가 되었다. 운전석에 앉아 아침도 못 먹은 쓰린속을 부여잡고 당신은 얼마나 악담을 퍼부으며 이 상황을 짜증스러워 하겠는가?

그러므로 "아니, 이런 상황에서 도대체 어떻게 감사할 수 있겠어요?"라고 항의할 수 있겠지만, 일단 심호흡을 하여 마음을 가라앉힌 뒤 다음과 같이 생각해 보자. 당신이 중요한 스피치를 맡지 않았더라면 오늘 이렇게 힘들고 짜증나는 일을 겪진 않았을 것이다. 대신 극심한 취업난에 허덕이는 청년실업자중 한 사람이 되었을 것이다. 자동차가 없었더라면, 역시 지금과 같은 교통정체는 겪지 않았을 것이나, 차가 있기에 누릴 수 있는 많은 기쁨 또한 없었을 것이다. 어제밤 상가집에 가지 않았더라면, 오늘 거뜬하게 눈을 뜰 수 있었겠지만 소중한 누군가와 진심으로 슬픔을 나눌 기회를 잃었을 것이다.

이러한 마음가짐을 가지게 된다면, 당신은 보다 겸허한 마음으로 청중들 앞에 서게 된다. 그러면 교통정체로 지각을 하게 된 모든 우를 다 잊을 만큼 멋들어진 스피치로 청중들의 혼을 빼놓을 수도 있다. 정말 감사한 것에는 정성을 쏟게되듯이, 말 한마디에도 최선을 다할 것이기 때문이다.

오프라 윈프리는 지금도 하루를 마치고 나면 5가지 감사의 일기를 꾸준히 적는다고 한다. '지금은 그렇게 성공했으니 행복한 일들이 많은가 보지?'라고 생각했겠지만 다음의 내용을 보면 생각이 바뀔 것이다.

1. 오늘도 거뜬하게 잠자리에서 일어날 수 있어서 감사합니다.
2. 유난히 눈부시고 파란하늘을 보게 해주셔서 감사합니다.
3. 점심때 맛있는 스파게티를 먹게 해주셔서 감사합니다.
4. 얄미운 짓을 한 동료에게 화내지 않았던 저의 참을성에 감사합니다.
5. 좋은 책을 읽었는데, 그 책을 써준 작가에게 감사합니다.

그녀는 여전히 평범하거나 짜증스러울 수 있었던 하루를 감사하게 받아들이고 있는 것이다. 우리도 오프라 윈프리처럼 그날의 스피치에 대한 감사의 일기를 써보는 것은 어떨까.

1. 오늘의 말실수를 통해 깨달음을 얻게 해주셔서 감사합니다.
2. 스피치 내내 쉼없이 반박해 온 청중으로 인해, 제 이야기의 문제점을 깨달을 수 있게 해주셔서 감사합니다.

3. 연단을 내려오면서 마이크 줄에 걸려 넘어졌던 일로 청중들에게 작은 웃음을 선사할 수 있어서 감사합니다.
4. 오늘의 이 모든 경험을 통해 더 나은 스피치를 기약할 수 있게 해주셔서 감사합니다.

청중을 바꾸는 감사의 위력

그런데, 짜증나는 상황을 겨우 힘들게 바꿔 강연장 문을 열고 들어섰는데, 맨 앞줄 가운데 자리에 너구리같은 청중이 떡하니 자리집고 앉아있을 수도 있다. 누가봐도 불만이 얼굴에 가득하며, “당신, 말도 안 되는 소리 지껄이기만 하면 나 가만 안 있을 거야” 하고 으름장이라도 놓는 듯한 눈빛으로 말이다. 그 순간 당신은 암담해지며 다시금 짜증이 확 밀려오는 것을 주체하지 못할 것이다. 아무리 나 혼사 감사하는 마음을 가지고 있어 봤자 뭐해, 다른 사람들이 아닌데, 하고 말이다.

그러나 결코 그렇지 않다. 당신이 전한 감사의 마음이 물을 아름답게 바꾸었듯이, 청중의 마음 역시 충분히 바꿀 수 있다.

17세기 추시계 발명가인 크리스천 호이겐스는 자신이 소유한 많은 추시계들이 동일한 모습으로 흔들린다는 사실을 우연히 알게 되었다. 호이겐스는 시계추를 각자 다르게 움직이도록 다시 조작했지만, 아무리 노력해도 곧 모든 시계추가 가장 진동이 센 시계추에게 일치되어 흔들리게 되었다. 이것을 바로 ‘동조현상’이라고 한다.

어머니와 딸의 생리주기가 비슷해진다던지, 함께 생활하는 친구들끼리 습성이 비슷해지는 것도 이런 동조현상 중의 하나이다. 무심코 발을 디딘 장소가 너무 음산하고 기분이 나빠, 다시 나왔는데 알고 보니 무서운 사연이 있는 곳이라든지, 병원에 문병을 다녀오면 왠지 힘이 빠지고 기분이 우울해지는 것도 마찬가지 현상이다.

우주는 에너지로 가득찬 세계이며 우리는 그 에너지를 주고받으며 살아가고 있다. 그런 속에서 어떤 강한 에너지가 빛을 발하면, 다른 에너지들도 그에 영향을 받게 된다.

당신이 너구리같은 청중을 보는 순간 엄습했던 부정적인 에너지는, 스스로는 감추었다 생각할지 모르지만 이미 그 안의 수많은 청중들에게로 전파되었다. 그러나 마음을 바꾸어 "와, 저렇게 불만많아 보이는 사람이 이곳까지 온 걸보면 꽤나 내 이야기를 듣고 싶었던 모양인걸? 정말 감사한 사람이로군." 하고 생각한다면 그 에너지는 많은 사람들의 경계심을 한순간 풀리게 할 것이다.

그러나 중요한 것은 진심을 담은 마음이어야 한다는 것이다. 머리로만 마지못해 '감사합니다'라고 이야기했다면, 아직 당신마음의 대부분을 차지하고 있는 부정적인 에너지가 당신과 그 주변을 에너지가 지배하게 된다. '동조현상의 법칙'에서 강한 에너지가 주변의 에너지를 동조시키듯이 말이다.

사람을 움직일 수 있는 것은 진심뿐이다. 당신이 정말 겸허한 마음으로 그 청중에게 감사한 마음을 가진다면, 그가 정말 작정을 하고 그 자리에 앉았을지라도 자신도 모르게 경계가 무너져 당황하게 될 것이다. 어쩌면 고개까지 끄덕여가며 열심히 당신이야기에 귀기울이게 될 지도 모른다.

조엘 오스틴 목사는 "사람들은 감사할 줄 아는 사람을 좋아한다. 그러므로 고마워할 줄 아는 사람주변에는 사람이 모인다."라고 말했다. 진심으로 자신에게 호의를 느끼는 사람을 좋아하지 않을 사람이 어디있겠는가? 이야기 하는 내내 부정적인 표정을 지으며 사사건건 토를 다는 청중이라 할지라도, 그가없다면 당신은 지금 그 연단위에 서 있을 수 없다.

청중과 당신은 불가분의 관계이다. 그것을 잊지말고, 항상 가족같이 모든 청중들을 끌어안을 수 있도록 하자. 그러면 많은 청중들이 당신의 주변에 모일 것이며, 그만큼 더욱 많은 사람들이 당신의 이야기를 듣고 싶어 할 것이다.

감사의 말을 하다보면 삶이 풍요로워진다.

가끔씩 삶의 곤궁함으로 마음이 지치고 외롭다 느낄 때가 종종 있다. 많은 사람들 속에 둘러싸여있는 우리지만, 어찌보면 우리네 삶이 빈손으로 왔다가 빈손으로 돌아가는, 외로운 존재일 수밖에 없을지도 모른다.

누구든 느낄 수 있는 마음이겠지만, 그 어떤 무엇으로도 채우기 힘든 마음으로 괴로울 때가 있는 데, 나는 이럴 때 감사의 효과를 활용하라고 말하고 싶다.

살다가 어떤 일이 벌어지든 그 안에 숨은 축복을 헤아려보자. 자세히 살펴보면 그 어떤 위기상황에도 축복은 반드시 숨어 있기 마련이다. 눈에 보이고 안보이고는 각각 개인에 따라 다를 뿐이다.

어둠이 짙을수록 새벽은 가까이 있고 잃는 게 있으면 얻는 것도 있으며 닫힌 문은 반드시 열리게 돼있는 법이다. 지금 내가 처한 상황이 이 세상에서 가장 힘든 일이고, 곤란에 빠진 것만 같지만 이 보다 더 힘든 상황을 생각해 본다면 지금의 어려운 상황도 감사할 수 있게 된다. 지혜란 위기가 곧 기회이자 축복이란 것을 즉각적으로 깨닫는 것이다.

그래서 지금부터라도 감사의 말을 남발해보자. 나는 내 얼굴에 감사하고, 내 몸에 감사하고, 내 머리에 감사하고, 내 일에 감사하고, 내 용기에 감사하고, 내 지인들에게 감사하고, 내 부모님께 감사하고…등등을 마음으로 감사하다면 말로도 전해보자. 아마 그 감사의 말은 메아리쳐져 다시 자신에게 돌아올 것이다.

간단하고 예쁜 노트를 구입해서 오늘하루 일어난 일 가운데 감사할 일을 결정해서 세 가지만 추려보는 것이다. 무엇이든 나를 기분좋게 만든 일을 적으면 된다. 매일 잠깐의 시간을 내서 오늘 하루 나를 미소짓게 만들었던 일, 가슴을 따뜻하게 만들어준 일, 그런데 아무리 생각해도 감사하고 행복했던 일들이 떠오르지 않는다면 앞으로 행복하게 만들어줄 일이 무엇일지 상상해보자.

행복감을 키울 수 있는 감사노트를 쓰자

이렇게 감사노트를 써 나간다면 내 마음의 안전가이드처럼 마음이 편해지고 자신의 삶에서 행복을 발견하고 있다는 것이다.

행복하려면 행복해질 수 있는 마음의 자세를 갖추어야 할 것이다. 그런 의미에서 행복커뮤니케이션을 적극 활용하라고 권하고 싶다. 감사함을 연습하는 것이 행복에 이를 수 있는 긍정성을 성취하기 위한 유용한 방법일 것이다.

매사에 감사하는 훈련을 하는 것도 필요하다. 미 캘리포니아대 로버트 에먼스 박사에 따르면 신문이나 주간지에서 고마운 것들을 찾아 기록하는 사람은 생활이 즐거워지고 건강이 좋아지며 스트레스도 덜받는 것으로 나타났다. 이들은 또 매사를 긍정적으로 생각하고 남을 돕는 데에도 적극적인 태도를 보였다.

필자는 기분 나쁜일이 생기거나 억울한 일을 당하면 분노에, 스트레스에 잠 못 이루는 스타일이다. 아드레날린이 빠르게 분출되고, 심장박동이 빨라지고, 혈압이 높아진 상태에서 우리는 정상적인 판단을 하기도 힘들거니와 분노의 연쇄반응이 일어나기도 한다. 이런 화를 풀지 못함이 불면증으로 이어지기도 하고, 스트레스가 계속 쌓이면 혈관까지 영향을 끼쳐 심장질환을 일으키기도 한다.

감사하는 힘과 긍정적인 감정은 감정의 상태를 보다깊고 여유롭게 해준다. 감사하는 마음을 습관화하다 보면 내부로부터 긍정적인 힘을 이끌어주는 통로인 듯하다. 그 통로를 통해 스트레스를 해소하고 긍정적이고 행복한 삶을 사는 것이 이 짧은 인생을 조금 더 보람있게 살다가는 방법이 아닐까?

감사의 말은 화자의 인성을 돋보이게 해주는 말이다

감사하다는 말은 과장해서 말하면 '기적의 언어'다. 말하면 기운이 생긴다. 들으면 용기가 솟는다. 감사의 말속에는 상대에 대한 경의가 있다. 겸허함이 있다. 인생에 대한 커다란 긍정이 있다. 진취적인 낙관주의가 있고, 강함이 있다. '감사합니다' 라고 자연스럽게 말할 수 있는 마음은 건강하다. 그러므로 '감사합니다'를 말할 때마다 당신의 마음은 빛이 난다. 몸에도 생명력이 샘솟는 것이다. 그런데, 안타깝게도 많은 사람들이 감사의 말 대신 남을 원망하는 말을 많이 하고 산다.

자신이 얼마나 많은 사람이나 사물에 도움을 받고 살아가는가를 감사하게 생각하는 그런 자각과 감사와 기쁨이 더욱 행복을 부른다. '행복해서 감사하다'라기 보다는 '감사하기 때문에 행복해진다'인 것이다.

'감사합니다'라고 말할 수 없을 때, 사람의 성장은 멈춘다. 성장하고 있을 때, 사람은 타인의 훌륭함이 보이기 때문이다. 성장이 멈추면 남의 결점만이 눈에 들어오기 때문이다. 투덜거리고 늘 남 탓하며, 감사함을 모르는 사람은 결코, 인정받을 수 없다. 나아가 언젠가는 사회생활의 '왕따'가 되어있을지 모르겠다.

사실, 우리는 '사람 숲'에서 태어나 살다가 생을 마감하게 되는 순간까지, 부모님, 주위사람들, 모두에게 혜택을 받고 그들에게 고마울 일들이 넘쳐난다. 그런데 감사함을 표현하지 못하고, 오히려 불만불평, 남탓만 하는 여성이 어찌 세상을 아름답게 볼 수 있겠는가? 주변에도 그런 사람들의 모습을 종종 보다보면 정작 자기자신의 추한 모습을 보지 못한다는 것이 안타깝다. 감사를 느끼고 표현하는 사람은 어딜가도 사랑받는다.

오프라 윈프리의 스피치

2011년, 그 유명한 「오프라 윈프리 쇼」가 막을 내린다는 소식에, 사람들은 새삼 그 존재감을 되새기며 감화를 표하고 있다. 「오프라 윈프리 쇼」는 지금도 하루 시청자가 700만 명에 달하며, 20년 이상 인기를 구가해온 메가톤급 토크쇼이다. 미국뿐 아니라 방글라데시, 키프로스, 몽고 등 132여 개국에서 방영되어 광고수익만 해도 매년 2억 6천여만 달러에 이를 정도이니 이미 세계로 뻗어나가는 위력이라 할 수 있다. 오프라가 이 쇼를 통해 소개된 책들은 베스트셀러를 보장받을 만큼 단숨에 미국 서점가를 휩쓸었으며, 절판되었던 책도 인기몰이에 힘입어 다시 살아나는 기적을 보였다. 책뿐만이 아니다. 쇼에서 입고 나온 블라우스는 판매사로부터 전화가 빗발칠 만큼 인기를 끌었으며 2003년, 「오프라 가장 좋아하는 상품」 리스트에 선정된 블랙베리는 선풍적인 인기로 우리나라에도 소개가 되었다. 이처럼 그녀가 거론만 하면 불티나게 팔렸기 때문에 폴 오워스는 '오프라가 입는 것이라면 시청자들도 구매할 것이다'라는 기사를 쓰기도 했다.

미국 사회에서 토크쇼가 미치는 영향력은 십년 넘게 무시할 수 없는 것이었지만, 이 정도까지 위력을 발휘한 쇼는 이세껏 없었다. 도대체 오프라 윈프리는 어떤 특별한 스피치 능력을 갖추었기에, 이런 신화를 이룩할 수 있었던 것일까? 말 한마디로 천냥 빚을 갚는다고, 속담으로만 알고 있던 말의 위력을 이렇게 눈앞에서 보게 되니 어떻게든 그녀만의 비밀을 알고 싶을 정도이다.

오프라 윈프리의 스피치는 한 마디로 말해 '감성의 스피치'라고 할 수 있다. 뉴스앵커의 자리에서 쫓겨나, 인기도 없는 아침방송으로 좌천될 만큼 약점이었던 그녀의 감성 스피치는 비로소 토크쇼를 통해 꽃을 피울 수 있었다. 그러나 혼자만 감성을 가지고 있으면 소용없다. 그 감성을 타인과 나누고 그로 인해 보는 이들의 마음이 따뜻해져야 훌륭한 스피치가 된다. 이러한 성공을 위해 그녀는 다음과 같은 방식을 택하여 토크쇼를 진행해 왔다.

가장 큰 특징은 바로 '경청'이다. 그녀는 언제나 많은 말을 하지 않는다. 대신 출연자들의 허심탄회한 이야기를 들어주는데 더 많은 시간과 노력을 할애한다. 그때의 오프라 윈프리의 눈빛과 표정은 말 몇 마디보다 더 큰 감동으로 다가온다. 그저 형식적으로 장단을 맞춰주는 것이 아니라, 진심으로 경청하고 그 사람의 심정을 헤아리고 있음이 자연스럽게 얼굴에 드러나기 때문이다. 그래서 카메라맨은 이야기를 하고 있는 출연자뿐 아니라, 그 이야기를 들어주는 오프라의 얼굴도 종종 화면에 클로즈업으로 담는다. 이토록 이야기를 성심껏 들어주는데 감동에 젖지 않을 사람은 없을 것이다.

그녀는 또한 출연자의 마음을 잘 헤아려 공감할 수 있는 말들을 한다. 그것이 설령 자신의 과거를 털어놓아야 하는 일일 지라도 말이다.

잘 알다시피, 지금과 같은 그녀의 성공 뒤에는 수많은 시련과 고통이 있었다. 그런데 그 아픔을 자신만의 비밀로 묻어두고, 다른 사람이 알게 될까봐 전전긍긍하지 않는다.

오프라는 자신의 쇼에서 마약에 관한 이야기를 하던 중 20대에 자신도 마약중독을 경험했던 것을 털어놓아 그 위험성이 얼마나 심각한지를 강하게 자각시키기도 했고, 14살에 미숙아를 낳아 2주 만에 잃은 경험을 살려, 다루기 힘든 성폭행문제 및 청소년들의 성문제를 보다 심도있게 다루기도 했다. 개인적 경험을 단지 뼈아픈 과거로만 묻어두지 않고, 오히려 다른 사람의 인생에 적극적으로 카운슬링할 수 있는 계기로 활용한 것이다. 아무리 대범하다 할지라도, 유명인일수록 이런 고백은 쉽지 않은 법이다. 그녀의 쇼에 출연했던 임산부이자 마약중독치료중인 한 여성은, 갑자기 오프라가 "마약사용경험"을 이야기 했을 때 놀라기는 했지만, 오프라도 고칠 수 있었다는 데에서 큰 희망과 용기를 얻었다고 말했다.

그리고 아마 유명인인 오프라가 자신과 같은 경험을 했다는 것에 대해서도 공감할 수 있었을 것이다. 게다가 대본에 써있지 않은, 그녀의 산 경험이 묻어난 이야기들은 가장 감동적이고 리얼한 드라마이기도 하다.

또한 그녀의 질문에는 남들과 다른 특별함이 있다. 토크쇼의 질을 좌우하는 것은 진행자가 얼마나 좋은 질문을 했느냐에 따라 달렸다. 질문이 이야기를 이끌어내기 때문이다. 그녀는 다양하고 사려 깊은 질문들로 풍부하게 이야기를 이끌어낸다. 더 나아가, 같은 주제라도 보다 진지한 고찰을 할 수 있게끔 유도한다.

유인력의 법칙을 다룬 「더 시크릿」에 대한 주제에서는, 그 힘을 직접 체험했다는 한 출연자가 다음과 같이 말한 적이 있다. "이것은 주문과 같은 것이다. 내 가족은 엉망진창이야"라고 말하면 방금 그렇게 주문을 한 것이다.

그 이야기를 가만히 듣고 있던 오프라는, 이 이야기가 자칫 추상적이고 어렵게 들릴 수 있음을 깨달았다. 또한 많은 사람들이 그런 말이 나쁘다는 것을 알면서도 자기도 모르게 한다는 것을 캐치해냈다. 그래서 다음과 같이 질문했다. "대부분의 사람들이 무의식중에 그런 주문을 하지 않나요? 무의식과 의식에 대해서 이야기해 보도록 할까요?"

이로 인해 그녀는 유인력의 법칙에 대한 시청자들의 이해와 잘못된 사고습관을 고치는데 구체적인 도움을 줄 수 있었다. 그리고 무의식과 의식이라는 보다 심도 높은 고찰을 해낼 수 있도록 심층적으로 파고드는 장까지 마련하였다.

그녀의 질문은 또한 그 사람의 진솔된 모습을 이끌어내는데 탁월함을 가지고 있다. 특히 스타들이 출연자로 나올 경우, 보통의 토크쇼에서는 그들의 사생활을 캐물으며 가십거리로 활용하려는 데에 초점을 맞춘다. 하지만 그녀는 그 사람의 인간적인 모습, 내면에 감춰진 진짜 모습을 끌어내는 질문들을 한다.

1993년, 『제트』는 오프라라는 단어의 의미가 '고백을 이끌어 내기 위해 친근한 어조로 끈기있게 질문을 하는 것'이라고 평했으며, 『월 스트리트 저널』은 보이지 않도록 내면 깊숙이 감추어두었던 속내를 만인 앞에서 드러내 보이게 만드는 방식을 '오프라화'라고 한다고 평했다. 그러나 많은 사람들 앞에서는 누구든 쉽게 경계를 풀 수 없을 것이다. 특히나 공인의 입장에 있는 스타라면 더욱 그럴 것이다.

그럼에도 그녀의 질문이 통할 수 있었던 것은, 출연자가 가장 편안하게 이야기 할 수 있도록 항상 배려하기 때문이다.

그녀가 자주 하는 말은 다음과 같다. '걱정하지 마십시오. 당신은 자신이 누구인지만 알면 됩니다.' 이런 그녀의 마인드 앞에서는 어떤 사람이라도 수십대의 카메라와 수많은 시청자들을 잊고 진정한 자기 자신을 보이지 않을 수 없게 된다.

최고의 톱스타 탐 크루즈는 케이티 홈즈와의 열애설이 돌던 초기, 오프라 윈프리의 쇼에서 그 기쁨을 낱낱이 표현하기도 했다. 소파위에 올라가 방방 뛰며 "아이 러브 케이티 홈즈"를 외쳤던 것이다. 지나친 오버액션으로 구설수에 오르긴 했지만 그때 만큼은 자신이 톱스타임을 잊고 한 여자를 사랑하는 남자로 돌아간 게 아니었을까? 최고의 가수이나, 많은 곡절을 겪어야 했던 휘트니 휴스턴 역시 그녀의 쇼에서 자신의 경험에 대해 진솔한 이야기를 털어놓기도 했다.

농담을 할 때도 그녀는 출연자들에 대한 배려를 잊는 법이 없다. 앞서 예시를 들었던 「더 시크릿」을 다룬 토크쇼에서, 출연자의 이야기를 광고시간 때문에 어쩔 수없이 끊어야 한 적이 있다. 그때 그녀는 "「더 시크릿」 DVD에는 광고가 없는 점이 참으로 좋습니다"라고 말하여 그 사람의 상한 마음을 풀어주고 청중들을 즐겁게 하는데 일조하였다.

또한 그녀는 출연자들을 차별하는 경우가 없다. 일반 출연자들과 톱스타가 함께 나왔다면 다른 사람들은 톱스타들에게 스포트라이트를 비추는데 집중할 것이다. 그러나 그녀는 톱스타가 오히려 일반 출연자의 고민을 함께 나눌 수 있도록 유도한다. 그로 인해 일반인 출연자는 존중을 받을 수 있으며, 톱스타는 인간적인 모습을 보임으로써 보다 대중들과 가까워지게 된다. 결국 출연자의 출연자에 의한, 출연자를 위한 토크를 하는 것이다.

하지만 그녀의 말투는 침착하고 딱 부러진다. 감성적인 스피치라 해서 구구절절 눈물짜내는 이야기를 엿가락 늘리듯 늘려가며 하는 것이 아닌 것이다.

감성 스피치는 말을 많이 하고 이야기를 장황하게 풀어내야 이룰 수 있는 것이 아니다. 한 마디 말을 해도 그 안에 사람의 심금을 울릴 수 있는 깊이를 담아내는 것이 중요하다.

그래서 사람들은 그녀의 감동적인 말들을 모아 「오프라 윈프리의 어록」이라 부르기도 한다. 어록에 실릴 수 있는 말들은 대부분 한 장이 넘어가는 긴 말들이 아니다. 단 몇 줄의 문장으로 정리되어 질 수 있는 말들이다. 하지만 누구보다도 사람의 폐부를 깊숙이 찌르는 군더더기 없는 말을 그녀는 구사한 것이다.

오프라 윈프리의 성공요인 가운데 하나를 필자는 단연 경청傾聽이라 생각한다. 그녀의 게스트와의 대화를 살펴보면, 여러 사람들 앞에서 공개적으로 함께 울고, 웃고, 온몸으로 제스처 반응을 해주고, 때론 자신의 여러 아픈 과거 경험을 털어놓기도 하고, 게스트와의 거리를 좁히면서 마치 옆집 누나에게 편하게 얘기할 수 있는 분위기를 조성하는 것이다.

이는 단연 스피치의 능력 가운데 최고이다. 혼자서 상대방의 반응도 살피지 않고 일방적으로 하는 이야기의 힘은 과거 히틀러에게나 가능했다. 진정한 리더는 독선이나 독재가 아니라 남의 말을 귀 기울이며 듣는 것이다. 말 듣기에 강한 사람이 인간관계에서도 성공한다는 걸 필자 역시 많은 경험을 통해 보아왔다. 상대방을 진심으로 내 사람으로 만들고 싶다면 마음으로 듣고 진심으로 공감하고 반응해야 한다. 만일 상대방의 마음을 굳게 닫아 버리고 싶다면 계속 내 얘기만 하면 된다.

그래서 1대 2대 3의 법칙을 잘 활용하길 바란다. 이는 즉, 한번 자기 자신이 말하면, 두 번은 상대방 사람이 말 할 기회를 주고 세 번 맞장구를 치란 얘기다. 상대방을 인정하고 대화를 시작한다면, 귀로만 경청할 것이 아니라 눈으로, 입으로, 손으로, 온몸으로 반응하는 순간 당신과 나 사이의 거리는 상당히 좁혀져 있을 것이다. 말을 배우는 데는 2년이 걸리지만 침묵을 배우는 데는 60년이 걸린다고 한다.

누구나 듣기보다 말하기를 좋아하는 이유는 상대방을 이해하기 전에 내가 먼저 이해 받고 싶은 욕구가 강하기 때문이다. 이해를 받으려면 내가 먼저 상대에게 귀 기울여야 한다. 먼저 이해하고 다음에 이해 받으라. 말하기를 절제하고 먼지 상대에게 귀기울여 주자. 그러면 스피치에서 뿐 아니라 이미지 메이킹 관점에서도 모두 윈윈 효과를 볼 수 있으리라 믿어 의심치 않는다. 기억하자. 1대 2대 3의 법칙!!

제6부

매력적인 사람이 되기 위한 실전 말하기 레슨

43. 프리젠테이션을 해보라
44. 실생활에서 만나는 사람과의 대화에 신경써라
45. 전달력을 높이기 위해서는 발성연습을 하라
46. 즉흥 스피치를 해보라
47. 유머를 의식적으로라도 사용해봐라
48. 처음 만나는 사람에게도 먼저 말을 건네라
49. 사투리도 고칠 수 있다

43

프리젠테이션을 해보라

당신이 100개의 이야기를 늘어놓을 때, 청중들은 '도대체 무슨 이야기를 하기 위해 100개나 되는 이야기를 늘어놓는 것일까'를 생각한다.

스피시 기술의 결정판, 프리젠테이션

어린시절 수업을 할 때마다 선생님이 혹시 나를 지목하여 발표를 시킬까봐 덜덜 떨었던 경험이 혹시 있지 않은가? 또는, 번쩍 손을 들어 자진해서 나선 뒤, 자리에서 일어나 낭랑하게 발표하는 친구를 부러워 한 사람도 있었을 것이다.

이토록, 부끄럽고 땀이 나서 쉽게 하지 못하는 발표. 그런데 돌이켜 보면 초등학교 때부터 고등학교 때까지 우리는 참 많은 발표수업을 해 왔었다. 실기수업이라고 해서 조별로 모여 토론을 하고 대표자가 나가 발표를 하거나, 각자 한 주제를 가지고 인터넷을 뒤져 알아온 뒤 그것을 읽는 등의 방식으로 말이다.

그런데 사회생활에서 역시 이러한 발표는 여전히 계속된다. 몇날 며칠 밤을 꼬박 지새우며, 팀원들과 개발해낸 획기적 아이템을 직장상사에게 허가받을 때에도 발표를 해야 하고, 물건을 팔기위해 고객을 상대로 영업을 할 때에도 발표는 필요하다.

중요한 것은 이러한 발표가 연설보다도 더 어렵다는 것이다. 연설은 당신이 하고자 하는 이야기를 청중이 열린 마음으로 들어주는 장이 될 수 있지만, 발표는 마음이 쉽게 열리지 않는 상대를 설득해야 하는 말하기이기 때문이다.

그 어느 때보다 스피치 기술을 동원시켜야 하는 어려운 프리젠테이션, 어떻게 하면 실전에서 멋있게 활용할 수 있는지 한번 알아보도록 하자.

KISS의 법칙을 기억하시나요?

필자는 앞서 2부에서 Kiss의 법칙을 대화에 적극 활용하라고 말한 바 있다. Keep It Short & Simple의 약자 KISS! 짧고간결히게 말하라는 이 메시지는, 그러나 길이를 무조건 줄이라는 뜻이 아니다. 중요한 내용을 단 몇 마디 말에 효과적으로 압축시키라는 뜻인 것이다. 그러므로 길이는 짧아도 담고 있는 내용은 풍족하여야 한다.

간결하게 요약된 듣기 쉬운 말은 대화할 때 뿐만 아니라, 프리젠테이션에서도 상대방에게 효과적으로 내 뜻을 전달할 수 있는 좋은 방법이 된다. 당신이 설득해야 하는 입장에 있는 청중은 더 이상 당신의 말을 구구절절이 들어 줄 이유가 없기 때문이다. 요즘 인기가 많은 모 통신사광고가 좋은 예가 될 것이다.

한 여성이 엘리베이터 앞에 서 있는데, 마침 올라온 승강기의 문이 열리자, 산더미같이 쌓인 서류더미를 마구나눠주며 세일즈맨이 말한다.

"고객님, 저희 제품은요~ 어쩌구 저쩌구 요렇고 저렇고, 헥헥, 하나도 안 복잡하죠?"

그러나 세일즈맨의 말이 다 끝나기도 전에 이미 문은 닫혀버리고, 외면하는 여성. 그런데 두 번째로 엘리베이터를 통해 올라온 다른 세일즈맨은 엘리베이터 문이 닫히기까지의 그 짧은 동안 아주 간결하고 알아듣기 쉽게 제품을 설명하는 것이다. 누구라도 첫 번째 세일즈맨처럼 말하는 사람보다 두 번째 세일즈맨같이 말하는 사람을 신뢰하고 제품을 구입할 것이다.

그러므로 당신은 상대를 설득시키기 위해서 과장된 표현이나 화려한 수사법을 준비할 필요가 없다. 오히려 지나친 것은 독이 되는 법. 그 대신 불필요한 것은 과감히 잘라내고 필요한 것만 감별해내는 예리한 '가지치기' 능력을 갖춰야 한다. 쓸모없는 지방을 뺐을 때에 비로소 나올 때만 나온 S라인이 되듯이 말이다.

그러나 다이어트를 많이 했더니 그 만큼 부피가 줄어들어 시간이 남게 될 수도 있다. 주어진 시간은 부족하지도, 남지도 않도록 철저하게 계획해서 준비해야 한다. 그러므로 평소에도 시간감각을 익히는 것이 중요하다. 5분이든 10분이든 시간을 정해놓고, 그 안에 말하는 연습은 당신이 반드시 익혀야만 하는 기술이다. 프리젠테이션 장소에 들어서자마자 시계의 위치를 확인하는 것도 도움이 된다. 만약 여의치 않다면 아예 손목시계를 테이블위에 올려놓고 참고를 해도 괜찮다.

KISS 프리젠테이션의 사례

필자는 엘 고어의 '불편한 진실'을 본적 있다. 전직 부통령이기도 한

'엘 고어'는 부통령의 임기를 마치자마자 지구온난화로 인해 환경이 파괴되고 있다는 경고를 하기 위해 전 세계를 돌아다니며 프리젠테이션을 했다. '그린 맨'이라 불리는 엘 고어는 이런 활동으로 노벨상을 수상하기도 했다.

엘 고어는 발음이 매우 정확하고, 말하는 속도 또한 정확하다. 말의 높낮이나 빠르기에도 적절한 변화를 주고 청중과 시선을 교환한다. 엘 고어의 손동작이나 비언어 커뮤니케이션도 과장되거나 어지럽지 않고 절제되어 있다. 그리고 그는 청중의 주의를 끄는 방법을 알고 있어서 비교를 하거나, 청중에게 질문을 던지기도 하고, 지구의 온도가 급격히 상승한다는 것을 몸소 보여주기 위해 리프트에 올라가서 전달력을 극대화하기도 했다. 그는 언제나 PPT 화면뿐 아니라 그의 스피치도 철저히 '짧고 간결하게'를 추구했다.

프리젠테이션의 달인이 되기 위해 노력해야 한다

정말 좋아하던 사람과의 첫 데이트날이나, 존경하던 선배를 만나러 갈 때 우리는 평소보다 많은 치장을 하고 아끼던 고급옷을 꺼내 입는다. 그것은 상대에게 잘 보여 그 사람의 마음을 사로잡고 싶기 때문이다.

프리젠테이션을 할 때에도 상대방에게 보여지는 당신의 모든 것은 그의 마음을 사로 잡을 수 있는 수단으로 작용한다. 이제 그 요소들을 하나하나 살펴보자.

우선, 연단에 선 당신의 전신이 상대에게 공개될 것이다. 그러므로 너무 튀거나 무성의한 의상뿐 아니라, 당신이 무심코 행해왔던 평소의 구부정한 자세도 탈락요건이 될 수 있다. 이럴 때는 어깨의 힘을 빼고, 허리를 곧추세우고 턱을 살짝 잡아당긴 바른자세를 취해야 한다. 허리를 곧게 펴면 구부정하게 있을 때보다 훨씬 키가 커 보이며, 동시에 가슴과 어깨가 넓어져서 당당한 인상을 심어준다. 그리고 이러한 인상은 상대방에게 신뢰감을 느낄 수 있는 핵심요소로 작용된다.

또한 당신의 얼굴은 프리젠테이션이 진행되는 내내 청중이 집중해서 보는 가장 노출된 부위이다. 그러므로 얼굴표정에 무엇보다 신경 써야 한다. 기본적으로 입가에는 여유있는 미소를 은은하게 머금고, 눈매는 너무 강해보이지 않도록 부드럽게 풀어야 한다. 그러나 프리젠테이션을 하는 도중 강하게 어필할 때는 강하게, 친절하게 설명할 때는 부드럽게, 표정 역시 상황에 맞추어 바꿔야 한다. 즉, 입으로만 이야기하는 것이 아니라, 그 위에 표정으로 한 번 더 같은 이야기를 반복하는 것이다. 이런 더블어택이 상대방에 대한 강력한 공략법이 될 것임은 당연하다. 특히 중요한 시점에서 당신의 호소력 있는 또는 진실해 보이는 미소한방은 강력한 편치로 작용될 수 있으니 회심의 미소짓기 방법도 연구해 볼 필요가 있다.

여기에 당신의 손은 당신 이야기의 중요한 포인트를 좀 더 부각시키는 효과적인 역할을 한다. 굳이 지휘봉을 쓰지 않아도 손 하나만으로 충분한 것이다. 게다가, 마커나 펜, 레이저 포인터를 쓸 때는 자신도 모르게 흥분해서 청중들을 향해 겨누게 되는 경우가 종종 있는데 그것은 다된밥에 재를 뿌리는 치명적인 실수가 될 수 있으니 사용을 자중하는 것이 좋다.

"저희 회사 전기밥솥에는 세 가지 특징이 있습니다."라고 말하며 당신은 손가락 세 개를 편다. 그리고 "첫째, 십년간 연구해온 특별기술로 묵은 쌀도 기름진 밥이 됩니다."라고 말하며 손가락 하나를 접는다. "둘째, 효율적인 설계공법으로 오래 사용해도 냄새가 나지 않습니다."하며, 다른 손가락을 접는다. "셋째, 다이아몬드 코팅기법으로 밥통 밑바닥에 기스가 잘 나지 않습니다." 그리고 마지막 손가락을 접는 것이다.

당신이 손가락을 펴고접는 모습은 당신의 목소리와 함께 상대의 머릿속에 영상으로 기억되므로, 그 밥통의 세 가지 중요한 특징과 함께 더욱 뚜렷한 이미지를 남기게 된다.

그러나 주의할 점은 모든 제스추어에 신중을 기하여, 습관적인 손버릇은 절대하지 않도록 해야 한다는 것이다. 청중들은 당신의 모든 행동 하나하나에 관심을 집중하고 있으므로, 당신이 무심코 코밑을 훔치기 위해 손가락을 들어올려도 당신이 왜 그런 행동을 하는지 궁금해 하며 손가락 끝을 유심히 살피게 된다. 그런데 정작 하는 일이라곤 코밑을 훔쳤을 뿐이라면 불필요한 행동을 한 당신의 태도에 기분이 상하고 실망하게 될 것이다.

비언어적 메시지와 언어적 메시지를 조화시켜라

그러나 아무리 감각적인 바디 랭귀지를 사용하고 화려한 영상자료를 준비했다고 해도, 중요한 것은 당신의 '말'이다. 당신이 나눠주는 그 많은 소책자나 기획서 등은 누구를 통해서라도 입수할 수 있으며, 그것만 봐서 되는 일이라면 굳이 당신을 만나기 위해 그 장소까지 가지 않았을 것이다. 결국, 그들은 당신 한 사람의 말을 믿고 선택하기 위해 발표 회의실까지 몸소 찾아 온 것이다.

흔히 사회초년생들이나 대학생들이 다음과 같은 실수를 많이 저지른다. 의욕이 지나치게 앞선 나머지, '주'가 무엇인지를 잊고서 PPTPower Point에 너무 많은 공을 들이는 것이다. 온갖 화려한 이미지에 박수소리, 새소리 등의 효과음을 다 집어 넣은 것은 물론이며, 말해야 할 내용들을 빼곡하게 화면 안에 가득 채운다. 하지만 화면이 어지러울 정도로 복잡하다면 잘못 만든 것이다. 단순하게 만들수록 두드러진다. 그리고, 정작 본인은 그 앞에 멀뚱히 서서 화면을 바라보며 거기에 쓰여있는 내용을 그대로 읽는 것이다.

가장 식상하고 성의 없다고 느껴지는 발표가 바로 이런 것이다. 프리젠테이션의 목적을 생각해보면 PPT는 보조자료일 뿐이다. 아무리 당사자가 그 PPT자료를 만들기 위해 밤을 샜다고 할지라도 발표의 주는 '말'이기 때문이다.

PPT자료와 같은 보조적 수단들은 당신의 발표를 옆에서 도와주는 말 그대로 '보조'일 뿐임을 결코 잊어서는 안 된다. 화면에는 당신의 이야기를 요점만 알기 쉽게 적어 놓고, 시선은 브라운관이 아니라 청중들에게 향해야 한다.

당신의 이야기를 들어줄 사람은 브라운관이 아니라 청중들이기 때문이다! 편안하고 포용력 있는 시선으로 청중들과 눈을 맞추되, 너무 한 사람만 뚫어져라 바라봐서는 안 되며, 약 30초 단위로 골고루 시선을 분산시켜야 한다. 그리고 PPT에 쓰여있는 내용과 똑같이 말해서는 안 된다! 화면에 쓰여 있는 요점은 살리되, 그것을 보충하는 풍부한 언어로 프리젠테이션 내용을 채워야 하는 것이다. 그래서 사람들이 PPT를 한번보고 난 뒤, 계속 그것만 쳐다보는 것이 아니라 바로 당신의 얼굴로 미련 없이 시선이 돌아가도록 해야 한다.

또한 당신은 정확한 메시지를 전달하는 것에 주의를 기울여야 한다. 당신이 장황하게 100개의 이야기를 늘어놓을 때, 청중들은 그 100개의 이야기 자체에 하나하나 집중하고 있는 것이 아니다. 도대체 무슨 이야기를 하기 위해 100개나 되는 이야기를 늘어 놓는 것일까를 끊임없이 생각하며 이야기를 듣는 것이다. 그런 청중들에게 마치 복잡한 수수께끼를 풀듯 어렵게 이야기할 필요는 없다. 결국 무슨 말을 하려는지 바로 알 수 있게끔 정확하게 말해준다면 그들은 몹시 만족할 것이다.

그러므로 변죽을 울리며 빙빙돌리는 말은 해선 안 된다. 바로 직구를 던져야 하는 것이다. 그리고 하나의 이야기가 끝나면 "지금까지 친환경 주택단지 건설의 의의에 대해 설명했습니다. 이제 건설의 구체적인 계획에 대해 말씀 드리겠습니다."하고 정리해주는 것도 좋은 방식이 된다.

마지막으로 다른 사람과 차별화될 수 있는 프리젠테이션의 대미는 얼마나 인상깊게 말하느냐 하는 것이다. 당신이 대기업 직원들에게 자사의 전기밥솥을 납품하기 위해 아무리 정확하고 간결하게 이야기했다 해도 인상에 남지 않으면, "무슨 말인지는 알겠는데, 별로 흥미가 없군요. 죄송하지만 다음에 뵙도록하죠."라는 소리를 듣게 될 것이다.

그럴 때에는 당신의 경험을 토대로 한 풍부한 예시를 제시하라. 전기밥솥을 실제로 이용해 보고, 그때 겪었던 불편한 점, 소비자가 원하는 점을 캐치해 내는 것이다. 그리고 자신의 사용담을 이야기하면서, "휴, 지금도 잦은 고장과 성의없는 A/S로 스트레스 받던것을 생각하면 진땀이 다 납니다. 이제 소비자 여러분들이 그런 불편함을 겪지 않도록 저희제품을 적극 권해드려야 하지 않겠습니까?"라고 말하는 것이다.

'과부마음은 과부가 안다'고 직접 체험하여 소비자의 입장이 된 당신이 권하는 제품이라면, 실제 소비자들의 마음에도 들 것이라고 상대기업에서는 생각할 것이다. 게다가 타인의 이야기를 제시했을 때 보다, 당신본인의 경험을 이야기했을 때 훨씬 실감이 나므로 이야기에 더욱 빠져들게 하는 효과 또한 거두게 될 것이다.

44

실생활에서 만나는 사람과의 대화에 신경써라

정말 매력 있는 사람은 말 몇 마디만 나눠 봐도 안다.
따라서 '대화'는 당신이 다른 사람에게 나눠주는 명함이 될 수 있다.
말은 곧 당신이기 때문이다.
이 대화의 기법. 당연히 많은 공을 들여야 마땅한 일이다.

가장 기본이 되는 말하기는 '대화'

당신이 스피치를 배우려는 목적을 이쯤해서 다시 상기해 볼 필요가 있다.

"당신은 왜 스피치를 배우려 하십니까?"

그에 대한 대답은 이러할 것이다.

"저는 매력적인 사람이 되고 싶기 때문입니다. 왜냐하면 매력적인 사람이 세상을 지배하니까요."

다시 말해, 연설을 하거나 중요한 프로젝트를 발표하거나, 거래처 직원을 멋지게 설득시킬 때 당신의 매력지수는 높아지고, 그만큼 당신의 두 어깨에 날개가 솟아오르기 때문이다. 그것이 결국, 당신이 스피치를 배우려는 궁극적인 목적이리라.

그런데 모든 스피치의 기본은 '소통'이라고 필자는 앞서 말한 바 있다. 그렇다면 그 소통'의 가장 기본이 되는 말하기는 무엇이 있을까? 바로 '대화'이다.

직장동료들이나, 가족, 남자친구처럼 실생활에서 만나는 사람들은 당신이 자주보고, 당신 가까이에 있는 비교적 친근한 사람들이다. 그런데 그들과의 대화조차 원만하게 이루어낼 수 없다면, 수많은 사람들 앞에서의 연설, 호랑이 상사앞에서의 발표, 왠만해선 꺾기 어려운 거래처직원과의 합의 역시 성공적으로 이루어낼 수 없을 것이다.

또한, 당신은 아침에 눈뜨고 밤에 잠들 때까지 수많은 사람들과 대인관계를 맺으며 살아간다. 그리고 그 거미줄같은 관계 속에서 '대화의 방식'은 타인이 당신을 평가할 수 있는 중요한 기준이 된다. 원활히 이루어지는 매력적인 대화방식으로 다른 사람에 대한 인정을 받으면, 당신은 연설할 수 있는 기회, 중요한 프로젝트를 발표할 기회, 회사의 사활을 걸고 거래처직원과 만나러 갈 기회를 얻게 되는 것이다.

정말 매력있는 사람은 말 몇마디만 나눠봐도 안다. 따라서 '대화'는 당신이 다른 사람에게 나눠주는 명함이 될 수 있다. 이 대화의 기법 당연히 많은 공을 들여야 마땅한 일이다.

상대의 마음을 여는 것이 대화의 시작

누군가에게 대화를 시도한다는 것은 '당신에 대해 알고 싶다'는 조심스런 접근이 될 수 있다. 대화를 통해 많든적든 그 사람에 관한 정보를 얻기 때문이다. 그러므로 그것은 "똑똑, 지금 당신 마음의 문을 열고 들여다봐도 되겠습니까?"하고 노크하는 것이나 마찬가지다. 그리고 그에 대해 상대가 "네, 그래도 됩니다."라는 응답을 해줬을 때만이 대화는 성립될 수 있다.

그런데 사람들 중에는, 주는 것 없이 마냥싫고, 가까이 가기 꺼려지는 사람이 있다. 그런가 하면 나한테 잘해준 것도 없는데 호감이 가고, 더 잘 알고 싶어지는 사람도 있다.

이것은 그 사람의 옷차림이나 생김새와 같은 외양에만 좌우되는 것이 아니다. 머리끝에서 발끝까지 단정하게 차려입었어도 왠지 꺼려지는 사람이 있는 반면, 청바지에 티셔츠처럼 자칫 무례해 보일 수 있는 차림에도 오히려 신선해 보이는 사람이 있듯이 말이다.

그것은 그 사람 자체에서 풍기는 '분위기'가 원인이다. 일명, '아우라'니 '포스'라고 불리는 것들 말이다. 사람들은 누구나 그 '분위기'를 감지할 수 있는 능력을 가지고 있다. 당신이 풍기는 '분위기'가 거북스럽거나, 대화가 불쾌하게 흘러갈 것 같다면 그들이 당신에게 마음을 열리가 없다. 그리고 마음이 열리지 않는데 '대화', 즉 '소통이 가능할리 만무하다. 즉, 당신의 분위기는 상대의 마음의 문을 열수 있는 '열쇠'가 되는 것이다.

그런데 이런 '분위기'를 결정짓는 가장 중요한 요인은 바로 '마음'에 있다. 당신이 아무리 옷을 멋지게 차려입고, 곱게 화장을 한다 해도 마음속에 '절대지지 않을거야, 무시당하지 않을거야, 어디 할테면 해봐!'라는 에너지가 가득차있다면 그것은 어느새 당신 몸밖으로 흘러나와 당신을 감싸는 하나의 분위기가 되는 것이다. 그런 당신이 대화를 하기 위해 다가간다면, 아무리 미소를 띄우고 접근했을지라도 상대는 그 기세를 읽고 뒤로 물러설 것이다.

그러므로 아무리 화가 나있는 상태라도 대화 전에는 기운을 내려야 한다. 너무 기분이 안 좋고 스스로를 억제하기 어렵다면 차라리 그날의 대화는 다음으로 미뤄라. 그렇지 않다면 결국 당신의 대화는 말다툼으로 변질되어, 꾹꾹 참고 있던 당신의 분노가 마침내 폭발하게 될 것이다.

또한, 마음의 준비를 갖추었다면 거울앞에 서서 안면근육을 점검해 보아야 한다. 당신의 마음이 밝고 활짝 열려있다면, 대부분의 경우 얼굴에도 그 마음이 표정으로 나타나기 마련이다. 허나, 너무도 안면근육이 굳어있으면 긍정적인 마음임에도 상대방을 오해하게 만들 수 있기 때문이다.

웃는 얼굴이 어색해 보이지 않도록 거울앞에서 수시로 안면근육을 풀고, 당신이 지을 수 있는 가장 호감가는 미소를 연습해보아라. '아, 저 사람은 왠지 모르게 호감이 가, 저 사람에 대해 잘 알고 싶어.' 하는 생각이 들도록 결정짓는 중요한 요소는 바로 웃는 얼굴이기 때문이다.

그렇게 열린 마음과 호감가는 미소를 짓고 다가오는 당신의 분위기는 다른 사람의 경계심을 풀어줄 것이다. 비언어적 메시지가 말하는 것이 생각보다 크기에 얼굴에 미소를 띠고 상대방의 마음을 편하게 만들어주는 게 좋다. 더불어 상대의 마음을 열기 위해서는 타인의 마음을 얻어야 한다. 나보다 타인에 집중해야 하고 상대방이 무엇을 좋아하는 지 관심사가 무엇인지 파악하고 타인에 대한 진정한 관심을 보여주어야 한다. 그리고 그런 당신이라면 누구라도 차한잔 마시며, 이야기 나누고 싶게 될 것이다.

좋은 피드백이 좋은 대화를 만들어 간다

이제 상대방과 원만한 대화를 시작하는데 성공했다면 이것을 절대 잊지말아라. '대화는 쌍방이 서로 교류하는 커뮤니케이션'임을 말이다. 그러므로 공감과 이해가 이루어지지 않는 대화는 서로에게 흥이 가지않는, 어색하고 불편한 자리가 될 것이다.

그런 의미에서 상대의 이야기에 반응하는 당신의 적절한 피드백은 “난 지금 당신을 이해하고 함께 공감하고 있어요!”라고 보여주는 가장 좋은 방법이 된다.

그런데 이 모든 것은 무조건 웃고만 있는다고 되는 것이 아니다. 어설프게 맞장구친다고 되는 것도 아니다. 당신이 그 사람의 이야기에 진심으로 집중하고 있을 때만이 적재적소에 맞는 좋은 피드백이 될 수 있다.

만약 상대가 “아이 참, 어제밤 우리집 고양이가 다리를 다쳤지 뭐에요? 지금 동물병원에 있어요.”라고 한다면, 당신 얼굴표정도 걱정스럽게 변하며, “어머, 어쩜 좋아요? 걱정이 많겠네!”하고 맞장구치게 될 것이다

만약, “오늘 남자친구가 청혼하려는 거 같아요. 아, 어쩌지? 가슴이 두근거려 죽겠어요.”라고 한다면, 당신 표정도 황홀해지면서 “이야, 듣기만 해도 멋지네요! 얼마나 좋을까? 어떤 프로포즈받았나, 나한테 꼭 말해줘야 해요?”하고 맞장구치게 될 것이다. 그리면 상대는 비로소 당신과 ‘아, 지금 서로 통하고 있구나.’ 하는 것을 느끼게 된다. 그리고 그때에 그 대화는 얼마나 신나는 것이 될까?

이야기를 들어주며 고개를 끄덕이거나, 손바닥을 마주치고 “어머”하고 놀라는 등의 적절한 추임새 역시 대화의 흥을 돋우는 좋은 피드백이 될 수 있다. 그러나 자칫 과장된다면 부담스러워 하거나, 놀린다고 느낄 수도 있다. 그러므로 적절한 추임새 역시 당신이 진심으로 상대의 이야기에 집중했을 때만이 보여줄 수 있다.

그러나 무엇보다도 중요한 것은 이 모든 피드백을 할 때는 상대의 눈을 보고 있어야 한다는 것이다. 눈을 마주치지 않고 다른 곳에 시선을 두고 있으면서, 말로만 대꾸하고, 추임새를 하고, 표정을 지어봤자 상대는 그것을 진실한 것으로 받아들이지 않는다. ‘이 사람이 지금 다른 생각을

하면서 건성으로 대화에 응해주고 있구나' 하고 오해하게 될 것이다. 그런 대화를 불쾌하지 않게 여길 사람은 없다. 항상 그것을 명심해야 한다.

대화의 에티켓을 잊지 말아라

대화에도 기본적인 예의라는 것이 있다. 그러므로, 당신이 아무리 기분이 나쁘거나, 흥분한 상태일지라도 그것을 어겨서는 안 된다. 이제, 그 대화예절을 살펴보도록 하자.

■ 첫째, 상대방을 존중하는 마음

이것이 그 무엇보다도 가장 중요하고 기본이 되는 마음가짐이다. 일반적으로 남자친구와 싸울때는, 화가 나서 앞뒤 가리지 않고 막말을 퍼붓는 것이 시발점이 된다. 그래서 '대화'가 아니라 '싸움'이 되는 것이다. 그러므로 아무리 화가 나도 상대방을 무시하는 발언을 하거나, 언성을 높여서는 안 된다. 화가 날수록 서로 존댓말을 하는 부부도 있다 하지 않는가? 아무리 서로 격양된 상황이라도 서로 존댓말을 하고 있으면 싸움이 되지 않기 때문이다. 당신은 지금 싸우려는 것이 아니라, 대화를 하려는 것임을 명심해야 한다.

■ 둘째, 대화의 주도권을 놓고 경쟁하지 말아라

대화는 당신 혼자서 하는 연설이 아니라, 서로 의견을 나누는 기분좋은 행위라야 한다. 그런데 당신이 하나의 화제를 붙들고 혼자 이야기한다면, 노래방에서 마이크를 혼자 독차지하는 것이나 마찬가지다, 그런 행동은 흥을 깨트리는 무례한 것이 된다.

자기차례가 와도 혼자만 많이 부른 것 같으면 상대방에게 마이크를 넘기거나, 같이 다정하게 합창을 하는 행동은 그 분위기를 더욱 즐겁게 만드는 매너있는 것이 된다.

대화를 할 때 역시 마찬가지이다. 여기서 적절한 질문을 주고받는 것은 마이크를 넘기는 것과 마찬가지의 방법이 된다.

만약, 상대방이 당신에게 "혹시 좋아하는 연예인있어요?"라고 묻는다면, 당신은 "네, 저는 배우 장동관씨를 좋아해요. 나래씨는요?" 하고 질문을 넘겨줘야 자연스럽게 대화가 이어질 것이다. 그런데 당신이 받은 질문을 다시 돌려주지 않고 주구장창 장동관씨에 대한 이야기만 늘어 놓는다면, 상대는 자기얘기만 계속한다며 기분나빠 할 것이다.

■ 셋째, 성의 있는 대답을 위해 노력해야 한다

대화를 하다보면 다음과 같이 대답하는 사람들이 있다.

"혹시 좋아하는 연예인있어요?"

"아니오, 별로……."

"네, 장동관씨요."

대화의 맥이 탁탁, 끊기게 하는 이러한 대답. 상대방은 "뭐야, 이 사람 나랑 얘기하기 싫은가봐?"하는 생각이 들기 십상이다. 그런데 이런 경우, 그 당사자는 "제가 말주변이 없어서요."라고 말하는 경우가 많다. 그러나 그 말주변을 키우는 것은 어려운 일이 아니다. 보다, 상대방의 질문에 집중을 하며, 대답할 내용의 구체성을 생각하기만 해도 당신의 대답은 훨씬 성의 있어질 것이다.

'좋아하는 연예인이 있냐고? 그야 장동관씨지. 그런데, 그냥 그렇게만 말하면 성의가 없겠지? 가만있어 보자, 내가 장동관씨를 왜 좋아했더라? 외모? 연기력? 스타일? 대중적인 이미지? 목소리는?'

그리고 당신은 다음과 같이 대답할 수 있을 것이다.

"저는 장동관씨를 좋아해요, 그 사람의 조각같은 외모와 멋진 연기력에 반했거든요. 특히 94년도의 <마지막 약속>이란 드라마는 일품이었죠. 그때나 지금이나 여전히 변함없는 그 반듯한 이미지도 좋구요. 그래서 여전히 열혈 팬이랍니다."

이렇게 하나의 질문에도 성의있게 대답하려 노력하는 당신의 태도에 상대방이 감명받지 않을 리 없다. 그리고 상대방 역시 당신에게 예의를 갖춰 대화하도록 많은 노력을 기울이게 될 것이다. 그러면서 마음 속에서 당신에게 A+등급을 매기게 될 것이다.

45

전달력을 높이기 위해서는 발성연습을 하라

말은 한 곡의 노래와도 같다. 말에도 음정이 있고, 속도와 포즈가 있고, 리듬감이 있다. 발성 연습이 선행된다면 말하는 데 힘이 실리게 된다.

중요한 목소리를 결정짓는 조건은 '발성'

목소리는 그 사람의 얼굴이나 향기만큼 매우 중요한 매력포인트다. 오랫동안 많은 여성들이 '목소리 좋은 남자'를 이상형으로 꼽았듯이 말이다. 모 인기가수의 '내 귀에 캔디'라는 노래는 그런 심리를 특히 잘 반영해 주고 있다.

이런 목소리의 매력은 스피치를 할 때도 어김없이 작용된다. 미국의 심리학자인 메라비안은 목소리가 의사전달에 미치는 영향이 38%나 된다고 했다. 즉, 목소리가 좋으면 같은 말도 더 잘 듣게 된다는 것이다. 따라서 좋은 목소리를 가진 연설자는 보다 강하게 청중을 매료시킬 수 있다.

그런데 이토록 중요한 목소리를 결정짓는 조건은 바로 '발성'에 있다. 좋은 목소리와 나쁜 목소리들의 특징을 살펴보자. 흔히 좋은 목소리는 깊이 있고 울림이 있다. 반면, 듣기싫은 목소리는 울림도 짧고 쉿소리가 나는 듯하며 심한 경우는 머리까지 아프다. 그런데 전자가 뱃속 깊숙한 곳에서 우러나오는 듯한 느낌이라면, 후자는 목에서 바로 뽑아내는 듯한 느낌이다. 그것이 바로 발성의 차이인 것이다.

일반적으로 사람들은 목소리를 바로 성대에서 뽑아낸다. 그러므로 성대가 다칠위험이 있으며, 소리도 작고 탁하다. 그러나 발성은 성대를 직접적으로 건드리는 것이 아니라, 횡경막에서 숨을 뽑아내는 압력의 힘으로 성대를 울려 깊고 풍부한 목소리를 낸다. 마치 그냥치는 피아노연주보다 페달을 이용한 연주가 더 아름답게 들리듯이 말이다.

복식호흡을 익혀라

앞서 말했듯, 발성은 폐에서 숨을 뽑아내는 압력, 즉 호기의 힘으로 소리를 내는 것이다. 그런데 이런 호기의 힘을 가장 극대화시킬 수 있는 호흡법이 바로 복식호흡이다.

복식호흡은 일반적으로 흉식호흡과 그 개념이 비교된다. 흔히 신생아와 일반적인 성인을 살펴보면 이 두 호흡의 차이를 쉽게 이해할 수 있다.

태어난 지 얼마 되지 않는 아기들은 숨을 들이 마실 때 배가 볼록나오고, 내쉴 때는 홀쭉해진다. 이것이 복식호흡이다. 그런데 나이가 들면서 점점 숨이 위로 올라가, 성인이 되면 흉식호흡을 하게 된다. 즉, 들이마시고 내쉬는 것에 따라 가슴이 오르내리는 것이다.

그렇다면 왜 흉식호흡이 아닌 복식호흡을 하라는 것일까?

보통 숨을 들이 마시면 폐로 공기가 유입되면서 횡경막이 아래로 내려가게 된다. 그리고 횡경막 위쪽의 빈 공간 안에 공기가 가득채워지게 된다. 그런데 흉식호흡을 하면 이 횡경막이 내려가는 정도가 적기 때문에,

그만큼 폐에 채워지는 공기의 양도 적게 된다. 하지만 복식호흡을 하게 되면 이 횡경막이 더 아래로 내려가면서 공기를 담을 수 있는 양이 더 많아 지고, 폐의 아랫부분까지 다 활용되기 때문에 폐활량이 넓어지는 것이다.

이것은 또한 말의 완급조절과도 큰 관련이 있다. 완급이란, 완만한 것과 급한 것을 뜻하는 말로, 스피치를 할 때는 이런 완급조절에 염두를 두어야 한다. 스포츠 중계에서는 말에 속도감을 주어 긴장감을 살리고, 시낭송을 할 때는 여백을 두어 천천히 말하듯 말이다.

그러데 폐활량이 적으면 몇 마디 말만해도 금방 숨이 차올라 이러한 완급조절에 실패하게 된다, 그러나 복식호흡을 하면 훨씬 숨을 오래 참을 수 있어 여유있게 말할 수 있는 것이다.

또한, 복식호흡을 오래 익히면 건강도 좋아진다. 폐안에 들어찬 산소는 혈액을 깨끗이 정화시켜 다시 심장으로 보내는 역할을 한다. 따라서 폐에 공기를 많이 함유할수록 혈액 안의 노폐물 제거에 효과적인 것이다. 게다가 횡경막이 아래로 내려감으로써 횡경막 아래있던 수많은 장기들이 위로 밀려올라가게 된다. 그리고 장기들 사이사이에 연결되어 있던 수많은 인대들이 자극이 되면서 전반적인 건강에 도움이 되는 것이다. 그래서 언어 종사자뿐 아니라 마라토너, 관악기연주자, 성악가, 댄서, 요가 및 체조선수들까지도 복식호흡을 필수적으로 익히고 있다.

이러한 복식호흡을 하는 기본적인 방법은 다음과 같다.

① 바른자세를 취하도록 한다. 바른자세는 복식호흡의 가장 기본적인 것이다. 만약 자세가 틀어지면 배속에서 올라오던 공기가 튀어나온 장기에 부딪쳐 원활히 목구멍밖으로 나오지 못하기 때문이다. 다리를 골반넓이로 벌리고 등과 허리와 머리가 일자가 되도록 곧게펴자. 그리고 짝 다리를 짚지않아 몸무게가 골고루 분산되도록 하며

근육을 편안하게 이완시킨다.

② 코로 숨을 깊게 들이 마시면서, 아랫배가 부풀어 오르게 한다. 이때, 손바닥을 아랫배단전에 얹고 부푸는 것을 느껴보는 것이 좋다. 입으로도 숨을 들이마시면 입안이 바싹 마르므로 코를 이용하는 것이다.

③ 숨을 입으로 내쉬면서 아랫배가 쏙 들어가게 한다. 숨을 코로 내쉬면, 비강이 울려 비음이 많이 섞일 수 있기 때문이다

이때, 숨을 들이 마시었다가 내쉬는 속도를 점점 느리게 해보자. 처음에는 숨을 들이마시고 1에서 3까지 센후 내쉰다면, 그 다음부터는 조금씩 양을 늘려 1에서 10까지 센다음 내쉬는 것이다.

복근을 강화하자

그런데 복식호흡이라고 해서 '배로 숨쉬는 것'이라고 잘못 이해하는 사람들이 있다. 그러나 당연히 숨은 폐로 쉬는 것이다. 이러한 잘못된 이해로 복식호흡을 어려워하는 사람들이 많으므로 다시 한 번 쉽게 개념을 이해해 보자.

앞서 말했듯 횡경막은 폐에 공기를 저장할 수 있는 공간을 만드는 역할을 하며, 이러한 횡경막이 아래로 내려갈수록 더 많은 공기를 저장할 수 있게 된다. 그리고 숨을 내쉴 때는 공기의 압력이 강한 만큼 횡경막이 폐에 가깝게 올라붙게 되는데, 이때 내뿜어지는 공기압력의 힘으로 성대를 울려 목소리를 내는 것이 발성이다. 다시 말해 압력의 정도가 높을수록 더 크고 울림있는 목소리를 낼 수 있는 것이다.

결국, 복식호흡이란 횡경막의 상하운동을 더 극대화시키는 호흡이라

할 수 있겠다. 그런데 배의 근육은 이러한 횡경막의 신축을 조절할 수가 있다. 필자는 앞선 복식호흡 요령에서, 숨을 들이 마시면서 배가 불러오도록 하라고 설명한 바 있다. 배가 불러오는 이유는 공기가 자연스럽게 폐에 차올라 그 부분이 돌출된 것도 있지만, 배근육을 이완시켜 앞으로 내밈으로써, 횡경막을 아래로 내려가도록 조절한 것이다. 다시 말해 복식호흡은 '배로 숨을 쉬는 것'이 아니라 '배근육을 이용한' 호흡이라고 할 수 있겠다.

이러한 상관관계를 알 수 있는 가장 좋은 방법은 '풍선불기'이다. 풍선은 문방구에서 쉽게 구입할 수 있는 고무풍선이면 충분하다.

먼저, 평소하던 흉식호흡으로 숨을 들이마셨다가 내쉬면서, 그 공기를 풍선 안에 담는다는 느낌으로 불어보자. 다음에는 위에서 익힌 복식호흡으로 폐 안쪽에 가득 숨을 들이마신 뒤, 내뿜는 공기를 풍선에 담아본다. 그리고 그 크기를 앞의 것과 비교해 보자. 풍선의 크기가 전자보다 훨씬 크다는 것을 알았을 것이다. 그리고 그 풍선에 담겨 있는 공기의 양과 압력으로 소리를 낸다고 생각해 보자. 당연히 공기의 양과 압력이 클수록 더 울림있고 큰 목소리를 낼 수 있는 법. 복식호흡을 통한 발성과 그렇지 않은 목소리의 차이점을 보여주는 것이다.

이번에는 똑같이 복식호흡을 하되, 첫 번째는 배에 힘을 약하게, 두 번째는 배에 힘을 강하게 주고 풍선을 불어보자. 그리고 두 풍선의 크기를 비교해 보면 배에 힘을 강하게 주었을 때 풍선의 크기가 더 크다는 것을 알았을 것이다. 다시 말해 같은 복식호흡이라해도 복근에 힘을 줄수록 횡경막이 더 아래로 내려가 폐활량이 더 커지는 것이다. 그러므로 배에 힘을 약하게 주면 목소리가 작아지고, 배에 힘을 크게 주면 목소리의 크기가 커진다. 복근은 소리의 볼륨을 조절해 주는 역할도 하는 것이다.

다음은 복근을 강화시키면서 동시에 복식호흡도 할 수 있는 훈련법을 소개한다.

① 무릎을 세우고 편한 자세로 눕는다.

② 양손을 귀옆에 붙인 자세에서, 복식호흡을 천천히 4~5회 반복한다.

③ 이제 복식호흡을 하면서 동시에 윗몸 일으키기를 실행한다. 숨을 들이 마시면서 어깨가 바닥에서 25cm 정도 떨어지도록 5초간에 걸쳐 천천히 상체를 일으킨다. 그 자세에서 5초 정도 정지한 후 다시 상체를 내리면서 숨을 내쉰다. 5초 정도 쉬었다가 다시 상체를 일으키는 동작을 반복한다.

실전! 발성연습법

이제 복식호흡과 복근단련을 익혔다면, 실질적인 발성연습을 해볼 차례다.

지금까지 우리는 복식호흡을 통해 숨을 밖으로 내보내는 것만 연습해왔다. 이번에는 폐속가득히 차오른 공기를 내쉬면서, 거기에 성대의 울림을 함께 더해보자. 다시 말해, 이전에는 하아~ 하고 공기만 배출했다면, 이제는 아아~ 하고 소리를 내며 함께 배출하는 것이다. 이렇게 내는 소리가 바로 발성이다. 목에서 곧장 뽑아내는 아아~ 와 어떠한 차이점이 있는지 직접 소리를 느껴보자. 아랫배에 힘을 주고 어깨와 목의 힘을 뺀 상태에서 가장 자연스러운 소리를 깊이 그리고 길게 내뱉는다.

숨이 차서 소리를 내뱉을 수 없을 때까지 진행하는 것이다. '아~, 에~, 이~, 오~, 우~'이는 목이나 가슴에서 나오는 소리가 아닌, 복식호흡을 통해 나오는 깊이 있는 소리가 나오게 되면 건강한 자신의 목소리가 다듬어지게 됨을 알 수 있다. 이는 아나운서들도 활용하고 있는 발성연습법이며, 성악가들 역시 감동을 주는 노래를 복식에서 뿜어져 나오는 발성에 근간한다.

그리고 여담이지만, '아, 에, 이, 오, 우' 모음연습을 꾸준히 하다보면 얼굴근육을 많이 움직여 얼굴도 작아진다. 이 어찌 '일석이조'가 아닌가?

다음은 복식호흡과 복근을 활용해 가장 효과적으로 발성연습을 할 수 있는 실전연습법이다.

① 바닥에 편하게 누운뒤 배위에는 무거운 책을 올려놓는다. 그리고 상체를 뒤로 최대한 젖히되 고개는 꼿꼿이 세운 자세로 책을 바라본다. 그러면 복근이 딱딱하게 수축되는 것이 느껴질 것이다.

② 이제 그 자세에서 복식호흡을 4~5회 반복한 다음 책을 읽는다. 즉, 숨을 깊게 들이 마시었다가 내뿜는 그 압력을 의식하며 한 글자 한 글자 울림있게 발성하는 것이다. 이때, 배에 힘주는 강도를 달리하면 말의 강약을 조절하는 법을 익힐 수 있다.

말은 한곡의 노래와도 같다. 말에도 음정이 있고, 속도와 포즈가 있고, 리듬감이 있다. 말을 잘하고자 하는 이 책의 독자들이라면 발성연습이 선행되어 말하는 데 힘이 실리게 된다. 마치 아름다운 노래를 듣는 것과 같이 듣기좋고 편안하며, 부담없는 소리가 되는 것이다.

말이란 누구나 하는 것이지만, 말 잘하는 매력적 사람이 되기 위해서는 보다 다듬어지고 호흡이 긴 울림이 있는 목소리가 나와야 함은 물론이다. 이는 분명, 아무 생각없이 말하는 일반인들과는 다른 매력적인 차별성을 부과해준다.

46

즉흥 스피치를 해보라

어떤 주제를 던져도 자유자재로 요리할 줄 아는 당신을 최고라고 인정하지 않을 사람은 아무도 없을 것이다. 즉흥 스피치의 달인이 진정한 스피치의 고수이다.

필자가 막 아나운서 생활을 시작했던 초년병시절, 수능시험을 보는 것 만큼이나 무섭고 떨리던 테스트가 있었다. 바로 무작위로 던져지는 주제들을 그 자리에서 3분 동안 이야기해야 하는 즉흥 스피치였다. 이건 사전정보가 전혀없는 만큼 공부를 해갈 수도 없어 그만큼 두려웠다. 그런데 그때의 즉석 스피치 경험은 이후의 실전 말하기에서 여러 번이나 필자를 구한 은인이 되어 주었다. 방송을 하다보면 예기치 못한 돌발상황에 부딪칠 때가 많이 있다. 물론, 사전에 대본이 주어지지만 실제방송이 대본 그대로 이루어질 것이란 보장이 없기 때문이다. 그래서 생방송에서의 상황이란 대본은 있으나, 많은 부분 애드립이 필요하고 진행자의 재치와 순발력이 필요할 때가 많다. 진행자로서 순간의 돌발상황이 방송사고로까지 이어지지 않도록 순발력 있게 대처할 수 있어야 하는데, 그럴 때 초년병 시절, 갑자기 날아오던 주제를 받아치던 순간이 기억이 나곤했다. 이미 필자는 즉흥 스피치 연습을 통해 수많은 돌발상황에 대처하는 감각을 익혔다. 그렇지만 우리 독자들도 잘 알겠지만, 시사문제나 지식을 요하는 주제가 나오면 그걸 알고 있느냐 모르냐는 천지차이가 된다. 그래서 늘 공부하고 책을 읽어야 한다.

즉흥 스피치를 통해 감각을 익혀라

이렇듯, 즉흥 스피치는 예기치 못한 사건사고가 많은 세상을 살며 당신이 반드시 구비해 두는 에어백과 같은 역할을 해준다. 당신을 향해 어떤 당황스러운 질문이 화살처럼 날아와도, 예상과는 다른 청중들의 반응에 분위기가 싸늘하게 식어도, 즉흥 스피치를 통해 익힌 당신의 감각은 그 모든 것을 든든하게 막아주는 것이다.

말 잘하는 사람은 즉흥 스피치를 잘한다

필자는 아나운서 아카데미에서 아나운서 지망생들을 가르친 경험이 있다. 그 때, 이 즉흥 스피치를 학생들에게 해보도록 한 적이 있었는데, 결과는 극과 극이었다. 잘하는 학생과 못하는 학생으로 극명하게 갈리는 것이었다. 그런데 잘하는 사람들을 가만히 살펴보니, 다음과 같은 특징이 있었다.

■ 첫째, 침착하다

감자기 생각지도 못한 주제를 던져주고, 초시계를 딸깍 누르더니 "자, 이제부터 3분의 시간을 주겠습니다."라고 한다면 누구나 당황할 것이다.

유난히도 크게 들리는 시계초침 소리만 째깍째깍 마음을 다급하게 만들고, 갑자기 이야기를 만들려니 생각은 안 나고…….

그런데 말을 잘하는 사람들은 위기상황에서 어쩜 저럴 수 있을까 싶을 만큼 평소보다 더 침착해진다. 어느 유명한 연설가는 느닷없는 돌발연설을 하게 될 경우, 단상위에 올라 느긋하게 7가지 명상수행법을 처음부터 끝까지 다한다고 한다. 그리고 그만큼 당황하는 시간을 단축시키기 때문에 빨리 말할 내용을 생각해낼 수 있는 것이다.

그렇다면 어떻게 해야 쉽게 여유를 찾을 수 있을까? 가만히 보면 그들은 즉흥 스피치가 주는 스릴을 마음껏 만끽한다. 언제 공이 튀어나올지 모르는 배팅연습장에서 야구방망이를 들고 있을 때는 가슴이 두근두근 떨리지만, 모든 공을 훌륭하게 쳐내고 나면 그 쾌감은 이루말할 수 없다. 그처럼, 생각지도 못한 질문을 즉각 받아쳐내야 하는 즉흥 스피치는 익사이팅 스포츠만큼이나 스릴 넘치는 일이다. 그들은 즉흥 스피치를 마치 롤러코스터를 타거나 게임을 하듯 즐기는 것이다. 피할 수 없다면 즐기라고 했다! 진정한 여유는 거기서 나오는 것이다.

■ 둘째, 주제의 핵심을 캐내는 능력이 뛰어나다

누군가가 당신에게 '이승만 대통령'에 대해 말해보라고 즉석에서 요구했다고 생각해보자. 그럼 당신은 '이승만 대통령의 생애'에 대해서 말할 것인가, 그의 '업적'에 대해서 말할 것인가? '업적'에 대해서 말한다면 또 긍정적인 의의를 말할 것인가, 반성해야 할 부분을 말할 것인가? 시간은 단 3분 당신은 이승만 대통령이라는 주제의 어느 부분을 부각시킬 것인지 핵심을 빠르게 캐내야 한다. 그러지 않고 되는 대로 입을 열었다가는 똑같은 이승만 대통령에 대한 이야기지만 이 얘기했다, 저 얘기했다 마구 엉키는 것처럼 들릴 것이다.

즉흥 스피치를 잘하는 사람은 같은 생선을 받아도, 주어진 시간 동안 어느 부위를 요리해야 맛있을 지를 빠르게 파악하는 눈을 가졌다. 그래서 그들의 말은 어김없이 3분이면 깔끔하게 마무리가 되며, 전체의 이야기에 일관성도 있다. 그런데 이러한 특징은 즉흥 스피치를 잘하는 사람뿐 아니라 정말 말잘하는 고수라면 누구나 가지고 있는 스토리와 일관성과 핵심 메시지를 가지고 있다.

■ 셋째, 박학다식하다

아무리 감각이 뛰어나고 화술이 능란해도 그 주제에 대해 아는 것이 전혀 없으면 어찌할 도리가 없는 법이다. 조금이라도 주워들은 풍월이 있다면 어떻게 해서라도 써보겠지만, 만약 당신에게 'P/2007 R5SOHO'에 대해 말해보라고 한다면 어찌 하겠는가? 이 읽기도 어려운 미스테리한 기호가 혜성의 이름이라는 것조차 모르는데 말이다. 그 유명한 래리 킹 조차도 아무런 준비가 되어 있지 않은 <미국 해운업의 전망>에 대한 연설에서 엉뚱한 소리만하다 돌아오는 참패를 겪지 않았는가?

빈 수레가 요란하다고 했지만, 현시대의 스피치에서는 정보가 풍부할수록 멋진 말하기를 할 수 있다. 박학다식한 사람은 머릿속에 이미 수많은 정보들이 입력되어 있으므로, 어떠한 주제를 받게 되면 즉각, 정보를 꺼내 멋지게 요리하기만 하면 되는 것이다. 그래서 뛰어난 연설가나 스피치 전문가들은 스피치 분야뿐 아니라 다양하고 폭넓은 지식을 가지고 있다.

당신이 뛰어난 화술로 명성이 높아질수록, 사람들은 당신을 실험하기 위해 많은 도전과 도발을 걸어올 것이다. 그런 그들에게 즉흥 스피치는 본 때를 보여줄 수 있는 최상의 방법이다. 누가 어떤 주제를 던져도 자유자재로 요리할 줄 아는 당신을 최고라고 인정하지 않을 사람은 아무도 없을 것이다.

머릿속에 준비된 스피치 구조를 갖추어라

훌륭한 연설을 가늠하는 바탕은 준비된 연설문이 기본이다. 연설문을 책을 읽듯 그대로 읽지는 않지만, 바탕이 되는 그것이 훌륭해야 연설도 탄탄하게 나올 수 있기 때문이다.

즉흥 스피치를 잘하는 기준 역시 마찬가지다. 단지, 주어진 시간 안에 당황하지 않고 이야기를 마쳤다고 해서 박수를 받을 수 있는 것이 아니다. 말한 내용의 알참과 정확성은 그 어떤 말하기도 봐주지 않고 공평하게 가름하는 철퇴가 되는 것이다.

이러한 연설문들은 아무리 짧을지라도 기승전결의 방식에 따라 논리 정연하게 쓰여져 있다. 그러므로 단 3분짜리 연설일지라도 그것을 위한 연설문은 여러 번의 퇴고를 거쳐야 되는 매우 어려운 작업이 된다.

그런데 즉흥 스피치를 할 때는 즉석에서 머릿속으로 연설문을 만들며, 동시에 입으로 내뱉어야 한다. 멀티플레이도 그런 멀티플레이가 없는 것이다. 말하기도 힘든데 머릿속에서 창작까지 해야하다니, 이 난관을 대체 어떻게 극복할 것인가?

그래서 당신의 스타일에 맞는 정해진 구조를 항상 머릿속에 준비해 두고 있어야 한다. 어떤 재료도 거기에 가져다 대입하기만 하면 모양대로 나오는 '과자틀'처럼 말이다.

일반적으로 많이 하는 스피치 구조는 <과거, 현재, 미래> 형식이다. 이 '과자틀'에 '오렌지'라는 주제를 가져다대고 누르면 다음과 같은 결과물이 나온다.

“오렌지는 감귤류의 과일로 원래는 인도에서 태어났습니다. 과거 그러던 것이 점점 중국, 포르투갈, 브라질 등지로 퍼져나가며 현재는 세계인들의 사랑을 받는 과일이 되었습니다. 현재 최근에는 기술의 발달로 유전자 변형농작물들이 많아지고 있습니다. 가까운 미래에는 어마어마하게 큰 슈퍼오렌지를 먹을 수 있을지도 모르겠습니다. 미래”

알고 있는 정보를 최대한 활용하라

그런데 아무리 박학다식하다 해도 사람이 컴퓨터가 될 수는 없는 법. 당신이 이 세상 모든 지식을 다 아는 것은 불가능하다. 만약, 모르겠다면 당신이 잘 알고 있는 내용과 연결지어 말해볼 수도 있다. 아무 말도 못하고 붕어처럼 입만 뻐끔뻐끔 대는 것보다 당신이 아는 모든 정보들을 총동원하여 이야기를 미무리 짓는 것이 훨씬 낫지 않겠는가?

정해진 주제: 〈주거지역의 그린시티 열풍〉
당신이 알고 있는 정보: 어릴 적 살던 집의 포도송이
연설 내용:

저는 조부님이 계시던 시골집에서 어린시절을 보낸 경험이 있습니다. 크지는 않았지만 정감이 가는 양옥집이었는데, 할아버지는 이층 베란다에 새끼줄을 매달아 포도를 키우셨습니다. 저는 할아버지가 뿌린 씨앗이 작은 싹을 틔우는 모습부터 지켜보았습니다. 조금 지나자 싹은 더욱 무성해졌고, 하루가 다르게 자라나더니 할아버지가 매단 새끼줄을 타고 조금씩 덩굴이 뻗어나가기 시작했습니다. 어린 저로서는 신기하지 않을 수 없었습니다. 그래서 매일 잠자리에서 일어나면 할아버지의 포도가 얼마나 자랐는가를 보기 위해 이층으로 뛰어가곤 했습니다. 마침내 포도덩굴은 얼기설기 엮은 새끼줄을 다 덮을 만큼 무성해지더니 조금씩 일층으로 내려오기 시작했습니다. 그래서 일층

베란다에서도 밑으로 늘어진 포도덩굴을 볼 수 있었는데, 그것을 만지고 냄새 맡는 일은 몹시도 즐거웠습니다.

드디어 초록색의 예쁘고 고운포도 알이 맺혔을 때는 너무 기뻐서 할아버지 할머니가 따먹자고 하는데도 울면서 한사코 먹지 않았던 기억이 있습니다. 생명의 소중함과 신비함을 그때 알게 되었던 것입니다.

그러나 어른이 되면서 환경이 바뀌었습니다. 고층빌딩들로만 빼곡하게 들어차 식물들이 볼 햇빛조차 부족한 회색빛 도시. 그러나 〈그린시티 열풍〉이 다시불어 우리 아이들과 저에게 유년시절의 그 행복했던 경험을 다시 돌려준다면 그보다 좋은 일이 어디 있을까요? 나중에 저도 그린시티 지역으로 이사를 가게 된다면 옛 추억을 회상하며 청포도를 길러볼 생각입니다.

그 어떤 주제가 나오더라도 서론, 본론, 결론의 탄탄한 구성을 가지고, 말을 잘 한다는 것은 현직, 전직 아나운서라도 쉬운 일이 아니다. 하지만 진정 말잘하는 사람은 '즉흥 스피치'의 달인이라 해도 과언이 아니다.

지금부터, 매일 3분의 시간을 내서 어떤 주제를 정하고 말하는 연습을 해보라. 그것이 쌓이면 당신의 스피치 능력은 놀랍게 발전할 것이다.

47

유머를 의식적으로라도 사용해봐라

당신이 누군가를 웃기지 못한다고 해서 그것을 질책하거나, 화를 낼 사람은 아무도 없다. 유머로 상황을 부드럽게 바꿔보려는 당신의 노력을 사람들이 알게 된다면 충분한 것이다.

유머감각 기르는 법

이제는 유머감각이 사회생활의 필수적 요소임을 모르는 현대인은 없을 것이다. 그래서 재치있는 입담과 센스있는 발언으로 주변을 밝히는 사람들은 언제나 선망의 대상이 된다. 당신도 그들처럼 많은 사랑을 받는 매력적인 사람이 되고 싶어, 많은 궁리를 하고 고민해보지 않았는가? 유머모음집을 사서 읽거나, 누군가가 말한 재미있는 농담을 집에서 한번 따라해 보면서 말이다.

그 마음을 필자인들 왜 모르겠는가? 허나, 아무리 노력해도 어렵고 잘 안되기 때문에 결국엔 포기하게 되는 것이 문제인 것이다. 대부분의 사람들이 결국 '유머'는 타고난 감각의 소유자들만이 가능한 것이라며, 절레절레 고개를 흔들고는 단념하고 만다. 마지 극소수의 축복받은 존재들만이 누릴 수 있는 특권이라고 여기는 것 같다.

대체, 그 '유머'라는 것이 얼마나 대단하기에 그렇게 많은 사람들이 꽁지를 빼고 도망치는 것일까? 어째서 당신에게 유머가 어렵게 느껴지는 것일까? 그 해답을 찾고자 필자는 당신이 실전에서 활용할 수 있는 유머 감각 기르는 법을 알려주고자 한다.

다른 사람의 유머에 먼저 빠져들어라

"나는 원래 타고난 감각이 없고 둔해요"라고 말하는 사람들이 있다. 또는 워낙에 진지한 성격이라 유머는 생각할 수도 없다고 딱 잘라 말하는 사람들도 있다. 그러나 노는 물이 중요한 것처럼 환경에 따라 그 사람도 변하는 법이다. 아무리 유머감각이 없다한들, 언제나 유머와 함께 한다면 자연스럽게 당신에게도 그 유쾌한 에너지가 스며들 것이다.

직장인 A씨는 분위기 메이커로 인기가 많은 동료 K씨를 동경하고 있었다. 특히나, 상사의 심한 변덕에도 유머러스하게 맞받아치는 그의 여유는 너무나 멋있어 보였다.

A씨도 K씨처럼 여유있는 사람이 되고 싶었으나, 그는 언제나 야근과 업무에 쫓겨 하루하루를 버텨나가는 것만으로도 빠듯했다. 그래서 K씨처럼 타고난 사람이 아니고서야 어림없다고 생각하며 체념하곤 했다.

그러던 어느 날 직장 스트레스로 지칠대로 지친 A씨는 어떻게 해야 이 피로를 풀 수 있을까 생각하다가, K씨가 유머를 하면 침체됐던 사무실 분위기도 상큼하게 바뀌던 것을 기억해냈다. 그래서 퇴근 후 매일 챙겨보던 시사프로그램도 접어두고, 예능 프로그램이나 개그 프로그램을 골라 보기 시작했다. 그러나 처음에는 봐도 웃긴줄을 몰랐다. 멀뚱히 있다가

3초 뒤에야 웃음이 터지거나, 끝끝내 부인에게 왜 웃는지 설명해 달라고 졸라서 겨우 이해하기도 했다. 게다가 A씨는 웃어야하는 타이밍과 그 웃음의 포인트도 이해하지 못했다. 그런 A씨에게 부인은 이런 핀잔을 주었다.

“평생유머의 ‘유’자도 모르고 살았으니 웃을 줄이나 알겠어요?”

그런데 계속해서 빠짐없이 챙겨보다보니 조금씩 그는 유머코드를 습득하게 되었다. 그리고 마침내 적절한 때에 웃음이 터지면서, 유머란 것이 얼마나 재미있고 멋진것인지 제대로 깨닫게 되었다. A씨는 나날이 기분이 좋아지고 밝아졌다. 변덕스러운 상사가 별 트집을 잡으며 혼을 내도, 어제들은 우스갯 소리를 생각하며 여유있게 넘길 수도 있었다. 사무실 동료들은 A씨의 이런 변화에 신기해하며 그를 다시보기 시작했다.

A씨는 이제 유머모음집까지 사서 틈틈이 읽으며, 그 기발함에 감탄하기도 하고, 어떻게 이렇게 센스있게 받아쳤을까, 그 원천이 무엇일지 궁리해 보기도 했다.

그렇게 스펀지처럼 유머에 흠뻑 젖세되자, 이제 자신이 알고 있는 이 재미있는 이야기를 다른 사람과도 나누고 싶어졌다. 그래서 점심시간이 끝나고, 동료들에게 커피를 사면서 이렇게 말했다. “이보게, 자네들 내가 재미있는 얘기하나 해줄까? 어제 내가 듣고 배꼽빠지게 웃었는데 말이야……”

A씨가 직장동료들에게 자신이 알고 있는 우스운 이야기를 들려주는 그 시점이야 말로, 그가 유머러스한 남자가 되는 시발점이다. 그렇게 이런저런 유머들을 나누다보면, 자기 몸에 감각이 익어, K씨처럼 곤란한 상황을 위트있게 넘기기도 하고, 상사의 꾸중을 여유있게 받아치기도 하는 것이다. 책을 많이 읽어본 사람이 글도 잘 쓰고, 영어를 많이 들어본 사람이 외국인과의 대화도 잘한다. 처음에는 언제 웃어야 할지도 몰랐던 A씨가 유머에 흠뻑 빠지면서 여유가 생기고, 말문이 트이게 된 것처럼 말

이다.

주의깊게 관찰하라

남들은 그냥 지나치는 작은 동물들의 특징을 개그맨들이 똑같이 재현할 때, 사람들은 무릎을 친다. '맞다, 목도리 도마뱀이 저렇지 참!' 그리고 그 공감끝에 박수를 치며 크게 웃는다. 인기코미디언이며 전문 MC인 강호동씨는 자신이 진행하는 프로그램에서 평소 동물 다큐멘터리를 즐겨본다고 밝힌 바 있다. 많은 개그맨들이 소재로 사용하는 동물흉내가 결국 그 다큐멘터리를 통한 세심한 관찰에서 시작된다는 것이다.

동물흉내뿐 아니라 성대모사며 언어유희, 새로운 캐릭터를 만들 때에도 그들에게 있어 '관찰력'이란 필수적으로 갖추어야 할 요건이 된다. 인기 개그프로그램인 <대화가 필요해>는 가족끼리도 삭막할 만큼 대화가 부족한 현대인들의 삶을 그냥 지나치지 않고 주의깊게 살펴, 유머로 승화시켰다. 그리고 장수코너로서 오랫동안 많은 사람들의 사랑을 받았다.

모든 기발한 발상들의 원천도 바로 이 관찰에서 비롯된다. 어느 인기 예능 프로그램에서는 개그맨 박명수씨가 정준하씨에게 '쩌리짱'이란 별명을 지어주었는데, 그것은 겉절이들의 왕이라는 뜻이다. 주류는 못되지만 감칠맛을 돋우는 겉절이와 정준하씨의 특징을 잘 포착한 기발한 발상이 아닐 수가 없다. 지금도 정준하씨의 '쩌리짱'이란 캐릭터는 많은 사람들의 사랑을 받고있다.

비록 개그맨은 아니지만 당신의 인생에서도 주의깊은 관찰력은 새로운 전환점을 마련해 준다. 이전에 알지 못했던 많은 것들을 알게 되기 때문이다. 익숙했던 사물도 현미경을 통해 보면 새롭게 보이듯이 말이다.

소라씨는 직장상사인 홍부장이 매일 볼품없는 양복을 입으면서도 넥타이 만큼은 최신 유행만 고집한다는 것을 알게 되었으며, 동료인 성희씨가 분홍색 립스틱을 애용한다는 것을 알게 되었다. 그렇게 되자, 적재적소에 따라 상대방의 비위를 맞춰주고 다독여주는 여유가 생기게 되었다. 평소 자신을 견제하던 성희씨에게도 그녀의 핫 핑크색 신상 립스틱을 칭찬함으로써 더욱 가까워지는 계기를 마련했다.

조금 더 시간이 지나자 남들보다 상황파악이 빨라지고, 분위기를 한번에 읽게 되었다. 그러자, 홍부장이 잔뜩 독이 올라 언성을 높이려는 찰나, 그의 넥타이를 칭찬하여 위기를 넘기는 등의 기지를 발휘하기도 했다. 그리고 마침내는 너무 튀는 차림으로 눈살을 찌푸리게 하는 최대리에게 "어이쿠, 오늘따라 컬러풀한 게 신호등인 줄 알았네, 자꾸 자네를 경계하게 되지 않나?"하고 지적하는 유머감각을 보이게 되었다.

유머는 '여유'에서 온다. 사물을 보는 눈이 좀 더 섬세해지면, 같은 것을 보아도 남들보다 더 많은 것을 알게 된다. 그리고 그것은 그 사람을 자신감 있고 여유있게 만들어 준다. 그러니 유머가 자연스럽게 나오지 않을 수 없다.

무엇보다도 중요한 것은, 좀 더 세심한 관찰력으로 자신을 잘 파악하고 있는 당신을 많은 사람들이 호감의 대상으로 생각한다는 것이다. 비록, 크게 웃기지는 못할지라도 말이다.

유머는 마음의 여유이자 다른 사람과의 벽을 허무는 수단

이제 어느 정도의 유머감각도 익혔고, 관찰력도 수의싶어졌다면, 실전 말하기에 그것을 써먹을 때다. 그런데 머리에 기발한 유머가 생각이 나서 입 밖으로 나오려는 것을, 본능적으로 틀어막는 사람들이 있다. 말하는 것이 습관화되지 않았기 때문에 자신도 모르게 그렇게 한 것이다. 이렇게 한번 타이밍을 놓치게 되면 다시 말하려 해도 어색해지기 마련이다.

고기는 씹어야 맛이고, 말은 해야 맛이라 했다. 아무리 유쾌한 필이 온몸에 충만해도 입밖으로 내지 않으면 아무짝에도 소용없다.

그러나 야심차게 준비한 우스갯소리를 언제 써먹을지 기회만 노리다가 눈 딱감고 내뱉었는데, 분위기가 급속냉각될 수도 있다. 자신은 재미있다고 생각해서 "김대리, 도둑들이 가장 싫어하는 아이스크림이 뭔지 알아? 바로 누가바래, 누가바."라고 했는데 부하직원의 얼굴이 경직되며, "부장님은 썰렁한 농담을 좋아하시는 군요, 하하."하고 얼버무리고는 황급히 자리를 떠날 수도 있다. 이럴 경우 당신은 몹시 후회하며 시간을 되돌리고 싶을 것이다.

게다가 남자들보다 복잡하고 감수성도 풍부한 여자들은 이러한 실패를 가볍게 받아들이기가 더욱 어렵다. '아, 괜히 실없는 말을 한 것은 아닐까? 이제부터 부하직원들이 나를 우습게보고, 상사는 나사하나 빠진 것 같다고 생각하는 건 아닐까?' 이러한 고민으로 잠못 이루고 뒤척이다가 이튿날, 화장도 먹지 않는 푸석한 얼굴을 보며 다시는 사소한 농담조차 하지 않겠노라고 굳게 맹세할 수도 있다.

하지만, 거울을 보며 다음의 말을 한 세번, 외치고 나면 당신의 부담감은 훨씬 줄어들 것이다.

"나는 개그맨이 아니다!"

만약, 당신이 전문 개그맨이라면 맡은 코너에서 좋은 반응을 이끌어내지 못할 경우, 여러 면에서 큰 위험부담으로 다가올 수 있다. 그러나 당신이 누군가를 웃기지 못한다고 해서 그것을 질책하거나, 화를 낼 사람은 아무도 없다. 중요한 것은, 지치지 않고 도전할 때 유머로 상황을 부드럽게 바꿔보려는 당신의 노력을 사람들이 알게 된다는 것이다.

필자에게는 처음만난 자리에서도 썰렁한 농담을 꺼내어 당황스럽게 만들었던 지인이 한 사람 있다. 그러나 포기하지 않고 계속해서 농담을 시도하는 그의 태도가 나중에는 유쾌하게 느껴졌다. 또한, 그 사람이 10개의 농담을 하면 그 중 3개는 진심으로 웃길때가 있다. 결국엔, 나와의 만남을 즐겁고 편안하게 이끌어가고 싶었던 그의 배려와 노력이 내 마음을 흐뭇하게 했던 것이다.

유머는 '여유'라고 했는데, 내 유머가 통할 것인지에 부담감을 가지고 신경을 쓴다면, 그러한 여유는 발휘될 수 없다. 당연히 당신의 유머도 경직되거나 불편하게 나오기 십상이다.

당신 먼저 편안한 마음을 가지고 부담없이 시도해 보아라. 썰렁한 농담에 처음에는 어떤 반응을 보여야 할지 몰라 당황하던 직원들도, 당신이 먼저 "하하, 너무 썰렁했나? 그럼 이건 어때?" 하고 나온다면 "에이, 부장님도 참~ 더 공부하셔야겠어요. 하하."하고 유쾌하게 받아줄 것이다. 유머는 곧 마음의 여유이자 다른 사람과의 벽을 허무는 가장 좋은 수단이다.

48

처음 만나는 사람에게도 먼저 말을 건네라

먼저 다가서는 것은 자존심 상하는 일이 아니라, 자신의 넓은 인품과 리더십을 보여주는 행동이다. '구하는 이마다 받을 것이요. 찾는 이는 찾아낼 것이요. 두드리는 이에게는 열릴 것이다'는 마태복음 7장 8절을 기억하자. 구하는 만큼 얻는다는 진리는 스피치에서도 마찬가지다.

그때 먼저 말을 걸었더라면…

엄마 손을 붙잡고 초등학교에 입학하던 어린시절을 기억하는가? 낯선 교실, 호랑이 같이 무서운 선생님 얼굴, 그리고 내일부터 엄마손을 놓고 혼자 학교에 와야 한다는 두려움……. 그러나 무엇보다도 가장 걱정되는 일은 이제부터 새로운 친구들을 사귀어야 한다는 것이리라. 그래서 옆자리 친구에게 먼저 말을 걸까, 말까 눈치를 보며 망설이던 경험이 누구나 한번쯤 있었을 것이다.

그런데 이것은 단지 초등학교 입학식 하루만 겪는 일이 아니다. 새 학기가 시작될 때마다 새로운 친구들을 사귀어야 하는 일은 무엇보다 중요한 미션이기 때문이다.

낯선 교실에 들어서며 당신은 작년 같은 반이었던 친구가 있는지 부터 찾았을 것이다. 불행히도 없는 경우에는 잔뜩 긴장하며, 친구가 될 만한 아이들을 탐색했을 것이다. 그리고 마침내 친해지고 싶은 무리들을 발견하게 되면 먼저 말을 걸지말지 망설이며 수없이 주저했을 것이다. 그렇게 고등학교 졸업까지 12번이나 이러한 긴장감과 망설임을 매년 반복해 왔을 것이다.

중요한 것은 마침내 교복을 벗고나서도 이런 일이 계속된다는 것이다. 대학새내기로 처음 밟는 캠퍼스에서도, 직장의 친목모임에서도 새로 이사한 아파트단지 내에서도 언제나 누가 먼저 다가와 주기만을 기다리면서…….

그때 먼저 말을 걸었더라면 지금쯤 친해질 수도 있었을 텐데, 하며 문득 지난날을 후회해 본적이 있지 않았는가? 실제로 당신은 둘도 없는 사이가 됐을 소중한 인연을 지금까지 수없이 놓친 건지도 모른다. 이 얼마나 안타까운 일인가.

매력적인 사람은 먼저 다가선다

그런데, 성공하는 사람들의 특징 중 하나는 이런 경우, 먼저 다가가 적극적으로 손을 내민다는 것이다. 예전부터 뛰어난 리더들은 대업을 이루기에 앞서, 훌륭한 인재를 많이 모으는 것에 일의 승패를 걸곤했다. 유비가 제갈공명을 얻기 위하여 세 번이나 그 집에 찾아가 기다렸던 것처럼 말이다.

먼저 다가서는 것은 자존심 상하는 일이 아니라, 자신의 넓은 인품과 리더십을 보여주는 행동이다. 따라서 '내가 얼마나 대단한 사람인데, 왜 내가 먼저 친해지자고 다가가야 돼?'라고 생각하는 속좁은 사람은 리더가 될 자격이 없다. 천재적인 지략을 가진 제갈공명이 아닌 우유부단한 유비가 주군인 이유는 누구에게도 서슴없이 다가설 수 있을 만큼의 덕을 가졌기 때문이다. 제갈공명은 그것을 가지지 못하였기에, 자신보다 더 큰 마음을 가진 유비에게 감복하여 기꺼이 충성을 맹세하였던 것이다.

또한 사회적으로 높은 지위에 오른 사람들이 죽음을 앞두고 갖는 후회 중 하나는 자신을 제일이라 믿고 살아온 것이라고 한다. '정승집 개가 죽으면 문상객이 끊이질 않지만, 정작 정승이 죽으면 아무도 오지 않는다'라는 옛말처럼 오만한 자존심 때문에 진실한 자기 사람을 두지 못한 과오를 쓸쓸한 말년을 통해 느끼는 것이다.

당신도 설마 고리짝시대 양반처럼 점잖게 앉아 밥상차려 주기만을 기다리고 있었던 건 아니었는지 생각해 보자. 어디를 가든 적극적으로 자기 PR을 하고 능동적이어야 하는 시대에 있어서 인간관계 역시 말해 무엇하겠는가? 다른 사람들이 감나무 밑에 앉아 감하나 떨어지기를 기다리는 동안, 진정 매력적인 사람은 먼저 나무위로 올라가 좋은 홍시를 많이 얻는다.

그리고 이러한 용기를 익힌다면 당신의 스피치 역시 빛을 발하게 될 것이다. 앞서 반복했지만 스피치는 혼자만의 일방 커뮤니케이션이 아닌 쌍방통행을 하는 것이다. 가까운 한 사람에게도 먼저 다가서지 못한다면, 수많은 청중들을 상대로 한 커뮤니케이션에서 당신이 성공할 리 없다.

그러나, 그렇게 하고 싶어도 아무나 할 수 있는 것이 아니라며 혹시 의기소침해지진 않았는지 걱정이다. 그것은 만남을 두려워하지 않는 타고난 성격의 소유자들만 할 수 있는 일이라며 체념한다면, 당신은 중심의 높은 자리를 그들에게 평생 양보하기만 해야 할 것이다. 지금부터 매력적인 사람으로 재탄생하기 위해서라도, 소극적인 성격을 버리고 다른 사람에게 먼저 다가서라.

물론 처음에는 입이 떨어지지 않아 난감할 것이다. 모르는 사람이 먼저 말을 건다고 이상하게 생각하며 피하지는 않을지, 나와의 대화를 귀찮아하며 거부하지는 않을지 걱정되고 불안할 것이다. 그리고 겨우 용기를 쥐어짜 말을 걸었으나, 당신의 어색한 말투와 빳빳이 굳은 안면근육 때문에 상대방도 어색해져서 분위기가 급속냉각될지도 모른다.

그러나 이런 손발이 오그라드는 상황도 여러 번 겪어보고 나면 곧 알게 될 것이다. 생각보다 당신의 시도를 반가워하고 고맙게 여기는 사람들이 많다는 것을 말이다. 그리고 그에 따라 변화되어 가는 당신의 매력적인 모습도 함께 말이다.

인적 네트워크는 인터넷보다도 강한 정보망

2007년, 포브스 코리아의 자매지인 이코노미스트가 억대연봉의 대기업 간부들 900명을 상대로 설문조사를 한 바, 그들이 뽑은 부자의 자질은 다음과 같다. 승부욕이 강하다77.9%, 부지런하다66.2%, 인맥관리를 잘 한다64.7%, 신념이 강하다50.0%, 냉정하다41.2%. 즉 성공의 요인으로 인맥관리의 중요성이 3위를 차지한 것이다.

이러한 결과가 생소하게 느껴지지 않을 만큼 실제로 유명한 기업가며, 성공한 사람들은 폭넓고 탄탄한 인간관계를 필수적으로 맺고있다. 그 중에서도 세계 제일의 명문 유대가문인 로스차일드 일가를 살펴보도록 하자.

마이어 암셀 로스 차일드는 유대인들이 유일하게 할 수 있었던 사업인 고리대금업을 시작으로, 유럽 5개 지국에 은행지점을 세울만큼 성공하번서 가업의 터를 닦았다. 그런 마이어 암셀의 유지를 받들어 그의 죽음 후 다섯 아들들이 세계로 뻗어 나가면서 엄청난 경제적 역량을 보이게 되는데, 그 중에서도 셋째 아들 네이선의 '워털루 전쟁사건'은 가문의 명성을 알리는 시발점이 된다.

당시 나폴레옹이 워털루 전투를 앞두었을 때, 많은 영국귀족들이 그의 승리를 확신하고 모든 재산을 서둘러 처분했다. 그러나 네이선만큼은 귀족들이 내놓은 재산을 모두 헐값에 사들였다. 결국 나폴레옹이 전쟁에서 패하게 되었고, 영국지분이 무서운 값으로 오름에 따라 그는 엄청난 부를 쌓으며 가문의 명성을 세계에 떨치게 되었던 것이다. 그런데 이러한 성공의 뒤에는 네이선만의 글로벌한 정보네트워크가 숨어 있다. 전 유럽에 걸쳐있던 자신의 인맥으로부터 정보를 입수하여, 워털루전쟁에서 나폴레옹이 질 것임을 다른 누구보다도 가장 먼저 알고 대처할 수 있었던 것이다. 평소에 쌓아 두었던 탄탄하고 신뢰감 있는 인간관계가 그의 타고난 경제적 재능 못지않게 부와 명예를 축적하는데 큰 기여를 한 것이다.

그러한 그의 이야기에 감흥을 받아서인지, 지금도 로스 차일드가에 내려지고 있는 자녀교육 10훈 중 2순위는 '돈을 쫓지말고, 먼저 좋은 인간관계를 만든다' 이다. 그리고 이러한 교육이 8대째까지 전승되고 있는 바, 영국지부 4대 후계자인 제이콥 로스 차일드 역시 워렌 버핏, 아놀드 슈워제네거 캘리포니아 주지사 등 수많은 사람들과의 친목으로 주목받고 있다.

갓잡은 물고기처럼 생생하게 살아있는 정보를 발빠르게 알 수 있는 것은 사람과의 만남에서다. 유럽전역에 흩어져 현지에서 전쟁을 몸소 느끼고 있었던 네이선의 사람들이 정부보다도 더 빨리 그에게 전시상황을 전해줄 수 있던 것처럼 말이다.

또한 '글로 요리를 배웠군요'라는 광고문구가 있듯이, 책으로 배우는 지식과 실제로 전문가를 만나 자연스럽게 교류하며 알게 되는 지식은 몹시 차이가 난다.

필자는 어느 모임에서든 먼저 다가가 말을 걸고, 그 사람의 이야기를 주의깊게 듣는 편이다. 그러면서 많은 것들을 배우고 알게 되는 데, 배우는 걸 좋아하는 습관때문이다. 한번은 유명 소믈리에를 만나게 되었는데, 그를 통해 필자는 전에는 잘 몰랐던 와인의 세계에 대해 알게 되었다. 그리고 그것에 대한 깨달음은 신대륙을 발견한 것처럼 몹시 신선한 기쁨이었다.

앞서 말한 바 있듯, 스피치에 있어서 '박학다식함'이란 매우 중요한 요건이 된다. 그러나 그러한 지식을 축적하기 위해 도서관에서 매일살며 모든 백과사전을 다 암기할 수는 없는 법. 다양하고 폭넓은 인간관계를 통해 얻는 정보는 그 무엇보다도 값지며, 그것은 또한 청중의 마음을 여는데 매우 중요한 요소로 빛을 발한다는 것을 잊지 말아야 한다.

먼저 말을 걸 수 있는 몇가지 팁

이제 인간관계에서 적극성을 가져야 하는 이유를 충분히 알았다면, 실행에 옮겨보는 일만이 남았다. 그러나 아무리 노력하려 해도 심장이 쿵쾅대고, 대체 어떻게 운을 떼야 좋을지 모르겠다면 다음을 한번 참고해 보자.

첫째, 작은 선물을 준비하자.

어릴적 초등학교를 다니던 사촌동생이 새 학기를 맞이하여 사탕 한 봉지를 가방에 챙겨넣는 모습을 본적이 있다. 이유를 물어보니, 반 친구들에게 하나씩 나눠주면서 자기소개를 하겠다는 것이었다. 그때는 사탕으로 친구를 사귀려고 하는 동생이 벌써부터 물욕에 물든건 아닌지 걱정스러웠다. 그런데 학업으로 한창 바쁘던 수험생시절, 그날도 도서관에서 공부를 하고 있는데 누군가가 필자의 책상위에 자판기에서 뽑은 커피 한잔을 내려놓았다. 놀라서 고개를 들었더니 같은 교복을 입고있는 생전 처음보는 여자아이였다. 알고보니 옆반 학생이었는데 평소 친해지고 싶었다며 커피마시고 힘내라는 것이었다. 그 한마디 말과 커피 한잔이 매우 따뜻하게 다가왔던 것은 당연하며, 처음보는 그 친구와의 거리가 단기간에 가까워졌음은 물론이다.

사탕 한알, 커피 한잔, 식사 한끼와 같은 작은 대접은 상대방에게 부담을 주지 않으면서도 자신의 마음을 표현할 수 있는 가장 좋은 방법이다. 받는 사람은 물론이거니와, 주는 사람의 마음도 풍족하게 해주는 기분좋은 것이다.

둘째, 작은 스킨십을 곁들이자.

사람을 만날 때 악수를 하는 것은 전쟁이 빈번했던 시대에 '내손에는 당신을 해칠만한 무기가 없습니다.'라는 것을 보여주는 것에서 유래했다고 한다. 그리고 이러한 작은 스킨십은 이제 서로의 신뢰감을 느낄 수 있는 가장 쉬운방법이 되었다.

직장에서도 말로만 "김 대리님 같이 점심 먹으러 가요" 하지말고 살짝 어깨에 손을 얹으며 다정하게 이야기 해보자. 상대방이 느끼는 정겨움은 훨씬 커질 것이다. 그리고 식사하러 가는 복도에서도 그냥 따로걷는 것보다는 살짝팔짱을 끼고 함께 걷는것이 훨씬 두 사람을 가까워지게 할 것이다. 그러나 이때에도 반드시 상대방의 기분을 고려하여 가볍게 해야 할 것임은 당연하다. 더운 여름날, 안 그래도 짜증나는데 팔짱을 끼려하거나, 상대방이 불쾌해질 정도로 과한 스킨십을 시도하는 것은 강제추행이 될 수 있는 역효과를 불러올 수도 있음을 명심해라.

셋째, 자신의 장점을 세 가지 이상 생각하라

친해지고는 싶지만 나보다 잘난 사람인 것같아 주눅이 들어 용기가 나지 않는 경우가 있다. 그럴 때에는 자신의 장점을 세 가지 이상 생각하며 자신감을 회복하자. 나 자신을 소중히 여길 때 다른 사람도 당신을 가치 있게 보는 법. 자신이 얼마나 괜찮은 사람인지를 알게 된다면 그 어떤 유명인사라 할지라도 용기내어 다가갈 수 있을 것이다. 그리고 상대는 당당하게 말 걸어오는 당신을 보며 꼭 친해지고 싶은 매력적인 사람이라고 생각하게 될 것이다.

49

사투리도 고칠 수 있다

사투리는 100% 교정이 가능하다.
언어는 놀랍게도 자신이 노력하는 만큼 바뀐다.

정확한 표준어 구사는 프로페셔널의 조건

1950~1960년대 전 세계 모든 남성들의 연인이었던 여인, 오드리 햅번(Audrey Hepburn)!!

모든 여성들에게 그녀는 햅번 스타일 따라하기를 유행시키며 그녀의 스타일을 추종하게끔 하는 당대의 패셔니스타이기도 했다.

개인적으로 가장 좋아하는 영화배우이고 또 닮고싶은 그녀의 모습이기에 그녀가 나오는 영화 '티파니에서 아침', '로마의 휴일', '사브리나', '전쟁과 평화', '마이 페어레이디' 등을 다 소장하고 있다. 나는 햅번을 열렬히 사랑하는 햅번 마니아인 셈이다.

하지만 오늘 이야기 하려는 것은 '마이 페어레이디'에 등장하는 오드리 햅번의 이미지 메이킹과정이다. 영화감상이 아닌 언어학적 관점에서 영화 'My fair lady'를 살펴보면 길거리에서 꽃을 파는 한 여인이 독신자이자 언어학자인 헨리 히긴스 교수를 만나면서부터 발음연습부터 사투리 교정, 표준어 습득 등 특별한 스파르타식 소양교육과 이미지 변신을 통해 왕세자의 마음을 빼앗는 히로인으로 탈바꿈하게 된다.

만약 꽃을 파는 여인이 사투리를 교정하거나 표준어를 습득하지 않았다면 왕세자의 마음을 빼앗을 수 있었을까? 쉽진 않았을 것이다.

많은 요소들이 한 사람을 규정하는데, 사람의 말투를 통해 사람의 지위나 계습, 사는지역 등을 알아볼 수 있다.

영화 '마이 페어 레이디My Fair Lady'는 그리스 신화에 등장하는 독신을 고집하는 조각가 '피그말리온'을 모티브로, 사투리가 심한 길거리의 꽃 파는 촌뜨기 일라이자가 사투리교정을 통해 올바른 언어를 구사할 수 있게 되면서 변화하는 모습을 지켜볼 수 있었다.

어느날 그는 극장앞에서 마주친 꽃파는 여인 일라이자와 달갑지 않은 말다툼을 벌인다. 수준낮은 언어구사력과 사투리가 심한 그녀를 향해 독설을 날린 히긴스는 언어학에 관심을 갖고 있던 피커링대령과 만나게 된다.

일라이자 몰래 내기를 건 히긴스와 피커링은 일라이자를 6개월 안에 사교계의 여왕으로 만들기 위한 훈련에 돌입한다. 단순한 문장하나 제대로 구사하지 못하는 일라이자는 스파르타식 훈련을 받게 되고, 조금씩 나아지는 발음과 발성으로, 마치 미운 오리새끼가 백조가 된 듯 바뀌어 갔다.

말투와 행동만으로 사람의 계급이나 지위가 바뀐다는 건 쉽지 않은 일이다. 하지만 일라이자를 연기한 오드리 햅번이 왈가닥한 촌뜨기에서 우아한 귀부인으로 변신하는 과정만 봐도, 언어가 사람을 만든다는 걸 잘 보여준다. 철없는 행동과 말투, 수준낮아 보이는 억양과 단어·문장 구사력을 보이던 일라이자의 언어는 교정과 노력으로 높은 수준에 올랐다.

사투리는 정겹긴하지만 공식석상에서 이런 표현을 쓰는 것은 그다지 교양있어 보이지 않는다. 표준어를 정확하게 구사하는 것만으로도 그 사람의 가치는 한 단계 올라갈 수 있다는 얘기다. 표준어라 하면 한 나라의 표준이 되는 말로 우리나라에서는 교양있는 사람들이 두루쓰는 현대 서울말로 정의할 수 있다.

“뭐라꼬예? 뭐라캤노? 우얀다고? 앗따….” 우리나라 인구의 절반이상은 사투리를 구사할 수밖에 없는 지방색을 띠고 태어난다. 본인 역시 부산태생에 고등학교까지는 울산에서 자랐기 때문에 별도의 노력을 기울이지 않았다면 자연스럽게 사투리를 구사할 수밖에 없는 환경이었다. 하지만 직업이 직업이니만큼 방송에서 사투리를 구사할 수는 없지 않은가? 사실 필자도 엄청난 노력을 통해 표준어를 익혔고 그 표본을 TV뉴스 앵커로 삼고 열심히 노력했다. 여자들이 남자들보다 사투리를 쉽게 잘 고치는 데, 대부분 여성의 뇌가 남성의 뇌보다는 언어학적으로 더 발달돼 있기 때문인 것이다.

이렇게 필자의 경우만 보더라도 사투리는 100% 교정이 가능하다. 실제로 전 현직 아나운서들 중에서도 지방출신 아나운서들도 꽤 많이 있다. 그렇다면 어떻게 하면 표준어를 잘 구사할 수 있는 걸까?

사투리를 교정하는 간단한 방법

사투리를 고치고 싶다면 아주 간단한 방법이 있다. 언어발달시기가 이미 지난 성인이라면 본인의 목소리를 녹음기로 녹음해서 들어보고 표준어를 잘 구사하는 아나운서들의 발음과 속도, 목소리, 문어장악력까지 따라서 반복해보라! 언어는 놀랍게도 자신이 노력하는 만큼 바뀐다.

물론 고향친구들을 만나서까지 구수한 사투리를 애써 쓰지말라는 얘기는 아니다. 하지만 최소한 공식적인 자리에서 자신을 드러내야 할 때, 정확한 표준어구사는 그 사람을 좀 더 프로페셔널하게 보이게 한다.

"이 바라, 자야, 친정은 친정이고 시댁은 시댁아이가?", "돈은 돈이고, 사람목숨은 목숨아인기요, 고마 합의 없으이까네," 표준어를 구사하는 사람들이 들으면 무슨 말을 하는지 말뜻 자체를 이해하지 못한다. 모든 사람들이 이해할 수 있는 세련된 말을 구사하려면 표준어라야 하는 것이다. 사투리가 무조건 부정적이라는 말을 하고자 함은 아니다.

좋은 질문 하나가 상대의 답을 180도 바꾼다

"코카콜라주세요." 슈퍼마켓에 들어선 사람의 요구에 "코카콜라없어요."라고 답을 한다면 탄산음료를 마시고 싶은 사람의 욕구를 파악하지 못한 것이다. 좀 더 똑똑한 주인이라면 어떻게 말할까? "다른 탄산음료는 있는데, 괜찮나요?"라고 질문을 했다면 가게에 들어선 소비자의 마음을 돌릴 수도 있을 것이다. 즉 질문을 통해서 상대방의 입을 열게 만드는 것이다. 말을 하는 데 있어서 중요한 기술은 무엇일까? 협상에서 중요한 기술은 무엇일까? 협상에서 '질문을 잘하는 기술'은 마법과도 같다. 질문을 통해 상대방의 욕구를 파악할 수 있기 때문이다.

협상에서 가장 중요한 것은 "왜?"라는 질문이다. 보통 사람들은 질문을 많이 던지면 자신의 지식이 그만큼 부족하다는 사실을 드러내는 것은 아닐까 하는 우려를 갖기도 한다. 하지만 질문을 한다고 해서 어리석어 보인다는 선입견은 버리는 것이 좋다. 질문이 사람을 끌리게 하는 것을 알고 있는가?

질문은 상대방에 대한 관심의 표현이기도 하기 때문이다. 『관심의 경제학』의 저자인 토머스 데이븐 포트Thomas Davenport는 "만약 다른 사람으로부터 관심을 끌고 싶다면 자신이 먼저 관심을 기울여야 한다."라고 말했다.

즉 누군가에게 관심이 있다는 것을 보여주고 그 사람의 마음을 열고자 할 때 사용하는 가장 효과적인 방법이 질문인 것이다. 질문은 관심이다. 상대에게 관심이 없다면 어떤 궁금증도 생기지 않는 법이다. 질문은 처음 만나는 두 사람이 상대에게 말을 걸고 인간관계를 형성할 수 있는 계기를 만들어주기도 한다. 아울러 모르는 것을 수집할 수 있고 생각하게 만든다. 부모의 입장에서 아이를 대할 때 질문을 많이 던지는 것이 좋다. 질문을 던지면 아이는 생각을 하게 되고, 질문에 대한 답을 찾기 위해 공부에 대한 흥미도 생기게 된다.

윈스턴 처칠Winston Churchill은 "나는 배우는 것을 좋아하지만 가르침을 당하고 싶지는 않다."라는 말을 했는데 누구의 강요가 아니라 스스로 배우고 깨우치는 것의 중요성을 강조하는 대목이다. 연구결과에 의하면 질문을 통해 배운 학생은 그렇지 않은 학생보다 더 많이 배운다고 한다. 즉 생각하는 힘을 키워주고 두뇌가 활성화되는 질문의 마력인 것이다. 부모가 아이의 사고력을 증진시키기 위해서는 개인적 현실과 외부 현실 사이를 오가는 질문을 던지는 것이 좋다. 즉 주제와 연관된 자신의 생각이나 경험, 아울러 다른 것과 연계해서 질문하는 습관을 들이면 생각의 폭을 확대할 수 있다. 즉 입체적 질문이 폭넓은 사고를 키운다. 또 질문을 잘하는 학생이 공부도 잘하게 된다는 맥락과도 통하는 것이다. 『글로벌협상Global Negotiation』의 저자 윌리엄 헤르난데즈 리퀘지오William Hernandez Requejo는 "질문으로 설득하라. 정보와 이해를 구하라."라고 말했는데, 상대방에게 설득력 있는 자신의 의견을 피력하고자 한다면 '수사적 질문'을 사용하면 더 유용하다. 대화당사자들이 서로 자기주장만 하면 문제가 풀릴 리가 없다. 나아가 야속한 마음이 들기도 할 것이다. 그러므로 호의적 감정을 유발하는 것이 중요한데 협상에서도 상대방의 욕구나 상황, 처지를 파악하기 위해서는 열린 질문을 하는 것이 필요하다. 열린 질문이란 "예."나 "아니오."로 답변이 끝나고 더 이상 대화의 진전을 바랄 수 없는 닫힌 질문과 달리, 주관식의 형태로 답변을 할 수 있는 질문을 말한다. 이를 통해 상대방의 정보를 얻을 수 있다. 그리고 부정적 형태의 질문이 아닌 긍정형의 질문을 하는 것이 좋다. 대화나 협상의 기본은 상대방을 이해하는 것이다. 상대방의 이야기를 무조건 잘라먹고 자기 이야기만을 하고자 한다면 협상은 실패한다. 남의 이야기를 듣지 못하는 사람은 절대 발전할 수 없다. 상대방이 하고 싶은 이야기를 먼저 들어주는 사람이 모든 인간관계에서 원만함을 유지할 수 있을 것이다. 부부, 자식, 사제, 친구 간의 대화도 마찬가지다. 미국의 존슨Lyndon B. Johnson 대통령시절 국방장관을 지낸 로버트 맥나마라Robert Mcnamara는 케네디정권 이래 매니지먼트의 천재라고 불리며 유명해졌는데, 비결은 "왜?"라는 말이 힘을 알았기 때문이다. 그는 문제가 있거나 토론을 할 때 항상 "왜?"라고 물었다. 즉 질문을 통해 상대방과의 차이점을 줄이고 상대방의 마음을 열고 또 한번 고쳐서 생각할 수 있는 것이다.

인간이란 질문에 의해 유도된다. 인간은 잘 알지 못하는 원인에 의해 행동하거나 생각하기가 쉽지 않다. 결국 더 논리적인 이유에 맞추려고 바꿔어 가는 것이다. 질문을 주고받아야 의문점을 발견하고 효과적인 커뮤니케이션을 할 수 있다. 이때 질의응답은 이야기가 효과적으로 전달되도록 하는 역할을 하는 것이다. 질문할 때도 '기브 앤 테이크give and take 정신'을 발휘해야 한다. 어리석은 질문에는 어리석은 대답이 돌아오는 것처럼, 질문을 해서 상대방에게서 대답을 듣는 다는 것은 상대로부터 정보를 얻는 행위인 것이다. 때론 질문이 해답을 찾는 열쇠를 쥐어주기도 한다. 설득력은 질문에 의해 유도되고 문제의 핵심을 찌름으로써 길러지는 힘이다. 질문을 되풀이해서 상대방에 대한 정보를 얻고, 상대방의 거부심리를 무산시키거나 억제할 수 있는 힘도 얻을 수 있다. 설득력 있는 사람이 되기 위해서는 먼저 묻고 설득하라. 소크라테스Socrates의 말대로 질문은 우리를 진실에 이르게 한다.

래리 킹 스피치

'토크쇼의 제왕', '대화의 신'이라 불리는 세계 최고의 앵커. 1957년 라디오 진행자로 방송을 시작한 이후, 50여 년간 5만 명 이상의 사람들과 인터뷰를 해온 방송계 토크 쇼의 황제라고 할 만한 사람은 누가 있을까? 미국인들은 누구나 CNN의 간판급방송인 래리 킹을 가리킨다.

래리 킹은 1985년부터 CNN의 [래리 킹 라이브]를 진행하면서 스타 인터뷰어의 반열에 올랐다. 2010년 종영 때까지 25년간 방송된 [래리 킹 라이브]는 전 세계에서 가장 영향력 있는 프로그램으로 인정받아왔다. 그의 쇼에는 오바마 대통령을 비롯한 수많은 미국 대통령들과 빌 게이츠, 넬슨 만델라, 마이클 조던, 레이디 가가 같은 할리우드 스타, 세계적인 지도자, 스포츠 선수 등 셀 수 없이 많은 유명 인사들이 출연했다.

래리 킹은 게스트의 솔직한 이야기를 이끌어내는 탁월한 능력과 특유의 날카롭고 위트 있는 인터뷰로 'TV 역사상 가장 독보적인 토크쇼 진행자'라는 찬사를 받았다. 반세기 동안 수많은 사람들과 성공적인 대화를 이어나갔던 그만의 노하우를 전수하고자 한다. 또한 '누구와도', '어떤 상황에서도' 자연스럽... 게 말할 수 있는 상황별 대화법을 쉽고 구체적으로 배울 수 있다.

2013년 여든 살이 넘는 나이로 미국 라디오 프로그램에 복귀했고, 러시아 보도전문채널 RT TV의 [래리 킹 나우]를 진행하며 현재도 왕성한 활동을 이어가고 있다. 저서로는 『래리 킹, 원더풀 라이프』, 『리더들은 어떻게 기도할까』 등이 있다.

래리 킹은 미국 텔레비전계의 최고상인 에미상은 물론, 피버디 상을 두 번, 케이블 에이스 상은 열 번이나 수상했으며, '라디오명예의 전당'에 헌액되는 영광을 안기도 하였다.

도대체 어떤 노하우를 가졌기에 그토록 방송계에서 필요로 하는 사람이 될 수 있었을까? 도대체 어떤 스피치를 구사하기에 여전히 많은 사람들이 그의 이야기를 좋아하는 것일까?

래리 킹 스피치하면 제일 먼저 떠오르는 것은 기막힌 '인터뷰' 화법이다. 혹자는 그를 '격의 없고, 편안한 인터뷰의 달인'이라고 평하기도 한다. 그리고 이에 걸맞게 이미 4만 명이 넘는 수많은 유명인들을 인터뷰한 바 있다.

하지만 그의 인터뷰에는 '날카로운 질문'들이 가득하다. 그럼에도 격의 없고 편안할 수 있다니, 이유가 대체 무엇일까?

그에 대해 래리 킹 자신이 직접 밝히는 비결은 다음과 같다.

"절대로 '이 친구를 보내버리겠어'라든가, '이 친구를 띄워줘야지'하는 생각으로 인터뷰를 하는 적은 없습니다."

실제로 유명 목사 조엘 오스틴에게 던진 질문은 상대방을 당황하게 할 수 있을 만큼 날카로운 것이었다.

"목사님은 예수님을 믿어야 한다고 생각하지 않습니까? 그렇다면 유태인, 무슬림들이 틀린 것이 아닌가요?"

그러나 그 목소리만큼은 공격적이거나 악의의 감정이 담긴 것이 아니었다. 그저 말 그대로 호기심 때문에 질문하는 차분하고 담담한 어투였다.

미국에서는 이에 대해 direct & non-confrontational 이라고 평하고 있다. 직접적인 질문은 하지만, 질문을 받은 대상이 우회적인 답을 하거나, 노코멘트를 해도 공격적으로 따지고 들지 않는다는 것이다.

다시 말해, 날카로운 내용을 진지하게 묻지만, 어디까지나 더 잘 알고픈 호기심에서일 뿐 상대방을 곤란하게 만들어 희화화시키려는 의도는 아닌 것이다.

많은 토크쇼에서 일부러 출연자를 궁지로 몰아넣어 재미를 유발하려는 경우가 많다. 우리나라에서도 그러한 풍조가 많은 것을 볼 때, 래리 킹의 인터뷰 자세는 주목할 만하다.

또한 그는 예의바른 태도로 시종일관 상대방을 존중한다. 동생을 잃은 지 얼마 안 된 숀펜과의 인터뷰에서는, 많은 사람들이 궁금할 법한 그의 심경에 대해 구체적으로 물으면서도 동생의 개인적 삶에 대한 질문은 '길게 얘기하지 않겠습니다만' 이라는 전제를 붙였다. 이때에도 상대방이 불편하건 말건 무차별적으로 몰아붙이지 않는 것이다.

'SGI'라는 종교로 개종한 바 있는 티나 터너에 대한 자세도 매우 인상깊었다. 그녀는 그것이 자신의 인생에 가져다 준 변화를 이야기했으며, 래리 킹은 신중하게 듣고 나서 구체적인 내용을 이것저것 질문했다. 그런데 그 태도는 한 번도 무례한 적이 없었으며 래리 킹 본인의 주관이 섞여있지 않은 것이었다. 종교 문제란 어디에서건 예민한 부분이 아닐 수 없다. 그가 상대방을 존중하지 않았다면, 그녀가 불쾌할 수 있는 방향으로 이야기가 전개되었을지 모른다.

그러나 그는 객관적인 시선을 유지하며, 단지 '순수한 호기심'만으로 대화를 이끌어 갔다. 그러자 티나 터너는 기분이 좋아서 보다 깊은 이야기를 들려주었으며, 실제로 자신의 종교에서 행하는 '창제'라는 것을 해보이기도 했다.

이러한 화술은 그가 사람들로 하여금 신뢰를 쌓는데 큰 역할을 하였다. 출연자에게 일부러 짓궂게 굴어 궁지로 몰아넣거나, 너무 지나치게 띄어주는 방식으로 비위를 맞춘다면 누가 그에게 믿음을 가질 수 있겠는가? 언제나 일관되게 질문하지만 예의에 어긋나지 않는 그의 태도는 그토록 오랜 사랑을 받아온 비결이 된 셈이다.

이제 앞서 계속 언급해 온 '날카로운 질문'에 대해 구체적으로 이야기해 보도록 하겠다. 사람들이 가장 좋아하는 것이 바로 이 날카로운 질문이다. 인터뷰대상의 내면을 들여다 볼 수 있게 하는 참신한 것이기 때문이다. 그는 이미 다른 사람들이 다 알고 있는 뻔한 것들은 묻지 않는다. 빌게이츠와의 인터뷰에서도 다음과 같은 질문들을 했다.

"이메일이 우체국 역할을 대신 할 거라 생각하시나요? 컴퓨터나 프린트 때문에 당신자녀들이 글쓰기를 제대로 공부하지 않을까봐 걱정은 없나요?"

시청자들이 궁금해 할 법한, 그리고 당사자가 신중한 고려 끝에 이야기할 만한 그런 질문들이 아닐 수 없다. 게다가 구체적이면서도 그 내용을 정확히 알 수 있을 만큼 명료하다. 조금은 익살맞아 보일만큼 개성 있는 외모와 달리, 무게감 있는 목소리로 또박또박 발음하는 것 또한 인상깊다.

래리 킹 스피치의 큰 특징은 성의 있는 '경청'이다. 미국의 시사 다큐프로그램 '60분'에서는 래리 킹의 토크스타일에 대해 다음과 같이 분석했다. '날카로운 질문을 던지기만 하는 것이 아니라, 실제 상대방의 대답도 열심히 듣는다는 것이 그의 가장 큰 장점이다.'

테드 카펠 또한 「타임」지를 통해 '래리 킹은 초대 손님의 말을 경청한다. 그렇게 인터뷰하는 사람은 별로 없다'고 이야기한 바 있다. 그리고 이에 대해 래리 킹은 개인적으로 매우 흡족했다고 밝히기도 했다.

브라운관 속의 그의 모습을 살펴보면, 출연자 쪽으로 상체를 살짝 숙일만큼 적극적인 경청의 자세를 보여주고 있다.

게다가 그의 '날카로운 질문' 또한 경청에서 나온다. 많은 인터뷰어들이 질문을 던져놓고, 미리 준비해온 다음 질문만 계속 생각하곤 한다. 이런 경우, 상대방에게 집중하지 않은 채 딴생각만 하고 있음이 얼굴 표정이며 자세에서 드러나기 마련이다.

그러나 래리 킹은 상대방의 대답을 잘 듣기 때문에, 그에 걸 맞는 궁금한 내용을 계속 질문할 수 있었던 것이다. 그래서 타 방송과는 다른 풍성하고 생생한 이야기를 전해줄 수 있는 것이다.

마지막으로 그가 직접 밝힌 스피치 성공비결을 이야기해보겠다. 그것은 바로 열정이다.

자신의 저서인 『래리 킹, 대화의 법칙』에서 그는 "내가 방송계에서 성공한 것은 시청자들이 내가 이 일을 얼마나 좋아하는지 알고 있기 때문이라고 생각한다"고 말했다. 사실 그는 고졸학력에 경력도 없어서 초년시절, 아무도 방송 일을 주지 않았다. 하지만 열정 하나로 끝까지 버틴 덕분에 결국 2년 만에 기회를 잡게 되었다. 어렵게 잡역부로라도 취직하였는데, 공교롭게도 아나운서 한 명의 자리가 빈 것이다. 그리고 이것이 래리 킹 방송이름. 본명은 로렌스 사이거 탄생의 시작이었다.

이러한 열정은 곧 철저한 준비로 이어진다. 인터뷰하게 될 대상을 분석하는 것은 물론이요, 낱말 하나까지 쉬운 말로 바꿔가며 질문하는 것이다. 그가 출연자였던 조엘 오스틴에게 "그런데 당신의 저서에는 성경구절 예시가 별로 없지 않습니까?"라고 질문했을 때, 필자는 과연 래리 킹 답다는 생각을 했다. 제대로 된 대화태도를 갖추고, 열린 자세로 상대를 대한다면 누구와도 성공적으로 말할 수 있다. 그것은 단순한 말하기 기술을 넘어 진정성 있는 소통법이며, 말 잘하는 사람들은 이 평범하지만 중요한 진리를 알기 때문에 항상 대화에 성공해왔다. 자신보다 상대방을 돋보이게 하는 자세, 속내를 털어놓게 만드는 깊은 공감, 핵심을 간파하는 적절한 질문은 방송인 래리킹이 누구든 어떤 상대도 단숨에 사로잡을 수 있었던 비결이었다.

저자소개

■ 이서영

이서영 교수(동양대 전임교수)는 스피치 커뮤니케이션, 설득, 협상, 비즈니스 커뮤니케이션 전문가이고, 연세대에서 미디어 테크놀로지, HCI 분야 박사 학위를 취득했다. 아나운서 출신 교수로 대한민국 아나운서 최초로 세계 인명사전 "Marquis Who's Who in the world"에 등재됐고, Albert Nelson Marquis Lifetime Achievement (알버트 넬슨 평생 공로 상)을 수상하였다.

도전 한국인 대상 '방송인 부문' 아나운서 대상을 수상한 바 있고, 일간지 등 미디어 칼럼니스트로 활동 중이다. 미스코리아, SBS 슈퍼모델 출신으로 SBS의 지역 민방 공채 아나운서 출신이며, SBS 골프, YTN, WOW TV, ETN, MBC ESPN, XPORTS, 동아TV, NATV 등 프리랜서 아나운서로 활동해왔고 국제 행사 및 대형 컨퍼런스의 영어 MC로 활약하고 있다. 다수 방송 프로그램 MC로 진행하는 동안, 전 케이블 동시간대 최고 시청률을 찍은 실력파 진행자로 인정받았다. 각종 대형 행사 및 국제 컨퍼런스에서 차분하고 품격 있는 진행을 통한 무대 장악력이 뛰어나 국내외 청중의 호응도와 만족도가 매우 높다. 각종 기업체 및 관공서, 대학 등에서 커뮤니케이션, 이미지 메이킹, 설득 커뮤니케이션 주제의 특강을 통해 청중과 소통을 하고 있다.

프로페셔널을 위한 설득 커뮤니케이션

초판발행 | 2022년 2월 20일 1쇄 인쇄
2022년 2월 25일 1쇄 발행

저　자 | 이서영
발행인 | 류재식 · 박용범
발행처 | 도서출판 북넷

주　소 | 서울시 용산구 효창원로 70길46(대신빌딩 2층)
등　록 | 2010년 6월 7일(제2010-000069호)
전　화 | (02)395-2341
팩　스 | (02)395-2303

정가 18,000원
ISBN 979-11-86947-60-9
e-mail : book2341@naver.com